Harald Petersen / Heino Welscher (Hrsg.)

Seelsorge
Praxisfelder der Gemeinde – Kurs 3

D1726325

Hrsg.

Harald Petersen

Heino Welscher

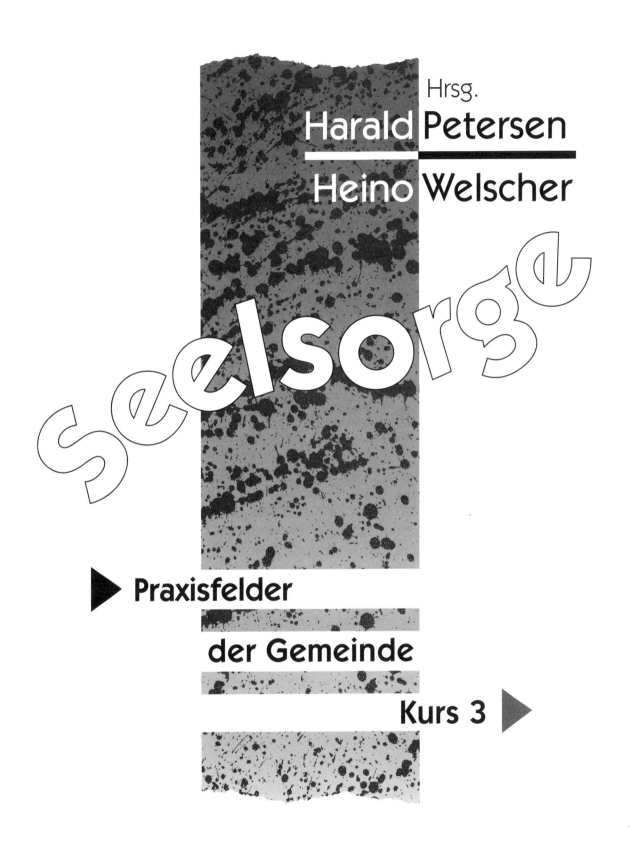

Seelsorge

▶ **Praxisfelder**

der Gemeinde

Kurs 3 ▶

ERF/BRUNNEN

© 1999 ERF-Verlag Wetzlar
Umschlaggestaltung: Ralf Simon
Satz: Reproservice Jung, Wetzlar
Herstellung: Kieser, Neusäss
ISBN 3-89562-332-6 (ERF-Verlag)
ISBN 3-7655-6321-8 (Brunnen Verlag)

Inhalt mit wesentlichen Schwerpunkten der Kapitel

Die Arbeitsblätter, die sich jedem Kapitel anschließen, können sowohl vom Leser für sich persönlich als auch in Arbeitsgruppen genutzt werden. Sie dürfen diese Arbeitsblätter für Ihren Einsatz kopieren und als Vorlage für Overheadfolien verwenden.

Vorwort

In der Schublade hatten wir das Konzept schon lange, jetzt halten Sie das Ergebnis in Händen.

Dieser dritte Seelsorgekurs des EVANGELIUMS-RUNDFUNKS ist die logische Folge aus der Fülle wichtiger Themen und den vielen ermutigenden Echos, die uns nach den ersten beiden Seminarreihen im Rundfunk bzw. nach Erscheinen des Buches erreicht und erfreut haben.
Zusätzlich zum ersten Kurs mit 14 Beiträgen über Grundlagen der Seelsorge stehen mit den beiden Aufbaukursen jetzt weitere 28 Seelsorgehilfen zu den wichtigsten Problemfeldern zur Verfügung.

Auch diesmal haben wir auf Arbeitsblätter nicht verzichtet. Damit Sie z.B. für Ihren Hauskreis, ein Seelsorgeseminar, die Frauenstunde oder das persönliche Studium etwas in der Hand haben, was als Denkhilfe über die jeweiligen Kapitel hinausführt, dürfen die Arbeitsblätter (Anlagen) zu den einzelnen Kapiteln kopiert oder als Vorlage für Overheadfolien verwendet werden.

Bei den jeweiligen Literaturangaben haben wir uns auf Bücher beschränkt, die lieferbar sind, und auf Hinweise zu Zeitschriftenartikeln verzichtet. Unsere Literaturempfehlungen erheben keinen Anspruch auf Vollständigkeit.

Wir hoffen, daß alle drei Bände in der Gemeindebibliothek den Mitgliedern zugänglich gemacht werden. Denn Seelsorge konzentriert sich nicht nur auf Fachleute und Hauptamtliche. „Zwischen Tür und Angel" kommt es zu Begegnungen und Gesprächen. Da schüttet mancher sein Herz aus. Da wird aber auch mancher von dem seelischen Druck eines anderen „zugeschüttet". Wir bieten Hilfe an.

Die ERF-Seelsorgekurse sind für Laien konzipiert, nicht für Fachleute. Wir möchten Seelsorge auf der breiten Basis jeder Gemeinde fördern. Das wird manchen Engpaß beim Profi verhindern und hoffentlich den Trend unterstützen, nicht erst dann zum Pastor zu laufen, wenn die Probleme so verfestigt sind, daß Hilfe nur schwer oder bereits unmöglich ist.

Sicher, Gott kann immer noch mehr tun. Er hat größere Möglichkeiten als wir. Aber erzwingen wird auch er nichts. Und seinen Segen legt er bereits auf die kleinen, rechtzeitigen Liebeserweise beim Zuhören, Trösten, Ermahnen, Ermutigen, Korrigieren oder manch praktischen Handgriff.

Gott schenke zunehmende Offenheit unter Christen, um über das zu reden, was ihnen auf der Seele liegt. Dann werden wir an eben diesen Stellen die Größe und Barmherzigkeit Gottes neu wahrnehmen und viel Grund haben, ihn zu ehren.

Harald Petersen

Harald Petersen

Angehörige – Wenn der Glaube trennt

1. Vorbemerkungen

Die Thematik spitzt sich zu, wenn der Glaube zwei Ehepartner trennt. Darum konzentrieren wir uns in diesem Beitrag auf diese Situation. Hilfestellungen für andere verwandtschaftliche Beziehungen sind daraus abzuleiten. In den meisten seelsorgerlichen Begegnungen handelt es sich um Gespräche mit nur einem, nämlich dem christlichen Partner.

Über die hier dargestellte Situation zwischen Christ und Nichtchrist hinaus gibt es Beziehungen bzw. Ehen, in denen zwar beide Partner Christen sind, aber entweder unterschiedlichen christlichen Gruppen angehören oder „Nachfolge" so verschieden praktizieren, daß auch dann Ehen unter Druck geraten und „der Glaube" mehr trennt als verbindet.

Bitte beachten Sie zum Thema auch den Beitrag über Kommunikationsstörungen in diesem Kursteil und die Hilfen in Kurs 2 über Ehekrisen.

2. Einleitung und Anfragen an die christliche Gemeinde

„Sing mit mir ein Halleluja, sing mit mir ein Dankeschön …"
Schön wär's, aber leider klappt das nicht, wenn Eltern, Kinder oder Ehepartner nicht gläubig sind. Und es klappt viel mehr nicht. Ein tiefer Graben zieht sich durch die Beziehungen, in denen nur einer Christ ist. Der Graben ist tief, weil es nicht um unterschiedliche Interessen im Hobby oder berufliche Perspektiven geht. Das Fundament, auf dem der eine sicher steht, hat der andere nicht betreten. Wenn der Glaube an Jesus Christus nicht verbindet, fehlt im wesentlichen die Gemeinsamkeit. Diese Spannung hat schon viele Beziehungen zerrissen.

Die Zahl der Betroffenen, die in einer Ehe als Christ mit einem Nichtchristen leben, ist unbekannt, aber ohne Frage sehr hoch. Es kann bereits vor der Eheschließung so gewesen sein, daß einer Christ war. Oder während der Ehe kam einer der Partner zum Glauben. Dann steht diese Beziehung unter besonderem Druck. Aber selten kommt die daraus entstehende Not zur Sprache. Also müssen wir uns in den christlichen Gemeinden die Fragen stellen,
– ob wir uns daran gewöhnt haben, daß nur einer zu den Gottesdiensten kommt,
– und ob wir uns ein Bild davon machen, welchen Belastungen beide(!) Ehepartner ausgesetzt sein können, wenn einer eine Beziehung zu Gott hat, der andere aber nicht.

3. Das Spektrum typischer Reibungsflächen

In Form wörtlicher Rede äußern Nichtchristen z. B. so ihre Bitten, Sorgen oder Vorwürfe:
– „Deine Gemeinde will nur an unser Geld!"

– „Unser Sohn wird nicht getauft, es reicht, wenn du ...“
– „Können wir nicht mal einen Sonntag nur für uns haben?“
– „Für deine Freunde bin ich doch nur ein armer Heide!“
– „Warum hat dein Gott nicht verhindert, daß ich meinen Job verloren habe?“
– „Hör mir auf mit deinem Jesus. Du bist mit mir verheiratet!“
– „Statt immer in die Gemeinde zu rennen, mach lieber unseren Haushalt richtig.“
– „Du übertreibst es!“
– „Na, wieder auf den Knien gerutscht? Meinst du, das ändert was?“
– „Lebe erst mal so fromm, wie du redest!“
– „Früher hattest du noch Zeit für mich!“
– „Ich glaube auch an einen Gott, aber mit deinem Jesus laß mich in Ruhe!“
– „Den Beweis für deinen Gott bist du mir noch schuldig geblieben.“

Auch die gläubigen Partner haben manche Vorwürfe parat. Diese sind z.T. mit überzogenem Missionseifer, Überheblichkeit, falscher Einschätzung der Situation oder Resignation vermischt. Das klingt dann so:
– „Ich bete täglich für dich. Jesus wird auch mit dir fertig. Lies doch bitte, mir zuliebe, dieses Buch. Und komm mit zur Gemeinde, du brauchst das. Gerade für dich wäre das so wichtig. – Nein, bitte, geh jetzt nicht. Jesus kannst du ohnehin nicht ausweichen, und auch ich gebe dich nicht auf.“
– „Du kannst gar nicht froh sein, denn dazu brauchst du Jesus. Du siehst doch an mir, wie ich mich verändert habe. Hör auf, dich weiter zu belügen. Mit Jesus bist du besser dran. Er macht dich frei von Lüge, Machtstreben, deinem Egoismus und falschen Freunden.“
– „Wenn du auch endlich ja zum Herrn sagen würdest, hätten wir diese ganzen Probleme nicht. Merkst du nicht, wie der Teufel an dir zerrt?“
– „Geh du nur deinen Weg. Ich habe lange genug versucht, dir Jesus lieb zu machen. Du hast dich entschieden, so müssen wir eben jeder unseren Weg gehen, auch wenn das so schwer ist, weil Gottes Segen so nicht auf unserer Familie liegen kann.“

4. Warum beide (!) Partner leiden

Keineswegs leidet nur der Christ in einer solchen Ehe. Aber das bekommen wir eher mit, bzw. wir können das eher nachvollziehen und verstehen. Bleiben wir zunächst bei diesem Aspekt, bevor wir dann auch die andere Seite bedenken. Denn, wenn irgend möglich, sollten Seelsorger auch die andere Sichtweise zur Kenntnis nehmen. Das gilt nicht nur in dieser Problematik.

4.1 Der Christ leidet, wenn/weil

– er Angst um den Partner hat, der ohne Jesus kein ewiges Leben hat
– der Partner seinen christlichen Lebensstil angreift
– der andere sich über Gott lustig macht
– er das, was ihm zum Lebensinhalt geworden ist, mit seinem Partner nicht teilen kann
– seine Bemühungen, den anderen zum Glauben zu bewegen, erfolglos waren
– getrennte Freundeskreise bestehen
– die anfängliche Toleranz abnimmt
– man sich nicht auf gemeinsame Lebenswerte einigen kann

- der Alltag zum Versteckspiel wird
- er den Segen Gottes am gemeinsamen Glauben festmacht
- er sich Vorwürfe macht, einen ungläubigen Partner geheiratet zu haben
- Mitchristen seine Ehe nicht akzeptieren.

4.2   Der nichtgläubige Partner leidet, wenn/weil

- er sich unter Druck gesetzt fühlt
- er Angst hat, seinen Ehepartner an eine fromme Gruppe/Sekte zu verlieren
- er das Gefühl hat, nie gut genug zu sein
- er glauben möchte, aber den rechten Zugang nicht findet
- er schlechte Erfahrungen mit anderen frommen Menschen gemacht hat
- er sich in übermächtiger Konkurrenz zu Jesus und einer Gemeinde glaubt
- er das Gefühl hat, ausgegrenzt oder vernachlässigt zu werden
- er sein Leben über den Verstand definiert und der Glaube ihm unlogisch/falsch erscheint
- er um seine Freiheit kämpft
- er sieht, daß sein Partner sich so verändert, wie er ihn nie haben/heiraten wollte
- er Angst vor dem „fremden" Gott hat.

5. Die Gefühle des Nichtchristen

Einige der Punkte sprechen deutlich die Gefühlswelt des Nichtchristen an. Mancher Christ scheint aber unfähig, gerade diese zu verstehen, während er sich andererseits über emotionale Ausbrüche seines Partners beschwert. Aber hinter „Schimpf und Schande" steckt oft ein verletzter Mensch, ein verängstigter Partner, der nur darum aggressiv wird, weil seine Befindlichkeit nicht gesehen oder nicht ernst genommen wird.

- Können wir uns vorstellen, wie weh es tut und wie sehr es verletzten kann, (immer nur) mit Christen oder gar Christus verglichen zu werden?
- Was mag in einem Menschen vorgehen, dessen Partner sich immer mehr verändert, ohne daß er diese Veränderungen verstehen oder gutheißen kann?
- Was ist, wenn der Geliebte auf all das verzichtet, was man früher gern gemeinsam unternommen hat? Und wenn er diese Unternehmungen jetzt ablehnt und negativ bewertet, weil sie mit seinem Gottesbild oder Schriftverständnis nicht übereinstimmen? Eine solche Ablehnung enthält immer auch eine Ablehnung des Partners, also nicht nur seiner „unheiligen" Sichtweise.
- Wie verzweifelt mag jemand werden, der an seinem gläubigen Partner erfreuliche Veränderungen wahrnimmt, aber selbst nicht dazu in der Lage ist?
- Wieviel Abneigung gegen Gott hat ihren Ursprung in Abneigung oder Wut gegen Christen - aus unterschiedlichen Gründen?

6. Das Wort vom Kreuz – Torheit oder Gottes Kraft?

Gefühle wie Ärger, Enttäuschung, Neid, Wut, Verletzung kommen zu der von Paulus in 1. Kor 1,18 angesprochenen Diskrepanz bezüglich des Glaubensinhaltes hinzu: „Daß Jesus Christus am Kreuz für uns starb, muß freilich all denen, die verlorengehen, unsinnig erscheinen. Wir aber, die gerettet werden, erfahren gerade durch diese Botschaft vom Kreuz die ganze Macht Gottes."

Das Wort vom Kreuz ist wie ein Keil, der sich zwischen Menschen treibt. Diesen Keil kriegt man weder durch gemeinsame Hobbies noch durch rote Rosen oder ein Familienidyll im Eigenheim weg. Die Trennung durch das Wort vom Kreuz belastet auch Ehepartner, die einander von Herzen lieben und gut verstehen. Denn das Wort vom Kreuz scheidet und unterscheidet. Nicht Frömmigkeitsstile oder das Gesangbuch unterscheiden im wesentlichen, auch nicht, ob man die Kinder zum Konfirmandenunterricht gehen läßt oder nicht. Das eigentliche Ärgernis ist Christus, nicht unsere Religiosität.

7. Jeder kämpft für seine Position

Jeder geht seinen Weg, wenn und weil es in bezug auf die Gottesbeziehung keinen gemeinsamen Weg gibt. Jeder ist mehr oder weniger stark von sich überzeugt. Denn auch der Nichtchrist glaubt manches. Auch Atheisten haben ihren Glauben und kämpfen für ihre Überzeugung. Schnell bauen sich dann Fronten auf bzw. Vorstellungen, die einer dem anderen gegenüber durchsetzen will. Dabei kann es um Gemeindeveranstaltungen, Spenden, christliche Erziehung der Kinder, Hobbies, Freizeit, allgemeine Werte und vieles mehr gehen. Die anfängliche Toleranz, die in vielen Ehen zu Beginn gewährt wurde, weicht oft dem Bemühen, über den anderen zu bestimmen. Damit beginnt der Kampf gegeneinander. Es kommt zu Mißverständnissen, Verletzungen und Eskalation durch typisches Fehlverhalten wie

- Versuche, den anderen zu verändern
- den anderen nicht ernstnehmen
- sich über den anderen stellen
- Liebe an Bedingungen knüpfen
- schlecht über den anderen reden
- im anderen einen Gegner sehen
- das Vertrauen entziehen
- keine Gemeinsamkeiten mehr pflegen.

Man wird aneinander und vor Gott schuldig. Auch der Partner, der Gott leugnet.

8. Quälende Fragen des christlichen Partners

Die Aufzählung des typischen Fehlverhaltens malt uns den grauen Alltag vor Augen. Dieser Alltag mit seinen verschiedenen Aufgaben und Entscheidungen rund um Kinder und Beruf, Haushalt und Freundeskreis, Glaube und Gemeinde, Finanzen und Freizeit, Krankheit und Verwandtschaft muß erst einmal gelebt werden. Wie ein roter Faden ziehen sich grundlegenden Fragen durch die täglichen Herausforderungen. Es sind Fragen, die man nicht schnell mit Ja oder Nein beantworten kann, sondern an denen Hoffnung oder Enttäuschung hängen. Es sind Fragen, die quälen. Es sind Fragen, bei denen wir uns fragen müssen, wo der Betroffene sie stellen darf, ohne gleich „abgefertigt" zu werden.
- Wenn die Ehe zwischen einem gläubigen und einem nichtgläubigen Partner ge- oder gar zerstört ist, muß man unter allen Umständen zusammenbleiben, oder darf

man sich trennen? Und wer von beiden „darf" die Scheidung einreichen? Was sagt die Bibel dazu?

- Segnet Gott auch Ehen, in denen einer kein Christ ist?
- Würde alles gut, wenn der andere sich endlich bekehrte?
- Kann Gott den anderen nicht überzeugen, oder will er es nicht?
- Wie ist man Zeuge des Glaubens, ohne zu massiv zu sein?
- Liegt in dem Ganzen eine Strafe von Gott oder eine Prüfungszeit?
- Kann ein ungläubiger Ehemann „des Weibes Haupt" sein (1. Kor 11,3)?
- „Gott mehr gehorchen als den Menschen" – was heißt das für die Beziehung?

In seelsorgerlichen Gesprächen geht es nicht in erster Linie darum, als Seelsorger eine Antwort zu geben. Besser ist es, mit dem anderen seine Fragen und deren Hintergrund zu beleuchten. Dann läuft das Gespräch manchmal wie von selbst, und die Fragen, an denen man sich theologisch wundreiben kann, sind vielleicht vom Tisch. Dazu hilft es, dem Gesprächspartner die Frage nach seinem Ziel zu stellen.

9. „Wo wollen Sie hin?"

Das ist eine schwierige Frage, aber sie ist wie eine Weichenstellung. Erst danach kann ein Zug in die richtige Richtung fahren. Die Frage nach dem Ziel der Ehe mit einem nichtgläubigen Partner hat mit den vorhergehenden Fragen zu tun. Denn wer sich ein Ziel setzt, kann Schritt für Schritt gehen, um dieses (!) Ziel möglichst zu erreichen.

- Wer eine Trennung anstrebt, wird kaum in einer harmonischen Erneuerung landen.
- Wer Gottes Segen in seiner Ehe nicht sucht, wird ihn nicht umfassend wahrnehmen.
- Wer nur im Kopf hat, daß der andere sich bekehren muß, steht in Gefahr, den Partner als liebenswerten Menschen aus den Augen zu verlieren.
- Wer an seiner Ehe festhalten will, wird sich vom Gebet bis zum grauen Alltagsgeschehen auch dafür einsetzen.

9.1 Das Ziel bestimmt über unser Denken und Handeln

Das gilt positiv wie negativ. Es lähmt oder motiviert uns. Es entscheidet über unsere Blickrichtung, ob wir nur das Trennende im Auge haben oder auch sehen und fördern, was uns verbindet. Letztlich: ob wir ängstlich auf die Nöte fixiert sind oder Gottes Möglichkeiten erwarten und zulassen.

Für jede Ehe - nicht nur die mit einem ungläubigen Partner – ist es hilfreich, sich über Ziele Gedanken zu machen.

- Wie reagiert ein seelsorgerlicher Christ auf die Zielvorgaben des Ratsuchenden?
- Verweigert er die seelsorgerliche Begleitung, wenn er die Entscheidung(en) für falsch hält?
- Oder begleitet er ihn weiter, um noch Einflußmöglichkeiten wahrzunehmen und dem anderen trotz möglicher Schuld barmherzig beizustehen?

9.2 Schritt für Schritt

Der Ratsuchende entscheidet über sein Ziel, nicht der Seelsorger! Er kann zwar Hilfestellung geben, Zusammenhänge aufzeigen, ermutigen und korrigieren, Fürbitte leisten usw., aber er darf dem anderen die Entscheidungen nicht abnehmen. Die Entscheidung eines Menschen ist mit seinem Willen gekoppelt. Auch über den Willen kann man sprechen, ihn also hinterfragen oder mögliche Konsequenzen aufzeigen, aber letztlich gilt es ihn zu respektieren, weil sogar Gott den Willen des Menschen ernst nimmt.

Aus dem Ziel ergeben sich die einzelnen Schritte. So erst wird das Ziel griffig, weil möglicherweise ganz konkrete Verhaltensänderungen zur Entscheidung anstehen. Mehr noch: Nach der Entscheidung müssen die Schritte folgen, sonst bleibt alles ein frommer Wunsch.

Schritte haben eine Reihenfolge. Dem ersten folgt der zweite usw. Auch Verhaltensänderungen brauchen Zeit, Geduld und bauen aufeinander auf. Oft haben Menschen ein großes Ziel vor Augen, z. B. daß der andere sich bekehre, aber sie vergessen (oder scheuen) die kleinen Etappen.

9.3 Wohltuendes Verhalten

Was Christen in ihrer Ehe mit einem nichtgläubigen Partner beherzigen sollten, folgt als lange Reihe, aber ohne festgelegte Reihenfolge. Weil hier, wie auch sonst in der Seelsorge, entscheidend ist, wen wir vor uns haben. So kann bei einem wichtig sein, etwas mehr von seiner Christusbeziehung zu reden, während man einen anderen gerade an dieser Stelle „bremsen" muß. Um herauszufinden, was der Beziehung wohltun wird, ist es wichtig, sich in das Leiden beider Partner (s. 4.1–2) hineinzudenken. Danach legt sich die Schrittfolge nahe, sofern es nicht Punkte sind, die ohnehin parallel ablaufen können, wie z. B. Fürbitte und Rücksicht oder Entschuldigungen und Treue.

- Versuchen Sie nicht, Ihren Ehepartner zu verändern.
- Drängen Sie den anderen nicht zum Glauben; Sie erreichen sonst das Gegenteil.
- Versuchen Sie nicht, allen Gesprächen eine geistliche Richtung zu geben.
- Be-zeugen Sie (angemessen), was Ihnen Christus bedeutet. Über-zeugen ist Aufgabe des Heiligen Geistes.
- Achten Sie darauf, daß bei Ihnen Reden und Tun übereinstimmen; nicht nur bei christlichen Inhalten.
- Lassen Sie sich nicht von der christlichen Gemeinde ganz vereinnahmen, denn auch Ihre Ehe ist Ihr Aufgaben- und Verantwortungsbereich; sorgen Sie für Gemeinsamkeiten.
- Provozieren Sie nicht, bauen Sie keine unnötigen Fronten auf.
- Schauen Sie bei Problemen mehr auf Gottes Möglichkeiten als auf ihre Hilflosigkeit.
- Versuchen Sie den anderen „trotzdem" zu lieben und zu achten.
- Achten Sie auf die Gefühle des anderen und seine Signale.
- Erwecken Sie nicht den Eindruck, besser zu sein.
- Machen Sie Ihren Partner nicht vor anderen schlecht.
- Zeigen Sie Interesse für Ihren Partner und das, was ihm wichtig ist.
- Nutzen Sie die Begleitung durch andere Christen.
- Bleiben Sie ruhig, wenn der andere Ihren Glauben angreift.
- Erbitten und gewähren Sie Vergebung.
- Beten Sie für die Beziehung. Fürbitte ist zwar ein Weg, Gott nicht im Weg zu stehen, aber hören Sie auch, wenn Gott Sie zum Handeln auffordert. Und beten Sie auch für sich! Die Erneuerung fängt oft bei uns an.
- Stehen Sie zu Ihrem Eheversprechen. Bemühen Sie sich, ein guter Ehepartner zu sein.

Diese Punkte sind wie einzelne Überschriften in einem Aufsatz, die noch unterteilt werden müssen. Ein Betroffener kann das tun, indem er sich täglich mit nur einem Punkt auseinandersetzt und dazu jeweils folgende fünf Fragen bedenkt:
- Was heißt das für mich konkret?
- Wo gelingt es mir?
- Wo gelingt es mir nicht?
- Warum und wann gelingt es mir nicht?
- Was will ich als nächstes tun?

10. Erneuerung beginnt in Kopf und Herz

Manchmal sind kleine Tips und Taten ungemein wichtig, sie können geradezu eine Initialzündung sein. Aber wenn die grundsätzliche Einstellung nicht stimmt, werden Tips und Taten nach kurzer Zeit wie Seifenblasen zerplatzen. Darum drei goldene Regeln:
- Auch die Ehe mit einem nichtchristlichen Partner hat vor Gott Gültigkeit und steht unter seinem Segen (1. Kor 7,12–16). Gott steht nicht zwischen den Partnern.
- Sie sind nicht für die Ewigkeit ihres Partners verantwortlich (Röm 14,12).
- Führen Sie nicht jedes Problem(chen) darauf zurück, daß der andere kein Christ ist.

Jede dieser drei Kernaussagen sollte ein Betroffener in Ruhe bedenken und im Gebet mit Gott durchsprechen! Solches Gebet ist wie frischer Wind in abgeschlossenen Räumen. Und wo Gottes „Wind" (das griechische Wort für Geist bedeutet auch Wind, Hauch) weht, müssen wir die Hoffnung nicht aufgeben.

Literaturempfehlungen

Hybels, Bill / Mark Mittelberg, Bekehre nicht – lebe!
    Projektion J, Asslar
Mittelberg, Mark / Lee Strobel / Bill Hybels, So wird Ihr Christsein ansteckend
    Projektion J, Wiesbaden
Müller, Harry, Beziehungen bauen Brücken
    Hänssler-Verlag
Scheffbuch, Kurt, Sag mir, was du denkst
    Hänssler-Verlag

Didaktische Hinweise zu den Arbeitsblättern

Anlage 1: Warum beide Partner leiden
Dem Laienseelsorger zeigt die Aufzählung, daß nicht nur
der Gläubige leidet, sondern was beiden zu schaffen macht.
Darüber ist dann zu reden.
Auch Betroffenen kann gerade der zweite Teil eine Hilfe sein,
um nicht nur sich zu sehen. Und wenn schon sich selbst,
dann auch selbstkritisch. Aus den Vermutungen, was dem
Partner Not bereitet, können Fragen formuliert werden,
die dem Partner gestellt werden.

Bitte genügend Zeit zum Bedenken zur Verfügung stellen.

Anlage 2: Bibelzeit
Eine Denkhilfe für den gläubigen Partner

Anlage 3: Fragen zum persönlichen Bedenken
Eine Kopie dieser Seite eignet sich für die seelsorgerliche
Begegnung. Evtl. als „Hausaufgabe" zwischen zwei Begegnungen
dem Ratsuchenden mitgeben, um später darüber reden zu
können.

Anlage 4: Wohltuendes Verhalten
Verwendung wie Anlage 3

Anlage 5: Drei goldene Regeln
Ausschneiden, in die Bibel legen, auswendig lernen, täglich
im Gebet bedenken, Fragen dazu in der Seelsorge ansprechen,
evtl. auch mit dem Partner darüber reden …
Viele Möglichkeiten bieten sich an, um die Regeln zu verinner-
lichen.

Warum beide (!) Partner leiden

Ich leide als Christ, wenn/weil

- ich Angst um den Partner habe, der ohne Jesus kein ewiges Leben hat
- mein Partner meinen christlichen Lebensstil angreift
- der andere sich über Gott lustig macht
- ich das, was mir Lebensinhalt geworden ist, mit meinem Partner nicht teilen kann
- meine Bemühungen, den anderen zum Glauben zu bewegen, erfolglos waren
- getrennte Freundeskreise bestehen
- die anfängliche Toleranz abnimmt
- wir uns nicht auf gemeinsame Lebenswerte einigen können
- der Alltag zum Versteckspiel geworden ist
- ich den Segen Gottes am gemeinsamen Glauben festmache
- ich mir vorwerfe, einen ungläubigen Partner geheiratet zu haben
- Mitchristen unsere Ehe nicht akzeptieren

- ....
- ....
- ....
- ....

Mein nichtgläubiger Partner leidet, wenn/weil

- er sich unter Druck gesetzt fühlt
- er Angst hat, mich an meine Gemeinde zu verlieren
- er das Gefühl hat, nie gut genug zu sein
- er glauben möchte, aber den rechten Zugang nicht findet
- er schlechte Erfahrungen mit anderen frommen Menschen gemacht hat
- er sich in übermächtiger Konkurrenz zu Jesus und meiner Gemeinde glaubt
- er das Gefühl hat, ausgegrenzt oder vernachlässigt zu werden
- er sein Leben über den Verstand definiert und der Glaube ihm unlogisch/falsch erscheint
- er um seine Freiheit kämpft
- er Angst vor dem „fremden" Gott hat
- er mich anders kennen- und liebenlernte, als ich heute als Christ bin

- ....
- ....
- ....
- ....

Bibelzeit

„Gott läßt seine Sonne für die Bösen wie für die Guten scheinen, und er läßt es regnen für Fromme und Gottlose" (Matth 5,45).

– Wie erleben Sie das, was über Sonne und Regen hinausgeht, konkret?

„Macht nicht gemeinsame Sache mit Leuten, die nicht an Christus glauben. Gottes Gerechtigkeit und die Gesetzlosigkeit dieser Welt haben so wenig miteinander zu tun wie das Licht mit der Finsternis. Wird Christus jemals mit dem Teufel übereinstimmen? Oder was verbindet einen an Christus Glaubenden mit einem Ungläubigen? (2. Kor 6,14–16).

Paulus spricht die Gemeinde in Korinth und ihre Stellung in der Gesellschaft an. Gewinnt dieser Text für uns auch Bedeutung in bezug auf
– Verwandte, die keine Christen sind?
– auf die Ehe, in der nur einer an Jesus glaubt?
– Freundschaften mit Nichtchristen, die zur Ehe führen sollen?

„Hierfür gibt es keinen ausdrücklichen Befehl des Herrn. Deshalb rate ich: Wenn ein Christ eine ungläubige Frau hat, die bei ihm bleiben will, soll er sich nicht von ihr trennen. Und wenn eine Christin einen ungläubigen Mann hat, der bei ihr bleiben will, soll sie ihn nicht verlassen. Denn der ungläubige Mann ist durch seine gläubige Frau und die ungläubige Frau durch ihren gläubigen Mann Christus sehr nahe. Deshalb stehen ja auch eure Kinder unter Gottes Segen. Wenn aber der ungläubige Partner auf einer Trennung besteht, dann willigt in die Scheidung ein. In einem solchen Fall ist der christliche Partner nicht länger an den anderen gebunden. Denn Gott will, daß ihr in Frieden lebt. Es ist ja nicht sicher, ob du als Frau deinen Mann zu Christus führen kannst oder ob du als Mann deiner Frau zum Glauben verhelfen wirst" (1. Kor 7,12–16).

– Ein apostolischer Rat zu Treue und Trennung – was lösen Paulus' Empfehlungen bei Ihnen aus?
– Der Ungläubige ist durch den Glaubenden Christus sehr nahe – woran wird das in Ihrer Beziehung deutlich?.
– Der Wunsch Gottes, daß wir in Frieden leben (V.15), gilt für jede Ehe. Auch für die mit einem ungläubigen Partner. Wie versucht Paulus diesen Frieden in eine belastete Ehe zu „transportieren"?
– „Es ist nicht sicher." Das ist eine Aussage zu unserem missionarischen Bemühen. Aber auch darüber, daß Gott niemanden gegen seinen Willen zum Glauben führt!
– Sonstige Gedanken zum Text:

....

....

....

....

Fragen zum persönlichen Bedenken

Welches Ziel möchten Sie in der Beziehung erreichen?

....

....

....

....

Haben Sie damit vor Gott oder Menschen ein schlechtes Gewissen?
Wenn ja, warum?

....

....

....

....

Wie können Sie, Ihrer Meinung nach, dem Ziel näherkommen?
Welchen konkreten Schritte wollen Sie dazu gehen?

....

....

....

....

Damit es nicht bei guten Vorsätzen bleibt und man gemeinsam überlegen kann,
wie auf veränderte Situationen zu reagieren ist, könnte eine Überprüfung/
Begleitung hilfreich sein. Wie könnte die Ihrer Meinung nach geschehen?

....

....

....

....

Darüber möchte ich gern demnächst reden:

....

....

....

....

Wohltuendes Verhalten

- Versuchen Sie nicht, Ihren Ehepartner zu verändern.
- Drängen Sie den anderen nicht zum Glauben; Sie erreichen sonst das Gegenteil.
- Versuchen Sie nicht, allen Gesprächen eine geistliche Richtung zu geben.
- Be-zeugen Sie (angemessen), was Ihnen Christus bedeutet. Über-zeugen ist Aufgabe des Heiligen Geistes.
- Achten Sie darauf, daß bei Ihnen Reden und Tun übereinstimmen; nicht nur bei christlichen Inhalten.
- Lassen Sie sich nicht von der christlichen Gemeinde ganz vereinnahmen, denn auch Ihre Ehe ist Ihr Aufgaben- und Verantwortungsbereich; sorgen Sie für Gemeinsamkeiten.
- Provozieren Sie nicht, bauen Sie keine unnötigen Fronten auf.
- Schauen Sie bei Problemen mehr auf Gottes Möglichkeiten als auf ihre Hilflosigkeit.
- Versuchen Sie den anderen „trotzdem" zu lieben und zu achten.
- Achten Sie auf die Gefühle des anderen und seine Signale.
- Erwecken Sie nicht den Eindruck, besser zu sein.
- Machen Sie Ihren Partner nicht vor anderen schlecht.
- Zeigen Sie Interesse für Ihren Partner und das, was ihm wichtig ist.
- Nutzen Sie die Begleitung durch andere Christen.
- Bleiben Sie ruhig, wenn der andere Ihren Glauben angreift.
- Erbitten und gewähren Sie Vergebung.
- Beten Sie für die Beziehung. Fürbitte ist zwar ein Weg, Gott nicht im Weg zu stehen, aber hören Sie auch, wenn Gott Sie zum Handeln auffordert. Und beten Sie auch für sich! Die Erneuerung fängt oft bei uns an.
- Stehen Sie zu Ihrem Eheversprechen. Bemühen Sie sich, ein guter Ehepartner zu sein.

Diese Punkte sind wie einzelne Überschriften in einem Aufsatz, die noch unterteilt werden müssen. Stellen Sie sich dieser Aufgabe. Nehmen Sie sich dazu viel Zeit, und bedenken Sie jeden Tag nur einen Punkt. Folgende Fragen können dabei eine Hilfe sein:

1. **Was heißt das für mich konkret?**

2. **Wo gelingt es mir?**

3. **Wo gelingt es mir nicht?**

4. **Warum und wann gelingt es mir nicht?**

5. **Was will ich als nächstes tun?**

Drei goldene Regeln zur Erneuerung in Kopf und Herz

1. **Auch die Ehe mit einem nichtchristlichen Partner hat vor Gott Gültigkeit und steht unter seinem Segen** (1. Kor 7,12–16). **Gott steht nicht zwischen den Partnern.**

2. **Sie sind nicht für die Ewigkeit Ihres Partners verantwortlich** (Röm 14,12).

3. **Führen Sie nicht jedes Problem(chen) darauf zurück, daß der andere kein Christ ist.**

Jede dieser drei Kernaussagen sollten Sie in Ruhe bedenken und im Gebet mit Gott durchsprechen! Solches Gebet ist wie frischer Wind in abgeschlossenen Räumen.

Würde es sich auch anbieten, Ihrem Partner diese Erkenntnisse zu sagen?

....

....

....

....

....

....

....

....

....

....

Richard Hasenöder

Spannungsfeld Familie – Jeder ist gefragt

1. Ein Gespräch zwischen Tür und Angel

Hast du mal kurz Zeit? Unser Großer, der macht mich noch wahnsinnig. Dauernd neue Probleme in der Schule. Gestern kam schon der zweite Anruf vom Klassenlehrer: „Ihr Sohn verweigert im Unterricht jede Mitarbeit. Er hat seit mehreren Wochen keine Hausaufgaben gemacht" usw., usw. Und wenn ich ihn zur Rede stelle deswegen, dann kommen nur faule Ausreden und patzige Antworten. Ich hab's mit Liebe und Geduld versucht und mit Strenge – es nützt alles nichts. Wegen jeder Kleinigkeit fängt er Streit an. Und der Gipfel: Er gibt mir dann noch die Schuld dafür!

Wie würden Sie reagieren? Für wen würden Sie Partei ergreifen? Sie hören diese Geschichte aus dem Blickwinkel des Vaters. Doch der Sohn, mit dem er im Konflikt steht, wird die Geschichte ganz anders erzählen – ohne zu lügen. Vielleicht etwa so:

Ach ja, der muß reden. Wochenlang kümmert er sich um nichts. Ich mag ihn schon gar nicht mehr fragen, wenn ich was nicht kapiere. Er tut ja immer so beschäftigt. Nur wenn mal der Lehrer anruft, dann stellt er gleich ein Verhör an, als wäre ich ein Schwerverbrecher. Ich weiß schon: Er mag mich nicht leiden. Seit Elvira auf der Welt ist, bin ich abgeschrieben. Seine Supertochter, die bevorzugt er. Die versteht's auch, wie sie ihn um den Finger wickeln kann. Mit ihren guten Noten. Leistung ist das einzige, was für ihn zählt. Der Mensch nicht. Da kann er sich auch sein frommes Gequatsche sparen. Was ich bei ihm sehe, das reicht mir!

Sie merken: Im „Spannungsfeld Familie" darf man nicht nur einen hören. Da müssen alle gehört werden, damit wir ein wirklichkeitsnahes Bild bekommen von dem, was abläuft. Wenn man bei obigem Beispiel die Schwester auch hören würde, bekäme man wieder ein neues Bild. Und die Mutter könnte noch einen weiteren Blickwinkel dazu liefern.

Wenn wir uns dem „Spannungsfeld Familie" zuwenden, geht es nicht um die Frage: Wer hat recht – wer ist im Unrecht? Es geht nicht darum, einen Schuldigen herauszufinden oder einen Patienten festzustellen. Sondern es geht darum, daß die Familie herausfindet, welche Rolle jeder einzelne spielt, um das System aufrechtzuerhalten. Daß jeder für sich herausfindet: Wie gehen wir miteinander um? Wie gehe ich mit den anderen um? Wie sehen die Beziehungen zueinander aus? Wer versteht sich mit wem, bzw. wer versteht sich mit wem nicht? Und warum?

Dabei muß eines klar werden: Das Problem, das vielleicht den Auslöser für einen „Zusammenstoß" gegeben hat, ist nicht das Problem von einem einzelnen, sondern es ist das Problem der Familie, weil alle mit beteiligt sind. Probleme dürfen nie isoliert gesehen werden, sondern immer nur im Gesamtzusammenhang.

Das heißt dann aber auch, daß **alle** ihr Verhalten überdenken und verändern müssen, um das Problem aus der Welt zu schaffen bzw. um die Schwierigkeiten zu verkleinern. Die Aufgabe für Sie als Seelsorger ist es, im Gespräch herauszufinden und den Familienangehörigen deutlich zu machen, wie die gegenseitigen Beeinflussungen laufen, und zu helfen, eingefahrene, unangemessene Verhaltensweisen zu ändern.

2. Biblischer Bezug

Der Apostel Paulus zeigt in den „Familientafeln" in den Briefen an die Epheser und Kolosser das Spannungsfeld in zwei Polen auf.

Ihr Kinder, gehorcht euren Eltern im Herrn, denn das ist recht. „Ehre deinen Vater und deine Mutter", das ist das erste Gebot mit einer Verheißung: „damit es dir gut geht und du lange lebst auf Erden." Und ihr Väter, reizt eure Kinder nicht zum Zorn, sondern zieht sie auf in der Zucht und Ermahnung des Herrn (Eph 6,1–4).
Ihr Kinder, gehorcht euren Eltern in allem; denn so ist es gut und recht in dem Herrn. Ihr Väter, schüchtert eure Kinder nicht ein, damit sie nicht mutlos werden (Kol 3,20–21 n. Einheitsübersetzung).

Auffallend ist, daß Kinder **und** Eltern (auch wenn nur die Väter als die für die Erziehung der Heranwachsenden Verantwortlichen angesprochen werden) gleichermaßen in die Pflicht genommen werden.

Die Forderung an die Kinder, den Eltern in allem zu gehorchen, wurde oft in der Weise mißverstanden, daß die Eltern nur anzuordnen hätten, und die Kinder hätten sich ohne Widerspruch unterzuordnen. Doch die Mahnung an die Väter macht deutlich, daß sie die Kinder ernst nehmen sollen. Und zwar als **Kinder** und nicht als „kleine Erwachsene" oder als Objekte, die zu „funktionieren" haben.

„Reizt eure Kinder nicht zum Zorn" – diese Ausdrucksweise macht deutlich, daß Eltern immer wieder in die Gefahr kommen, den Widerstand der Kinder und einen Machtkampf heraufzubeschwören, daß sie es den Kindern schwermachen zu gehorchen.

Und die Aussage: „... schüchtert eure Kinder nicht ein, damit sie nicht mutlos werden" deckt sich mit dem, was heute mehr und mehr erkannt wird, daß nur „starke Kinder" in der Lage sind, später als Erwachsene die Schwierigkeiten des Lebens zu meistern. Wohlgemerkt: „starke Kinder", nicht „eigensinnige Tyrannen".

„In dem Herrn" – das ist keine Floskel des Paulus, sondern die Klammer, die alles zusammenhält. Auch Eltern und Kinder. „In dem Herrn" – die Abhängigkeit von Jesus öffnet für seine Korrektur, daß er hineinreden kann in das schwierige Geschäft der Erziehung. Das heißt auch, daß beide Seiten – sowohl Eltern als auch Kinder – von seiner Vergebung leben.

3. System Familie

Mit dem Begriff „System" soll ausgesagt werden, daß jedes einzelne Familienmitglied mit dem anderen zusammenspielt. Eins greift ins andere. Da handelt nicht einer und der andere reagiert mechanisch, sondern diese Reaktion hat wiederum Auswirkungen auf den, der gehandelt hat. Und wenn zwei Streit miteinander haben, dann ist das nicht nur deren Sache, sondern es hat auch Auswirkungen auf den Rest der Familie.

Das heißt, wir müssen hier von einem Denken Abschied nehmen, das uns sehr geläufig ist: dem Denken in Ursache und Wirkung. „Mein Finger blutet, weil ich mich geschnitten habe." Das ist **eine** Ursache und **eine** Wirkung. Doch schon in diesem Beispiel gibt es nicht nur eine Ursache und eine Wirkung. Denn ich empfinde auch noch Schmerzen. Und vielleicht ärgere ich mich auch, weil ich mit den Gedanken ganz woanders war als beim Schneiden.

Wenn wir das Verhältnis von Vater und Sohn im Anfangsbeispiel nur in einem einfachen Ursache-Wirkung-Prozeß sehen, greifen wir auch zu kurz („Weil der Vater zu streng war, ist der Sohn aufmüpfig" oder: „Weil der Vater zu nachgiebig war, ist der Sohn nun ungehorsam geworden"). Die Schilderung des Sohnes zeigt, daß mindestens noch eine Person aktiv an dem Problem beteiligt ist: die Schwester. Und die Mutter, die in dem kurzen Ausschnitt überhaupt nicht zur Sprache gekommen ist, gehört auch zum „System Familie" und ist beteiligt. Jeder gestaltet aktiv am Miteinander in der Familie. Auch wenn er sich zurückzieht und die anderen machen läßt.

Und derjenige, der „Schwierigkeiten macht" (der sogenannte „Symptomträger" oder „Indexpatient" – Begriffe aus der Familienberatung bzw. -therapie) ist nur der, der die innerfamiliären Probleme ausdrückt. Er ist sozusagen der schwächste Punkt im „Organismus Familie", an dem die Störung zutage tritt. Und nicht er alleine muß sich ändern. Auch wenn er das „schwarze Schaf" der Familie sein sollte. Sondern jeder muß seine falschen Einstellungen, verkehrten Ziele und sündigen Verhaltensweisen erkennen und neue entwickeln, die das Miteinander fördern.

Eines ist noch wichtig zu beachten: In jedem Organismus gibt es Störungen und auch manchmal Schmerzen. Von daher sind Spannungen in der Familie nicht immer nur negativ, sondern sie können ein Zeichen sein, daß etwas wächst und reift. Die Trotzphase und die Pubertät sind z. B. notwendige Entwicklungsstufen auf dem Weg zum Erwachsenwerden, die nicht eingeebnet werden dürfen. Eine „immerwährende Harmonie" zwischen Eltern und Kindern ist eine Scheinharmonie, die brüchig ist.

4. Hilfen für das Gespräch

Entscheidend ist die Haltung, die Sie als Seelsorger gegenüber dem Ratsuchenden bzw. den Familienangehörigen einnehmen. Sie trägt mehr zum Gelingen bei als alle Techniken, die Ihnen zur Verfügung stehen. Wenn sich Ratsuchende von Ihnen nicht angenommen wissen, dann werden sie sich Ihnen auch nicht anvertrauen und werden nicht auf das eingehen, was Sie ihnen sagen. Allerdings: Annehmen heißt nicht alles gutheißen, was der andere tut, sondern ihn als von Gott geliebten Menschen ansehen. Die Ratsuchenden merken es auch sehr schnell, wenn Sie als Seelsorger nicht „bei ihnen" sind; d. h., wenn Sie mehr um Ihr eigenes Image besorgt sind als um das, was sie betrifft. „Echtheit" gehört auch zu einer positiven Haltung. D. h., das, was Sie **sagen**, und das, was Sie **meinen**, muß übereinstimmen.

4.1 Abklären

– Wo hat die Familie/haben einzelne Familienmitglieder bereits Hilfe gesucht?
– Was wurde geraten?
– Was haben sie angewendet?
– Mit welchem Ergebnis?
– Welche Auffälligkeiten/Besonderheiten/mögliche Erkrankungen wissen die Eltern aus ihren Herkunftsfamilien?
– Liegen organische/hirnorganische Erkrankungen vor?
– Liegen Behinderungen vor?
– Liegen andere Störungen vor, wie z. B. Legasthenie (Lese-Rechtschreib-Schwäche), ADS (Aufmerksamkeits-Defizit-Syndrom), hyperkinetische Störungen?

4.2 Auf alle achten

Das Sprichwort sagt: „Zum Streiten gehören zwei", und wenn wir im „System Familie" denken, wissen wir: Jeder, auch der Schweigsame, ist auf seine Weise aktiv beteiligt (wenn auch vielleicht unbewußt), um das Problem am Leben zu erhalten. Von daher müssen Sie sich darin üben, auch mit dem „Ohr des anderen" mitzuhören, wenn einer erzählt. Wenn auch Sie glauben, einen Sündenbock ausfindig gemacht zu haben, stecken Sie im System der Familie drin und können nicht mehr helfen.

4.3 Die guten Quellen finden

Auch wenn vieles problematisch ist, dürfen Sie als Seelsorger sich nicht auf die Probleme alleine fixieren lassen. Es ist wichtig, daß Sie auch das herausfinden, was gut läuft, was gelingt, um Mut zu machen, daß die einzelnen auch das in Angriff nehmen, was Not macht.

4.4 Motive klären

Helfen Sie dem Ratsuchenden herauszufinden, was er eigentlich erreichen will und auf welchen Wegen.

4.5 Immer konkret fragen und bei der Person bleiben

Nicht: „Wo müssen die anderen sich ändern?" Sondern: „Was kannst du tun, damit das Verhältnis sich bessert?"

Grundsätzliche Hilfen für das seelsorgerliche Gespräch finden Sie in den Kapiteln „Gesprächsführung will gelernt sein" und „Gefahren und Fehler in der Seelsorge" in Kurs 1 unserer Schulungsreihe.

5. Gesprächssituationen

Es ist von Vorteil, wenn Sie als Seelsorger mit der ganzen Familie zusammensitzen können. Da läßt sich das Wechselspiel in der Familie am leichtesten durchschauen, da treten die „Rollen", die die einzelnen einnehmen, am deutlichsten zutage. Und es lassen sich dann auch gemeinsam Lösungswege erarbeiten. Doch das ist nicht immer möglich. Es kann sein, daß nur ein Familienmitglied zum Gespräch bereit ist bzw. die Notwendigkeit sieht, am Miteinander etwas zu ändern. Oder es kann auch sein, daß Sie sich als Seelsorger überfordert fühlen, das Gespräch mit allen zusammen zu leiten. Denn das erfordert schon eine hohe Aufmerksamkeit und die Fähigkeit, mit allen Familienmitgliedern Kontakt aufzunehmen. In solch einem Fall können Sie auch mit nur einem sprechen.
Im folgenden zwei Gesprächssituationen und Hilfen dazu.

5.1 Wenn nur einer zum Gespräch kommt

Wenn nur eine Person zum Gespräch kommt, ist die Gefahr groß, daß Sie als Seelsorger sich vereinnahmen lassen und die Sicht dessen, der das Problem schildert, über-

nehmen (s. Eingangsbeispiel). Darum heißt es wachsam sein und auch mit den „Ohren der anderen" hören bzw. die Meinungen und die Reaktionen der anderen Familienmitglieder erfragen, ohne diese zu bewerten.
Also: „Wie würde es Ihre Frau/Ihr Mann sehen?"
Oder: „Was tun Ihre Kinder, wenn Sie sich so verhalten?"

Ein Hilfsmittel, um die Beziehungen in der Familie, die Stellung der einzelnen und das gute oder schlechte Verhältnis zueinander zu erhellen, ist, sich vom Ratsuchenden die Familie mit Hilfe von Symbolen auf ein Blatt Papier malen zu lassen oder sie mit verschiedenen Gegenständen auf dem Tisch aufstellen zu lassen. Dann muß der Ratsuchende natürlich die Symbole bzw. Gegenstände erklären, warum er für wen dieses Symbol ausgewählt hat, was er damit ausdrücken will, weshalb er die Familie so angeordnet hat. Also z. B. weshalb die Mutter mit zwei Kindern nahe beisammen steht und der Vater mit einem weiteren einen größeren Abstand von den anderen hat usw.
Wichtig ist, daß Sie sich klarmachen, daß es um die Darstellung des Ist-Zustandes geht, um die Situation, wie sie der Ratsuchende zur Zeit empfindet, und nicht um einen gewünschten Idealzustand.
Dieser läßt sich anschließend auch stellen, anhand von Fragen wie: „Fühlen Sie sich wohl in dieser Situation?" – „Fühlt sich Ihre Frau/Ihr Mann/Ihr Kind wohl?" – „Wie könnte man etwas ändern?" – „Was könnten Sie tun, damit es zu dieser Situation kommt?"
Aufschlußreich sind auch Fragen von der „entgegengesetzten Seite" aus, z. B.: „Wann tritt das Problem **nicht** auf?" – „Was ist in diesen Zeiten anders?" – „Was machen Sie dann anders?" – „Wie nehmen es die anderen in Ihrer Familie wahr, wenn Sie anders handeln – wie reagieren sie darauf?" usw.
Solche Fragen sind insofern hilfreich, als sie Lösungs- und Änderungsmöglichkeiten in den Blick fassen und den Gesprächspartner auch auf die Spur bringen, seinen Beitrag zur Lösung des Konfliktes herauszufinden.
Es klingt widersprüchlich, ist aber wahr: Wenn **einer** sein Verhalten ändert, ändert sich das ganze System, d.h., die anderen werden ihr Verhalten auch ändern. Das geschieht allerdings nicht reibungslos, weil jeder sich zunächst instinktiv gegen eine Veränderung wehrt, bis dann die positiven Auswirkungen spürbar werden.

5.2 Das Gespräch mit der ganzen Familie

Das bedeutet eine hohe Anforderung an Sie als Seelsorger.
– Sie müssen versuchen, zu jedem Familienmitglied Kontakt aufzunehmen und sich auf seine „Wellenlänge" einstellen. Auch die „Opposition" in der Familie hat ihre positiven Seiten. Sie müssen die positiven Seiten hervorheben und unterstützen.
– Sie müssen zuhören und zugleich die Reaktionen der anderen Familienmitglieder beobachten und, wenn nötig, dann auch ansprechen.

Hilfreich ist, wenn Sie, nachdem Sie sich mit den einzelnen bekannt gemacht haben, die Gesprächsregeln nennen, wie z. B.: Jeder darf das sagen, was er denkt und empfindet, ohne daß er von den anderen unterbrochen und korrigiert oder gemaßregelt wird. Jeder spricht von sich, wie er die Dinge sieht.
Im Verlauf des Gespräches müssen Sie natürlich darauf achten, daß die Regeln auch eingehalten werden.

Erster Schritt:
Die Familie dort abholen, wo sie steht, im Gespräch eine Vertrauensbasis schaffen.

Zweiter Schritt:
Das Problem herausarbeiten (**Was** liegt an?)
Dabei sind alle gefragt. Die Antwort und Sicht eines jeden ist gefragt.
Fragen können z. B. sein: „Was hat das Problem ausgelöst?" – „Wie erklären Sie sich, daß es dazu kommen konnte?" – „Wie gehen die einzelnen damit um?" – „Was haben Sie unternommen, um das Problem zu lösen? Mit welchem Erfolg?" – „Was würde geschehen, wenn diese Schwierigkeiten noch 2 oder 5 oder 10 Jahre weiterbestehen würden?" – „Was ist das Positive an den Schwierigkeiten?" – „Wodurch könnte man das Problem verschlimmern?"
Wichtig: Alle Familienmitglieder werden gefragt (nicht verhört!) und erfahren so, daß sie **gemeinsam** an der Aufhellung der Schwierigkeiten beteiligt sind.

Dritter Schritt:
Struktur erhellen (Wie laufen die Beziehungen?)
Da jede Familie ein System ist, in dem die Mitglieder sich gegenseitig ergänzen (auch im negativen Zusammenspiel), ist es nötig, das Wie, die Art und Weise des Umgangs miteinander deutlich zu machen.
Ein Hilfsmittel ist hier wieder die Aufstellung der Familie, entweder mit Gegenständen auf dem Tisch oder einer nach dem anderen gruppiert die Familie auf einem umgrenzten Raum, so wie er sie sieht. Jeder muß natürlich auch erklären, weshalb er die einzelnen Familienmitglieder so anordnet und was sein Empfinden dabei ist.
Dabei kommt für Sie als Beobachter sehr deutlich die Nähe und Distanz zwischen einzelnen Familienmitgliedern zum Vorschein, auch die guten oder schlechten oder überhaupt nicht vorhandenen Beziehungen werden sichtbar.
Jeder wird wahrscheinlich dabei die Familie anders stellen, weil jeder eine andere Position einnimmt und auch ein anderes Gemeinschaftsgefühl hat.
Das nächste wäre die Aufgabe, die Familie so zu stellen, daß jeder sich wohler fühlt.
Daran schließt sich die Frage an: „Was müßte jeder ändern, um dies auch im Miteinander zu verwirklichen? Welche Veränderung ist wünschenswert?"
Sie haben hier die schwierige Aufgabe, mit allen zusammen eine gemeinsame Sichtweise herauszuarbeiten, im Blick darauf, wo das Problem sitzt und wohin eine Veränderung angestrebt werden soll, zu der jeder in der Familie von ganzem Herzen „ja" sagen kann.

Wenn diese Übereinstimmung erzielt worden ist, kommt der
vierte Schritt:
Einüben
Die Frage ist zu klären: „Woran wollen wir konkret arbeiten?"
Unter Umständen werden die Familienmitglieder erst einmal einander um Vergebung bitten müssen, wenn sie gemerkt haben, daß sie – vielleicht auch ohne böse Absicht – aneinander schuldig geworden sind.
Dann geht es darum, mit jedem einzelnen Familienmitglied eine konkrete Aufgabenstellung zu erarbeiten, in der ein Punkt aufgegriffen wird, der in der nächsten Zeit verändert werden soll. Das müssen kleine, gangbare Schritte sein. Wer sich das Ziel zu hoch steckt, erntet nur Enttäuschung. Und sie müssen so konkret wie möglich formuliert werden. Es hilft nichts, zu sagen: „Ich will in den nächsten zwei Wochen immer

lieb sein." Sondern es muß deutlich werden, worin sich das „lieb sein" äußert. Bitten Sie dann auch die anderen Familienmitglieder um eine kurze Stellungnahme zu dieser „Hausaufgabe". Solche Stellungnahmen geben Ihnen hilfreiches Material für das weitere Vorgehen.

Sie werden dann nach der vereinbarten Zeit nachfragen, inwieweit die „Hausaufgaben" erfüllt worden sind, wo es Probleme gegeben hat, was gut gelaufen ist.

5.3 Sie sind Seelsorger und nicht Familientherapeut

Haben Sie den Mut, Ratsuchende weiterzuvermitteln, wenn Sie
- sich durch das geschilderte Problem überfordert sehen.
- in das „Familiensystem" eingestiegen sind, d. h., in denselben Denkmustern wie die Familie denken und daher im Gespräch nicht weiterkommen.
- auf ein oder mehrere Familienmitglieder negativ reagieren.
- nach drei Gesprächen das „System" noch nicht verstanden haben bzw. den Familienangehörigen noch nicht durchschaubar machen konnten.

6. Häufige Konfliktfelder

6.1 Machtkampf

Ein Beispiel:

Es ist Sonntagmorgen, alle machen sich fertig, um zum Gottesdienst zu gehen. Nur einer sagt: „Nein, ich geh' nicht mit!" – „Warum denn nicht?" – „Ich will einfach nicht. Außerdem ist es im Kindergottesdienst immer so langweilig." – „Aber wir gehen doch alle." – „Na und?" – „Du kannst aber nicht alleine zu Hause bleiben!" – „Warum denn nicht?" – „Das geht nicht. Und jetzt mach dich fertig. Los, beeil dich!" – Die Zeit verrinnt, dieser eine will immer noch nicht, die Tonhöhe steigt, die Lautstärke auch, die Eltern versuchen, mit Druck ihren Willen durchzusetzen, und das Kind leistet immer stärkeren Widerstand. Der Sonntagsfrieden ist dahin. Die Eltern fühlen sich hilflos.

Das Problem beim Machtkampf ist: Der Erwachsene fühlt sich **persönlich** angegriffen, weil sein Vorschlag, sein Wille nicht fraglos akzeptiert wird. Er trennt die „Sach-Ebene" nicht von der „Beziehungs-Ebene". Statt nachzufragen, was gegen den Vorschlag spricht, welche Befürchtungen von seiten des Kindes da sind, macht er nur Druck. Das Kind fühlt sich nur noch als „Objekt", das zu funktionieren hat. Wer Gehorsam erzwingen will, nimmt sein Kind nicht ernst.

6.1.1 Was fördert den Machtkampf?

Wenn die Eltern
- das Kind wegen einer Sache (Hausaufgaben z. B.) persönlich angreifen
- Behauptungen aufstellen, ohne sie zu belegen
- alles besser wissen
- alles bestimmen wollen
- negative Kritik üben
- ständig korrigieren

29

– das Kind verhören und in es eindringen wollen
– lautstark argumentieren
– Gespräche abbrechen

6.1.2 Die Folgen des Machtkampfes

– Kinder entwickeln sich zu Rebellen, verweigern sich grundsätzlich.
– Sie leisten aktiven oder auch passiven Widerstand, indem sie z. B. „ja" sagen, vielleicht nach außen hin mitmachen, aber heimlich doch tun, was sie wollen.
– Kinder werden entmutigt, lehnen jede Eigenverantwortung ab, lehnen es ab, selbständig zu denken und zu handeln. Sie warten nur noch auf Befehle und Anweisungen.
– Eltern fühlen sich immer hilfloser und greifen zu immer drastischeren Mitteln, um ihre Position, ihren Willen durchzusetzen.

6.1.3 Hilfen, um aus dem Machtkampf auszusteigen

– Heraus aus der Haltung, das Kind kontrollieren und manipulieren zu wollen („Ich weiß, was dir guttut").
– Das Kind ernst nehmen, ihm zuhören, um gemeinsam eine Lösung herauszufinden, miteinander Regeln (z. B. über Zimmer-Aufräumen, häusliche Pflichten etc.) erarbeiten und auch Konsequenzen für den Fall festlegen, wenn die Regeln nicht befolgt werden.
– An einer dauerhaften Lösung für ein positives Miteinander interessiert sein und nicht am vordergründig bequemen Weg.
– Die Situationen erkennen, in denen es zum Machtkampf kommt.
– Herausarbeiten: Was ist der „Auslöser" bei mir? Was ist der „Auslöser" beim Kind?
– Negative Erfahrungen, die sich ständig wiederholen, sind zwar enttäuschend, haben aber auch einen positiven Gesichtspunkt: Sie sind vorhersagbar, weil sie immer nach demselben Muster ablaufen. Wer die einzelnen Schritte nennen kann, kann sie auch verändern: Was kann ich an meinem Reden, Handeln ändern, damit das Kind nicht Widerstand leisten muß?
– Statt Druck auszuüben, vorher überlegte Redewendungen anwenden, um die Spannung aus der Situation zu nehmen.
Solche Redewendungen können sein: „Ich weiß nicht, ob ich dich richtig verstanden habe. Kannst du es mir erklären?" – „Ich weiß, daß du jetzt wütend bist, aber wer die Regeln verletzt, muß die Konsequenzen tragen. Und wir haben gemeinsam abgemacht, daß ... " – „Hast du eine Idee, wie wir diese Sache ohne eine Bestrafung regeln können?"
– Solche Spannungslöser dürfen natürlich nicht dazu benutzt werden, dem Kind eine Falle zu stellen, d. h., es dahin zu bringen, daß es am Ende den Eltern doch recht geben muß und der Unterlegene ist.

Wenn Eltern und Kinder sich über einen langen Zeitraum an Machtkämpfe gewöhnt haben, braucht es auch Zeit und Geduld, um wieder auszusteigen. Das Mißtrauen auf seiten der Kinder, daß das neue Verhalten der Eltern kein neuer „Trick" ist, kann erst nach und nach abgebaut werden.

6.2   Kinder als „Ersatz"

6.2.1 Kinder als Ersatz für den Ehepartner

Die Beziehung der Ehepartner ist gestört, aus welchem Grund auch immer, und einer der beiden holt ein Kind in die Rolle des erwachsenen Gegenübers, bespricht mit ihm alle Vorhaben, Nöte und Sorgen. Damit wird die Grenze zwischen den Generationen durchbrochen, das Kind wird in eine Position gehoben, die es überfordert. Zudem wird der Ehepartner noch mehr an den Rand gedrängt.

6.2.2 Kinder als Ersatz für einen nicht anwesenden Konfliktpartner

Ungelöste Konflikte mit einem eignen Elternteil, eigenen Geschwistern, evtl. einem geschiedenen Ehepartner werden im Umgang mit dem Kind fortgesetzt. Man „entdeckt" und bekämpft dann im Kind Wesenszüge des Menschen, mit dem man nicht zurechtkam.

6.3   Kinder als „Projektionsfläche"

6.3.1 für das, was man selbst nicht erreicht hat

Man projiziert die eigenen Wunschträume in das Kind hinein und will dafür sorgen, daß es diese auch erfüllt. Manchmal geschieht das auch mit dem ehrlich gemeinten Wunsch: „Mein Kind soll es einmal besser haben." Dabei nimmt man aber das Kind in seinen Anlagen und Bedürfnissen nicht ernst.
Eine Variante dieses Wunsches ist: Das Kind soll besser mit dem Leben (Schule etc.) zurechtkommen, um die Eltern von ihren Schuldgefühlen zu entlasten. Die Eltern versuchen, mit Hilfe des Kindes, in ihren eigenen Problemen weiterzukommen.

6.3.2 für das, was man bei sich ablehnt

Das Kind wird zum Sündenbock, dem man die Schuld für das eigene Mißgeschick oder die eigenen Sünden auflädt.
Oder man projiziert Versagen, unter dem man selbst leidet, auf das Kind und kontrolliert mißtrauisch, ob es das auch tut. Wenn es das tut, empfindet man Genugtuung und bestraft das Kind.

6.4   Ein Elternteil ist körperlich oder/und emotional abwesend

In unserer Gesellschaft ist meist der Vater aufgrund der Berufsarbeit die meiste Zeit des Tages außer Haus. Dadurch fällt der Mutter eine wesentliche Rolle in der Erziehung der Kinder zu. Problematisch wird es, wenn der Vater auch in der kurzen verbleibenden Zeit für die Kinder nicht ansprechbar ist (Ruhebedürfnis, Fernsehen usw.) und die Erziehungsaufgaben ganz seiner Frau überläßt. Den Kindern fehlt damit das nötige männliche Gegenüber, das sie für ihre Entwicklung dringend nötig haben.

6.5   Ablösungsphase

Das Teenageralter (ca. 12. bis 16. Lebensjahr) ist naturgemäß eine konfliktreiche Zeit. Der Jugendliche ist kein Kind mehr, aber auch noch kein Erwachsener. Er muß mehr und mehr seinen Weg selbst finden, Verantwortung für sich selbst übernehmen lernen. Durch die hormonelle Umstellung befinden sich seine Gefühle häufig auf der Achterbahn. Es ist gut, wenn Eltern hier zum einen durch Festigkeit eine nötige Reibungsfläche bieten, andererseits aber flexibel genug sind, um den Jugendlichen eigene Erfahrungen zu ermöglichen, und ihnen als Ansprechpartner zur Verfügung stehen.

Konflikte entstehen auch häufig dadurch, daß Eltern bisher noch nicht akzeptieren konnten, daß ihr Kind nur „Leihgabe", aber nicht ihr „Eigentum" ist und daß sie ihr Kind nicht loslassen können. (Siehe auch Kapitel 14: „Jung sein – Erwachsen und selbständig werden")

Literaturempfehlungen

Bachmair u. a., Beraten will gelernt sein
   (Ein Lehrbuch für Lehrer und Sozialarbeiter)
   Beltz, Weinheim
Dreikurs, Rudolf / Loren Grey, Kinder lernen aus den Folgen
   Herder-Verlag, Freiburg
Ruthe, Reinhold, Familie – Oase oder Chaos
   Brendow-Verlag, Moers
Ruthe, Reinhold, Seelsorge – wie macht man das?
   Brunnen-Verlag, Gießen

Didaktische Hinweise zu den Arbeitsblättern

Anlage 1:   Gliederung des Beitrags

Anlage 2:   Bibelzeit
                mit Fragen für Gesprächsgruppen
                Auch als Einstieg ins Thema geeignet

Anlage 3:   Übung eines Familien-Beratungsgespräches, nachdem die Gruppe
                mit dem Thema vertraut ist. Nähere Angaben siehe Arbeitsblatt

Gliederung

1. Ein Gespräch zwischen Tür und Angel

2. Biblischer Bezug

3. System Familie

4. Hilfen für das Gespräch
    4.1 Abklären
    4.2 Auf alle achten
    4.3 Die guten Quellen finden
    4.4 Motive klären
    4.5 Immer konkret fragen und bei der Person bleiben

5. Gesprächssituationen
    5.1 Wenn nur einer zum Gespräch kommt
    5.2 Das Gespräch mit der ganzen Familie
    Vier Schritte
        1. Abholen
        2. Problem herausarbeiten
        3. Struktur erhellen
        4. Übung
    5.3 Sie sind Seelsorger und nicht Familientherapeut

6. Häufige Konfliktfelder
    6.1 Machtkampf
        6.1.1 Was fördert den Machtkampf?
        6.1.2 Die Folgen des Machtkampfes
        6.1.3 Hilfen, um aus dem Machtkampf auszusteigen
    6.2 Kinder als „Ersatz"
        6.2.1 für den Ehepartner
        6.2.2 für einen nicht anwesenden Konfliktpartner
    6.3 Kinder als „Projektionsfläche"
        6.3.1 für das, was man selbst nicht erreicht hat
        6.3.2 für das, was man bei sich selbst ablehnt
    6.4 Ein Ehepartner ist körperlich oder/und emotional abwesend
    6.5 Ablösungsphase

Bibelzeit

Eph 5,21 und 6,1–4

- Welches ist die „gemeinsame Aufgabe" und die „Klammer", die alle Familien-mitglieder verbindet?
- Welche Möglichkeiten sehen Sie, das in Ihrer Familie umzusetzen?
- Was verstehen wir unter „gehorsam"?
- Was versteht Paulus unter „Gehorsam"?
- Wo hat Gehorsam seine Grenzen? Welche Grenze markiert Paulus?
- Wodurch können Eltern ihre Kinder „zum Zorn reizen"?
  Gibt es spezielle Verhaltensweisen, auf die Mütter mehr achten müssen –
  auf die Väter mehr achten müssen?
- Was übersieht derjenige, der sein Kind zum Zorn reizt?
- „...Sondern erzieht sie in der Zucht und Ermahnung des Herrn..." – was heißt das?
  Und was heißt das nicht?
- „Sondern" – mit diesem Wort bildet Paulus einen Gegensatz zu „zum Zorn reizen".
  Überlegen Sie konkrete Verhaltensweisen, wie eine solch gegensätzliche Haltung
  aussehen könnte.

Kol 3,20–21

- Welche Parallelen sehen Sie zu den Anweisungen in Eph 6,1–4?
- Welche Unterschiede bestehen zu Eph 6,1–4?
- Wodurch werden Kinder mutlos (Luther: „scheu")?
  Nennen Sie Beispiele!
- Wie können Sie Ihre Kinder ermutigen?

Übung eines Familien-Beratungsgespräches

Die Teilnehmer sollen die Situation als Berater in einem Familiengespräch erleben bzw. die Empfindungen von Familienmitgliedern durch die Übung nachvollziehen können. Notwendige Voraussetzung dafür ist, daß die einzelnen in der Gruppe miteinander vertraut sind und die Rollen freiwillig übernommen werden. Andernfalls wirkt das Miteinander gekünstelt und ermöglicht keine Lernerfahrung.

Drei bis vier Personen bilden die Familie (z. B. Vater, Mutter, „Problemkind", Geschwisterkind). Sie suchen ein Nebenzimmer auf und sprechen sich ab, wer welche Rolle übernimmt, welches Problem anliegt, wie sie vorgehen wollen und mit welchem Familiennamen sie angesprochen werden wollen.

Zwei bis drei Personen sind Seelsorger (die sich im Gespräch abwechseln).

Der Rest der Gruppe beobachtet das Gespräch unter folgenden Gesichtspunkten:
- *Wie reagiert das „Problemkind"?*
- *Wie laufen die Beziehungen in der Familie?*
- *Welches sind die entscheidenden Punkte im Gespräch?*
- *Welche Gefühle treten während des Gesprächs auf?*

Der erste Seelsorger bekommt die Aufgabe, die Familie an der Tür zu begrüßen und sie freundlich in die Mitte des Raumes zu bitten, wo entsprechend viele Stühle gestellt sind. Die Beratung beginnt mit der Frage, weshalb die Familie zur Seelsorge gekommen ist. Nach fünf bis sieben Minuten lösen sich die Seelsorger ab.

Wenn alle an der Reihe waren, wird die Übung abgebrochen. Jeder der Seelsorger sagt, was ihm seiner Meinung nach gelungen ist. Jeder äußert sich auch zu den Gefühlen, die er während des Gespräches empfand. Danach erklären die „Familienmitglieder", wie sie das Gespräch erlebten und was ihnen bei den einzelnen Seelsorgern gut gefallen hat und ob sie sich verstanden fühlten. Anschließend berichten die Beobachter ihre Eindrücke.
Bitte achten Sie darauf, daß die Äußerungen keine Wertung und vor allem keine negative Kritik an den „Mitspielern" enthalten.

Josef Sochocki

Psychosomatische Krankheiten –
Unser Körper als Spiegel der Seele

„Der Ärger ist mir auf den Magen geschlagen."
„Die Angst sitzt mir wie ein Kloß in der Kehle."
„Ich mache vor Angst in die Hose."
„Das Problem macht mir Kopfschmerzen."
„Diese Kritik geht mir an die Nieren."
„Da tut mir das Herz weh."

Diese und andere Redensarten machen uns deutlich: Zwischen Körper, Geist und Seele bestehen enge Verbindungen.

1. Die Psychosomatik in klassischen Kulturen und in der Bibel

Die ganzheitliche Betrachtung des Menschen als eine Einheit aus Körper, Geist und Seele und die Erklärung der Krankheit als eine Störung dieser Einheit ist Merkmal der Medizin vieler alter Kulturen. Auch im klassischen Griechenland findet man bei Hippokrates Ansätze zu dieser Betrachtungsweise. In der Neuzeit taucht der Begriff der psychosomatischen Medizin erstmals zu Beginn des 19. Jahrhunderts auf. Als medizinische Theorie und Behandlungsmethode wurde die Psychosomatik Anfang dieses Jahrhunderts durch Psychoanalytiker, Internisten und Psychologen eingeführt.
Aber auch bereits das Alte Testament der Bibel kennt und nennt psychosomatische Zusammenhänge und Erscheinungen. Die Bibel sieht diese gerade auch im Zusammenhang mit Sünde und Schuld. So können wir z. B. im Psalm 32 nachlesen, wie die Sünde von David sich als Leid auf sein Gewissen legt und sich psychosomatisch ausdrückt, wenn es dort heißt: „(…)als ich es wollte verschweigen, verschmachteten meine Gebeine durch mein tägliches Klagen. Denn deine Hand lag Tag und Nacht schwer auf mir, daß mein Saft vertrocknete, wie es im Sommer dürre wird" (Vers 3 + 4). Wenn wir auch nicht ganz genau sagen können, was mit dem „Verschmachten der Gebeine" und dem „Vertrocknen des Körper-Saftes" gemeint ist, sicher ist, daß David aufgrund seiner unvergebenen Sünde und Schuld neben dem belasteten Gewissen auch psychosomatische Beschwerden hatte.

2. Psychosomatische Krankheiten

Seelische Belastungen – aber auch Sünde und Schuld – können zu körperlichen, d. h. organischen und funktionellen Störungen führen. Diese sind dann sozusagen die „Sprache" des Körpers. Der Körper äußert dann, daß etwas nicht stimmt; er wird dann zum Spiegel der Seele. Wenn sich solche Störungen verfestigen, nennt man sie „psychosomatische Krankheiten".
Seelische Belastungen – auch Sünde und Schuld – führen aber nicht immer zu körper-

lichen Störungen. Sie können auch allein zu seelischen Störungen wie z. B. Ängsten, Depressionen und Zwängen führen. Diese seelischen Erkrankungen, deren Hauptgruppe als „Neurosen" bezeichnet wird, dürfen mit psychosomatischen Krankheiten nicht verwechselt werden. Manchmal leiden Menschen gleichzeitig an einer Neurose und an einer psychosomatischen Krankheit.

Auch sollte man nicht bei jeder körperlichen Erkrankung nur nach einer seelischen Ursache – und auch nicht immer nach Sünde und Schuld – suchen. Körperliche, seelische, soziale und auch geistliche Faktoren sind beim Entstehen und beim Verlauf von Krankheiten oft eng verknüpft – sie alle sollten bei der Betrachtung wie bei der Behandlung von psychosomatischen Krankheiten berücksichtigt werden.

3. Behandlung psychosomatischer Krankheiten

3.1 Ärztlich-ambulante Behandlung

Zuständig für die Behandlung von Krankheiten – auch von psychosomatischen – ist in erster Linie der Arzt. Die Folgen psychosomatischer Krankheiten können gravierend sein. Oft ist der Betroffene wegen einer scheinbar körperlichen Erkrankung bereits in ärztlicher Behandlung. Hat der Arzt den Verdacht, daß die Ursache psychosomatischer Art ist, wird er mit dem Patienten ein eingehendes Gespräch führen und ihn fragen, ob er persönliche, berufliche, familiäre oder sonstige Probleme hat. Er wird ihn ermutigen, die Probleme anzugehen. Allein das Gespräch hilft vielen Erkrankten schon ein Stück weiter. Stellt der Arzt fest, daß der Patient denkt, seine Krankheit sei ohne Medikamente nicht zu heilen, wird er diesem ein relativ leichtes Medikament verordnen. Bei allen psychosomatischen Krankheiten sollte die Hilfe zur Selbsthilfe im Mittelpunkt stehen, nicht aber die Einnahme von Medikamenten. Durch Medikamente allein läßt sich keine psychosomatische Krankheit heilen, sie können allenfalls manche Beschwerden lindern.

3.2 Stationäre Behandlung

In schwereren und langwierigen Fällen wird der Arzt – zumeist wird dies der Hausarzt sein – mit dem Patienten erwägen und entscheiden, inwieweit eine stationäre Behandlung in einer Fachklinik für psychosomatische Krankheiten angezeigt erscheint. Dort wird eine Diagnose gestellt und ein individueller Behandlungsplan mit dem Patienten besprochen. Die Therapie in einer derartigen Fachklinik erfolgt nach klinischen und psychotherapeutischen Gesichtspunkten. Es steht dort ein Team von erfahrenen, für ihre speziellen Aufgaben ausgebildeten Ärzte und Therapeuten zur Verfügung. Die Behandlung in einer Fachklinik für psychosomatische Krankheiten kann zum Beispiel folgende Maßnahmen umfassen:
- Psychotherapie: Einzelsitzungen und Gruppentherapie
- Entspannungsübungen, Atemübungen
- Beschäftigungstherapie, Kreativtherapie, Kommunikatives Malen
- Physikalische Therapie: Medizinische Bäder, Sauna, Kneipp-Anwendungen, Inhalationen, Fango, Massagen
- Einzel- und Gruppengymnastik, Bewegungsübungen,
- Verschiedene Sportarten und Spiele
- Medikamentöse Therapie soweit wie notwendig

3.3   Heterologe ambulante Behandlung

In vielen Fällen hat sich die kombinierte ambulante Behandlung durch den Arzt (Hausarzt oder Arzt für Psychiatrie) und durch einen Psychotherapeuten als hilfreich erwiesen. Das Ergebnis dieses heterologen Verfahrens der Therapie hängt stark von der Qualität der Kooperation ab. Die Zusammenarbeit sollte gut sein, damit bei dem Patienten nicht infolge einer Behandlung durch verschiedene Spezialisten der Eindruck entsteht, er sei gewissermaßen „zweierlei Mensch".

3.4   Psychotherapeutische Behandlung

In der Psychotherapie werden psychosomatische Krankheiten vor allem durch Gesprächstherapie, Verhaltenstherapie und Familientherapie behandelt.
So können beispielsweise Ursachen von Magersucht auch in der eigenen Familie liegen. Im Rollenspiel fühlen sich die Mitglieder einer Therapiegruppe in die Familiensituation nach den Schilderungen der Betroffenen ein. Das Spiel wird auf Video aufgenommen und gemeinsam besprochen. Hier gehen Diagnose und Therapie Hand in Hand: Die Patientin erkennt ihre typischen Verhaltensweisen. Neue Verhaltensweisen werden von der Gruppe – die von einem Therapeuten geleitet wird – gemeinsam erarbeitet.
Viele Patienten mit psychosomatischen Beschwerden stellen mit dem Psychotherapeuten fest, daß es ihnen an Selbstbewußtsein mangelt und sie sich schlecht selbst behaupten und durchsetzen können. In einer Einzel- und/oder Gruppentherapie lernt der Patient seine Selbstsicherheit und Selbstbehauptung zu trainieren. Dazu gehört es, zu einem positiven Selbstbild zu kommen und sich selbst annehmen zu können. Ferner wird erlernt, sich gegen andere zu wehren (z. B. nein sagen zu können) und von anderen etwas zu fordern (Bedürfnisse und Wünsche zu äußern, Anweisungen zu geben). Auch die Fähigkeit zur Selbstdarstellung (z. B. „das kann ich – das kann ich nicht") und das sichere Auftreten vor/in der Gruppe wird trainiert.
Höhenangst, Angst in einer Menschenmenge oder im Fahrstuhl, das sind starke Gefühle, die häufig mit einer Herzneurose auftreten. Wenn das Herz heftig klopft, befürchtet man, schwer krank zu sein. In einer kognitiven Verhaltens-Einzeltherapie (in der das Denken und das Verhalten korrigiert wird) oder in einer therapeutischen Angst-Bewältigungsgruppe (Gruppentherapie) lernen Patienten, sich mit der angstauslösenden Situation wohldosiert zu konfrontieren und mit ihren Angstgefühlen konstruktiv umzugehen.

4. Seelsorgerliche Hilfen bei psychosomatischen Krankheiten

4.1   Grundlegende Hilfen

Vielen Patienten mit psychosomatischen Beschwerden mangelt es an „gesundem" Selbstbewußtsein (vgl. 3.4). Sprechen Sie in der Seelsorge immer auch über ein ausgewogenes Gottesbild und über den gottgewollten Selbst-Wert des Betroffenen. (Anregungen dazu und auch eine Übung finden Sie im Beitrag „Minderwertigkeitskomplexe – Selbstvertrauen wirkt Wunder" unter 4.1)
Fragen Sie bitte immer nach der Situation, nach den Umständen, nach den Gedanken (auch nach den Tagträumen und Phantasien) und Gefühlen zu dem Zeitpunkt, als die ersten psychosomatischen Symtome aufgetreten sind. Die Antworten können Aufschluß geben über Hintergründe und Zusammenhänge.

4.2   Hilfen bei Kopfschmerzen

Wenn für Walter die Anspannung der Woche am Samstag nachläßt, reagiert sein Körper mit (Ent-Spannungs-)Kopfschmerzen (ein dumpfer, drückender, beidseitiger Stirnschmerz). Der veränderte Lebens- bzw. Schlafrhythmus dürfte der Auslöser für seine Kopfschmerzen sein.

Menschen wie Walter sollten Sie in seelsorgerlichen Gesprächen dazu motivieren, gerade auch während der Arbeitswoche zu einem weniger hektischen Lebensstil zu finden (als Gedankenanstoß dazu kann die Anlage 2 dienen). Regen Sie Betroffene ferner an, sich während der Woche genügend Zeit für angenehme Aktivitäten bzw. Zufriedenheitserlebnisse zu nehmen (Anregungen dazu finden Sie in der Anlage 3). Schließlich sollten Stille Zeiten (Bibellese und Gebet; schöpferische Pausen – siehe dazu Anlage 4) ganz bewußt im Alltag einen Platz finden. Wenn Sie mit Betroffenen auch über ihr Arbeits- und Zeitmanagement sprechen wollen, dann finden Sie in der Anlage 5 Anhaltspunkte dazu.

Margitta bekommt ein- bis zweimal im Monat nach den Vorboten-Erscheinungen wie gedrückte Stimmung, Konzentrationsstörungen, Sehstörungen und häufigem Wasserlassen Migräne-Attacken (einseitiger pulsierender Kopfschmerz, beim dem es ihr übel wird, manchmal muß sie auch erbrechen).

Wenn Sie Menschen wie Margitta seelsorgerlich begleiten, dann ermutigen Sie diese, den Schlaf- und Wachrhythmus an allen Tagen – auch an Wochenenden und im Urlaub – so gleichmäßig wie möglich zu gestalten. Wenn Probleme stressen („Darüber zerbreche ich mir den Kopf"), dann machen Sie dem Betroffenen bewußt, daß die genannten Probleme Auf-Gaben darstellen, die mit Gottes Hilfe konstruktiv angegangen werden sollten. Sprechen Sie mit dem Hilfesuchenden nur begrenzt über das Problem, sprechen Sie aber mit ihm mehr über mögliche Lösungen. Gehen Sie also ganz bewußt lösungs-orientiert vor. Sie können das Gespräch z. B. mit der Frage beginnen: „Was würden Sie tun, wenn Ihr Problem gelöst wäre?" Oder: „Wann tritt ihr Problem nicht (oder nur ganz wenig) auf?" Die Antworten geben Ihnen Ansatzpunkte dafür, was der Betroffene beginnen sollte mehr und mehr zu tun. Begleiten Sie ihn motivierend und bestärkend bei den Übungen, die sein Denken und Verhalten ändern sollen. Bei Niederlagen und Rückschritten ermuntern Sie zu erneutem Anlauf.

4.3   Hilfen bei Bluthochdruck

Jedes heftige Erlebnis läßt bei Martin den Blutdruck stark ansteigen. Dabei fühlt er sich nicht krank. Sein erhöhter Blutdruck ist eine natürliche Begleiterscheinung von starker seelischer Erregung im Gegensatz von Hypertonie aufgrund einer Nieren-, Herz-, Kreislauf- oder Stoffwechselerkrankung.

Bei Menschen wie Martin führt ihre charakteristische angespannte Überaktivität immer wieder dazu, daß sie darüber klagen, andere nützten ihre Tüchtigkeit aus. Oder aber sie haben das Gefühl, für ihren (über-) gewissenhaften Einsatz nicht die gebührende Anerkennung zu finden. Diese Gefühle wiederum können eine aggressive (oder auch depressive) Grundstimmung gegenüber den Mitmenschen hervorrufen. Auch führen häufig zwischenmenschliche Spannungen wie Ärger mit Arbeitskollegen, andauernder Streit in der Familie, Konflikte in der christlichen Gemeinde zu krankmachenden Belastungen. Die damit verbundenen Enttäuschungen können auch zu Ersatzbefriedigungen durch vermehrtes Essen, Trinken, Rauchen und suchtartige

Arbeitswut führen, wodurch sich mehrere Risikofaktoren für Herz und Kreislauf gegenseitig verstärken.

In der seelsorgerlichen Begleitung von Betroffenen sollten Sie zunächst einmal zur gemäßigten und ausgewogenen Lebensführung motivieren und den Hilfesuchenden dabei begleiten (siehe unter 4.2). Machen Sie dem Gesprächspartner bewußt, daß sein Selbst-Wert nicht in erster Linie durch seinen (über-) gewissenhaften Einsatz für andere bestimmt wird. (Sprechen Sie mit ihm über Aspekte nach 4.1.) Neigt Ihr Gesprächspartner zu Ersatzbefriedigungen, dann helfen Sie ihm dabei, bewußter Zufriedenheitserlebnisse zu entfalten (siehe Anlage 3). Im Blick auf seinen möglichen Ärger machen Sie ihm bewußt, das er sich ärgern kann, dies aber keineswegs (immer) muß. Erarbeiten Sie Ansätze für ein alternatives positives Verhalten durch die Fragen: „Wenn Sie sich nicht mehr so leicht und schnell ärgern würden, was würden Sie dann anders machen?" oder: „Wann ärgern Sie sich nicht mehr oder nur noch ein wenig?"

4.4 Hilfen bei Herzneurosen

Seit ihrem 25. Lebensjahr leidet Beate an ihrer Herzneurose (krankhafte Herzangst). Anfallsartig treten bei ihr Herzrasen mit Blutdruckanstieg, Schweißausbruch, Zittern und heftiger Atmung auf. Die Anfälle – die Sie als Einbrüche panikartiger Angst erlebt – dauern manchmal nur einige Minuten, aber auch immer wieder einmal bis zu einer Stunde. Sie erlebt dann hellwach eine Todesangst mit der Überzeugung, am Herzstillstand sterben zu müssen. Zwischen den Anfällen tritt eine Fülle von Beschwerden auf, wie z. B. Herzschmerzen, innere Unruhe, Mattigkeit, Schlafstörungen, Magen-Darm-Beschwerden, Ängste und auch depressive Verstimmungen.

Die Herzneurose geht ursächlich häufig auf eine in der frühen Kindheit erworbene überaus enge Abhängigkeit von den Eltern (meist der Mutter) zurück. Diese Form der Abhängigkeit kann sich z. B. in der Ehe fortsetzen. Die Herzneurose kann ausgelöst werden, wenn eine (zu) enge Bindung durch ein Trennungserlebnis bedroht erscheint. Die Betroffenen erhoffen einerseits die Lösung der Abhängigkeit, fürchten sich aber zugleich davor. Schon die Vorstellung, sich unabhängiger von anderen zu machen (beispielsweise durch Auszug aus dem Elternhaus, durch mehr Eigenständigkeit in der Ehe, durch vermehrte Selbständigkeit und Eigenverantwortung im Beruf) kann die Herzanfälle auslösen.

In der seelsorgerlichen Begegnung von Menschen mit Herzneurosen ist es einerseits wichtig, daß Sie ihnen mit besonders viel Einfühlungsvermögen begegnen, daß Sie ein Verhältnis aufbauen, das längerfristige und kontinuierliche Geborgenheit vermittelt, sowie daß Sie einen „Angstschutz" bieten. Wenn der Betroffenen panische Angst erlebt, sollte er wissen, daß er Sie zu bestimmten Zeiten an bestimmten Orten erreichen kann. Versprechen Sie ihm niemals: „Ich bin immer für Sie da." Das werden und sollten Sie nicht einhalten! Verhelfen Sie dem Hilfesuchenden andererseits und gleichzeitig zu mehr Unabhängigkeit und Selbständigkeit: Schritte mehr und mehr alleine zu tun; Zeiten alleine zu gestalten; Aufgaben alleine zu erfüllen; Verantwortung mehr und mehr zu übernehmen. Wenn Sie ein einengendes Klammern in der ehelichen Beziehung feststellen, dann unterstützen Sie das „Loslassen".

4.5 Hilfen bei Magen- und Zwölffingerdarmgeschwüren

Elfriede verspürt immer wieder einmal Druck- und Völlegefühl nach dem Essen, Schmerzen im Oberbauch, dazu kommen Aufstoßen und Erbrechen. Schon mehrmals wurde ein Magengeschwür diagnostiziert. Anders ist es bei Alexander. Er leidet an Zwölffingerdarmgeschwüren. Bei nüchternem Magen, auch nachts, überkommen ihn Schmerzen. Diese lassen häufig durch Nahrungsaufnahme nach.

Magen- und Zwölffingerdarmgeschwüre treten bei derart Betroffenen immer wieder einmal nach vorübergehender Heilung erneut auf. Festgestellt wurde, daß diese Krankheiten gehäuft bei vereinsamten Menschen auftreten und bei solchen, bei denen einige (Grund-)Bedürfnisse stark unbefriedigt geblieben sind. Wir könnten sagen: Der Wunsch nach Angenommensein, Gebrauchtwerden, Dazugehören, Geborgenheit, Verwöhnung und Sicherheit ist „unterversorgt".

Betroffenen vermitteln Sie durch Einfühlungsvermögen und Annahme Geborgenheit. Ermutigen Sie sie, zu mehr Zufriedenheitserlebnissen zu gelangen (siehe Anlage 3). Motivieren Sie auch dazu, Dinge und Erlebnisse bewußter genießen zu lernen. (Wer nicht genießen kann, wird ungenießbar, d. h. mit sich und anderen zerstritten!) Verhelfen Sie zu mehr und mehr freundlichen, innigen, lebendigen und anhaltenden Beziehungen zu Bekannten, Nachbarn, Arbeitskollegen, Freunden, Christen in der Gemeinde, in der Gemeinschaft oder im Hauskreis.

4.6 Hilfen bei Eßstörungen (Fettsucht – Magersucht)

Angelika leidet an Übergewicht ohne organischen Befund. Dazu stellen sich bei ihr Bluthochdruck, depressive Verstimmungen und Schuldgefühle ein. Jede Form seelischer Belastung beantwortet sie durch das Aufnehmen übermäßiger Nahrungsmengen. Auch leidet Sie an ihrem äußeren Erscheinungsbild, da in unserer Kultur Dicke als häßlich gelten.

Fettsüchtige wie Angelika haben oft das Gefühl sozialer Mißachtung und Isolierung. Die Krankheit ist oft mit starken Erlebnissen bei dem Verlust geliebter Partner, mit Angst vor dem Alleinsein, dem Gefühl der Leere und auch Langeweile verbunden. Das übermäßige Essen kann zu einer Ersatzbefriedigung für Enttäuschungen und allgemeine Verstimmungen werden („Kummerspeck").

Einen fettsüchtigen Menschen sollten Sie ermutigen, sich einer Selbsthilfegruppe anzuschließen, die sich der Bewältigung des suchtartigen Essens widmet. Diesbezügliche Adressen können Sie beim Gesundheitsamt erfragen. Sie persönlich, Ihre Familie, eine Gemeinde, ein Hauskreis sollten der Betroffenen zu einem positiven Gemeinschaftsgefühl verhelfen, welches sich durch gemeinsame Gespräche, innige und anhaltende Gemeinschaft, gemeinsame Zufriedenheitserlebnisse (siehe Anlage 3) entwickeln kann.

Doris hat auffälliges Untergewicht. Häufig führt sie zwanghaft und willkürlich ein Erbrechen herbei. Sie erscheint überaktiv, häufig rastlos und stark auf Leistungsfähigkeit konzentriert.

Wie Doris leiden viele Magersüchtige an ihrer Krankheit nicht. Sie fühlen sich zumeist seelisch und körperlich wohl. Auffällig ist, daß sie auch bei extremer Gewichtsabnahme ihr Gewicht und ihre stark veränderten körperlichen Vorgänge für ganz normal halten können. Sie erleben all das häufig als geistige Verklärung und empfinden alles Körperliche als widerlich. Außerdem kann starkes Hungern rauschartige Bewußtseinsveränderungen erzeugen. So kann dann Hungern schließlich auch wie eine Droge benutzt werden. Magersucht kommt insbesondere bei Mädchen nach der Pubertät und jungen Frauen vor, die ein übertriebenes Schlankheitsideal entwickeln.

Magersucht muß häufig in einer (psychosomatischen) Klinik behandelt werden – bei einem Gewicht von 34 kg und weniger auf jeden Fall, weil dann immer Lebensgefahr besteht! Motivieren Sie dann die Betroffene zu diesem Schritt. Eine Besserung können Sie unterstützen, wenn Sie dem Schlankheitsideal entgegenwirken (weisen Sie gerade auch auf den gottgewolllten Selbst-Wert hin – siehe 4.1) und Freizeit- und Gemeindekontakte gefördert werden. Fällt Ihnen ein Rückzug in überwiegend geistige Beschäftigungen auf, regen Sie zu nicht-geistigen angenehmen Aktivitäten (siehe Anlage 3) an. Stellen Sie fest, daß die Magersucht Ausdruck einer gestörten Ehe- und/oder Familiensituation ist, dann unterstützen Sie eine Ehe- und/oder Familienseelsorge bzw. -therapie.

4.7   Hilfen bei rheumatischen Erkrankungen

Herbert ist bei seiner rheumatischen Gelenkentzündung (chronische Polyarthritis) trotz seiner Schmerzen recht aktiv. Depressive Verstimmungen drückt er nicht direkt, sondern über seine Schmerzen aus. Er leidet an allzu ausgeprägter Gewissenhaftigkeit und zu hohem Pflichtbewußtsein. Er hat zumeist das Gefühl, daß all sein Einsatz nicht die erwünschten Erfolge bringt.

Wie Herbert haben viele Rheuma-Kranke neben den bis heute nicht geklärten organischen Ursachen in der Kindheit die Erfahrungen gesammelt, daß die Welt unfreundlich, böse, hart und ohne Gefühl ist. Nur Einsatz, Aktivität und Beherrschung garantieren ein Überleben, geschenkt werde gar nichts. Bei Christen kann dann das Bild eines in erster Linie fordernden Gottes vorherrschen. Das wiederum kann zur Angst führen, Gott nicht zu genügen. Auch der Dienst in der Nachfolge geschieht dann nicht vor allem aus Dankbarkeit und in Freude, sondern wird (unbewußt) zum Grundprinzip des Überlebens. Deshalb verlieren sich manche geradezu im Dienst für andere und erleben sich schließlich irgendwann ausgebrannt.

In der Seelsorge verhelfen Sie dem Betroffenen zu einem ausgewogenen Gottesbild und zu einem gottgewollten Selbst-Wert (siehe unter 4.1). Hinterfragen Sie mit ihm, aus welchen Gründen er sich so (über-) aktiv im Dienst für andere verliert. Verhelfen Sie ihm ferner dazu, daß er seinen Dienst mehr und mehr aus Dankbarkeit für seine Erlösung durch Christus tut und aus der Freude, die aus dem Leben unter Jesu Führung resultiert. Chronisch Schmerzkranken kann es helfen, wenn sie ihre Gedanken bewußter auf die gesunden Anteile richten und Gott dafür danken können. So kann jemand, der Schmerzen in den Handgelenken hat, dafür danken, daß er gesunde Füße hat und sich überall hin bewegen kann. Wichtig ist auch eine Förderung von Aktivitäten, die unmittelbar Spaß und Freude bringen. Hierbei sollten ganz persönliche, warmherzige Aktivitäten im Vordergrund stehen wie z. B. gemeinsames Essen, Singen in einem Chor, Gesellschaftsspiele, in denen man sich persönlich und spontan einbringen muß, sowie gemeinsames Wandern, Schwimmen und Fahrradfahren.

5. Grenzen und Gefahren in der Seelsorge

Eine Gefahr kann es für Sie wie für den Hilfesuchenden darstellen, wenn Sie als Seelsorger von gewissen Symptomen (Kopf-, Bauch- Nackenschmerzen) auf eine psychosomatische Krankheit schließen. Für eine gründliche Diagnose ist der Arzt bzw. Therapeut zuständig – nicht Sie! Sie können aber bei den obengenannten Symptomen den Betroffenen ermutigen (wenn nötig auch nachhaltig), daß er sich gründlich unter-

suchen und dann auch behandeln läßt. Bieten Sie ganz bewußt seelsorgerliche Begleitung und Unterstützung an.

Literaturempfehlungen

Bullinger, Hermann (Hrsg.), Männer erwachen. Gefühle neu entdecken –
    Beziehung neu erleben
    Herder Verlag, Freiburg
Esser, Axel / Martin Wolmerath, Mobbing. Der Ratgeber für Betroffene
    und ihre Interessenvertretung
    Bund-Verlag, Köln
Fischle-Carl, Hildegund / Marina Fischle-Lokstein, Selbstbewußt und lebensfroh.
    Psychologie für einen leichteren Alltag
    Herder Verlag, Freiburg
Grosse, Siegfried, Ab morgen mach' ich's anders – Gute Vorsätze erfolgreich
    in die Tat umsetzen
    Kösel-Verlag, München
Klußmann, Rudolf, Psychosomatische Medizin – Eine Übersicht
    Springer Verlag, Berlin
Langenbucher, Heike, Sprache des Körpers – Sprache der Seele,
    Wie Frauen sich wohlfühlen können
    Herder Verlag, Freiburg
Pampus, Sybille, Krankheit als Mitteilung. Was mein Körper mir sagen will
    R. Brockhaus Verlag, Wuppertal
Scherer, Kurt, Vergebung – das zentrale Problem. Seelsorgerliche Hilfen
    zum rechten Umgang miteinander
    Hänssler-Verlag, Neuhausen-Stuttgart
Stemmer, Roswitha / Heidrun Steuernagel, So heilt die Seele den Körper
    Weltbild Verlag, Augsburg
Wolf, Doris, Wenn Schuldgefühle zur Qual werden. Wie Sie Schuldgefühle
    überwinden und wieder Freude am Leben gewinnen können
    PAL Verlagsgemeinschaft, Mannheim

Didaktische Hinweise zu den Arbeitsblättern

Anlage 1: Gliederung

Anlage 2: Gegen ein hektisches Leben
Dieser Text soll dem Betroffenen Hilfen zum Nachdenken über seinen bisherigen Lebensstil und über gewünschte Veränderungsansätze geben. Er soll einige Wochen lang etwa jeden (zweiten) Tag einmal gelesen werden.

Anlage 3: Ausgleich durch angenehme Aktivitäten und Zufriedenheitserlebnisse
Dieses Blatt soll den Ratsuchenden mit einigen Konkretionen anregen, ganz bewußt und entschieden Zufriedenheitserlebnisse anzustreben. Fragen Sie nach einiger Zeit nach, mit welchen Zufriedenheitserlebnissen er Erfahrungen macht.

Anlage 4: Schöpferische Pausen
Der Hilfesuchende soll diesen Text einige Monate lang jeweils am Wochenende lesen. Fragen Sie nach Einsichten und Veränderungsabsichten sowie nach -erfolgen.

Anlage 5: Arbeits- und Zeitmanagement
Regen Sie mit diesem Arbeitpapier Ihr Gegenüber an, über seine „Zeitfresser" nachzudenken. Fragen Sie danach, was er ändern will und wie er denkt, dies zu tun.

Anlage 6: Erkennen psychosomatischer Krankheiten
Dieser Fragebogen kann Ihnen wie dem Betroffenen helfen, festzustellen, inwieweit er fachliche (ärztliche und therapeutische) und/oder seelsorgerliche Hilfe braucht.

Gliederung

1.　Die Psychosomatik in klassischen Kulturen und in der Bibel

2.　Psychosomatische Krankheiten

3.　Behandlung psychosomatischer Krankheiten

　　3.1　Ärztlich-ambulante Behandlung

　　3.2　Stationäre Behandlung

　　3.3　Heterologe ambulante Behandlung

　　3.4　Psychotherapeutische Behandlung

4.　Seelsorgerliche Hilfen bei psychosomatischen Krankheiten

　　4.1　Grundlegende Hilfen

　　4.2　Hilfen bei Kopfschmerzen

　　4.3　Hilfen bei Bluthochdruck

　　4.4　Hilfen bei Herzneurosen

　　4.5　Hilfen bei Magen- und Zwölffingerdarmgeschwüren

　　4.6　Hilfen bei Eßstörungen (Fettsucht – Magersucht)

　　4.7　Hilfen bei rheumatischen Erkrankungen

5.　Grenzen und Gefahren in der Seelsorge

Gegen ein hektisches Leben

nach Kurt Scherer, aus: Schach der Hektik, in: Die Sprechstunde – Persönliche Lebensberatung, Hänssler-Verlag, Neuhausen-Stuttgart

Ein weiser Mensch wurde einmal gefragt, wo seine Quellen liegen, da er so ausgeglichen und zufrieden sei und Gelassenheit ausstrahle. Seine Antwort kann Ihnen helfen, Ihren Lebensstil zu verändern. Er meinte: „Wenn ich stehe, dann stehe ich! Wenn ich gehe, dann gehe ich! Wenn ich spreche, dann spreche ich!" –
Da fiel ihm der Fragesteller ins Wort und sagte: „Das tu' ich doch auch! Was machst du denn noch darüber hinaus?" Wiederum sagte der Weise: „Wenn ich stehe, dann stehe ich! Wenn ich gehe, dann gehe ich! Wenn ich spreche, dann spreche ich!" –
Wiederum unterbrach ihn der Fragesteller: „Aber das tu' ich doch auch!" Aber der Weise sagte zu ihm: „Nein, wenn du sitzest, stehst du schon! Wenn du stehst, läufst du schon! Und wenn du läufst, bist du schon am Ziel!"

Über diese Worte sollten Sie nachdenken. Sie zeigen Ihnen Wesentliches über die Ursache der Hektik in Ihrem Leben.

Ausgleich durch angenehme Aktivitäten und Zufriedenheitserlebnisse

So paradox es klingt: Gerade in Anspannungssituationen sollten Sie sich Zeit nehmen für einen befriedigenden Ausgleich. Erlauben Sie sich Zufriedenheitserlebnisse und genießen Sie sie, ohne ein schlechtes Gewissen oder Schuldgefühle zu entwickeln. Versuchen Sie sich einen persönlichen Freiraum zu schaffen für angenehme Aktivitäten. Und wenn Sie einmal zu rastlos sind, um sich anspruchsvollen Interessen zu widmen, dann beginnen Sie mit banaleren Zufriedenheiterlebnissen.

Empfehlenswert sind solche Erlebnisse, die Sie
- ohne großen Aufwand durchführen können
- die Sie mit einer gewissen Regelmäßigkeit praktizieren können (Sie müssen dann nicht immer wieder Widerstände überwinden)
- die keine ungünstigen Folgen für Sie oder Ihre Umwelt haben
- die Sie vor Gott, vor sich selbst und vor anderen verantworten können
- die Sie eventuell gemeinsam mit Ihnen wichtigen Menschen durchführen können, für die Sie sonst zu wenig Zeit haben

Das kann im einzelnen folgendes sein:
- persönlichen Hobbys nachgehen
- Kino-, Theater-, Konzert-, Ausstellungsbesuche
- christliche/gemeindliche Veranstaltungen besuchen
- Bücher/Zeitung lesen
- lockere Unterhaltungen
- spielen (z. B. mit den Kindern)
- spazierengehen
- musizieren
- werken
- Gartengestaltung
- gemütlich faulenzen (ohne ein schlechtes Gewissen!)
- Sport betreiben/Sportveranstaltungen besuchen
- Gäste haben/Besuche machen/etwas mit Freunden unternehmen
- essen gehen
- Denksportaufgaben lösen
- geistliche Texte aus Bibel, Gesangbuch u.a. Literatur lesen und darüber nachsinnen; mit Gott sprechen – beten
- Bilder meditieren
- sich mit Tieren beschäftigen
- Einkaufsbummel unternehmen
- Ausflug/Reise unternehmen
- stilles Wochenende (z. B. in einem „Haus der Stille")
- Körperpflege betreiben, ein Bad nehmen
- mit dem Ehegatten etwas Romantisches machen, Zärtlichkeiten austauschen

Schöpferische Pausen

nach Kurt Scherer, aus: Schöpferische Pause, in: Die Sprechstunde –
Persönliche Lebensberatung, Hänssler-Verlag, Neuhausen-Stuttgart

Ihrem Aktivismus und Aktionismus sollten Sie immer wieder bewußt schöpferische Ruhe-
pausen entgegensetzen.

Sechs Worte – sie kommen aus dem Lateinischen – können Ihnen verdeutlichen, worauf es
ankommt, wenn Sie zur Ruhe kommen und wenn Sie vor Gott stille werden wollen:

Silentium = Stille
Weil Lärm und Hektik belastend auf Sie wirken, sollten Sie regelmäßig bewußt die Ruhe
und Stille – gerade auch die Stille vor Gott – suchen.

Meditatio = sinnendes Nachdenken
Sie horchen hinein in die Sprache der Schöpfung, überdenken Entscheidungen, Schritte
und Wege, sinnen nach über Sinn und Weg Ihres Lebens in der Nachfolge Christi.

Inspiratio = Einfall, Inspiration
Ganz überrascht können Sie beim – vor allem betenden – Nachsinnen erfahren, wie
neue Gedanken aufbrechen, sie festhalten, ihren geistigen und geistlichen Horizont
erhellen und ausweiten. Sie lauschen nicht umsonst. Der Schöpfer, Gott, redet zu Ihnen.
Sie sehen dann womöglich manche Lebenslagen unter ganz neuen Gesichtspunkten.
Diese werden in ihrer Bedeutung, Wertung und Zuordnung für Sie einsichtiger, klarer,
überschaubarer.

Visio = Schau
Wenn Sie einen Berg besteigen, bekommen Sie nach und nach einen Aus- und Rund-
blick; vorausgesetzt, daß keine Nebelwand die Sicht versperrt. Wenn Gott Sie beim
betenden Nachsinnen mit einer geistlichen Schau beschenkt, erkennen Sie mehr und
mehr, wie einzelne Teile Ihrer Lebenslandschaft aus Gottes Sicht einander zugeordnet
sind. Damit es zu dieser Schau kommen kann, müssen Sie dazu beitragen, daß die Sie
blockierenden und lähmenden „Nebelwände" verschwinden bzw. abgebaut werden.

Missio = Sendung
Bei einer solchen Schau können Sie klarere Weisungen empfangen, Aufträge bekommen, Anweisungen hören, Sendung erleben. Gott läßt Sie erkennen, was Sie tun oder
lassen sollten.

Passio = Leiden
Missio und Passio – also Auftrag und Leiden – gehören zusammen. Das zeigt das Leben
Jesu; das wird in der Kirchengeschichte erkennbar; das erlebt jede Christengeneration
neu. Und die Erfahrungen, die Sie dabei machen können, haben ihren Eigenwert. Sie
können diese sonst nirgends sammeln. So können sie besonders wertvoll werden.

Arbeits- und Zeitmanagement

Hetze, Termindruck, Unerledigtes und der Wettlauf mit der Uhr können Sie als belastende Anspannungenzustände bzw. Stressoren erleben. Sie kommen dann Ihren persönlichen „Zeitfressern" am besten auf die Spur, wenn Sie zunächst einmal einige Tage (noch besser zwei bis drei Wochen) beobachten, womit Sie Ihre (Lebens- und Arbeits-) Zeit verbringen, wie wichtig das tatsächlich ist und welche Störungen Sie von Ihrer Arbeit abhalten.

Häufige Gründe für Zeitverschwendung:
- langwierige Besprechungen und Konferenzen
- Besucher
- Telefonate
- mangelnde Arbeitsteilung und Delegation
- unklare Zuständigkeits-/ Verantwortungsabgrenzung
- fehlende Information und Kommunikation
- fehlende Zielsetzung
- mangelnde Prioritäten
- Unentschlossenheit
- Perfektionismus
- mangelnde Selbstdisziplin
- zuviel auf einmal anfangen
- Verstrickung in Routine und Details
- nicht nein sagen können
- fehlende Kontrolle der Arbeitsentwicklung (Fortschritte/Stillstand/Rückentwicklung)

Zeit gewinnen, rationell und wirtschaftlich arbeiten heißt:
1. Zeitbewußtsein entwickeln
2. Nicht mehrere Ziele gleichzeitig zu erreichen suchen
3. Rangordnung für die anliegenden Aufgaben schaffen
4. Positive Selbst- und/oder Fremdkontrolle schaffen

Das bedeutet im einzelnen:
- morgens mit positiver Einstellung anfangen
  („Mit Gottes Hilfe wird dies ein guter Tag.")
- Unerledigtes sichtbar machen
- die zu erledigenden Arbeiten sinnvoll organisieren
- Tagespläne und Wochenpläne aufstellen
- mit Checklisten („Das will ich heute erledigen/besorgen") arbeiten
- Erkenntnisse und Erfahrungen anderer nutzen (aus Literatur entnehmen, andere fragen)
- bewußt mit anderen zusammenarbeiten
- Arbeit teilen bzw. weitergeben
- Wichtiges/Unwichtiges gewichten
- den eigenen Arbeitsrhythmus erkennen und berücksichtigen
- systematische Problemlösung betreiben
- sich nicht so schnell und häufig ablenken lassen
- Wichtiges festhalten (Notizen machen)
- mit der eigenen Vitalenergie angemessen haushalten
- Ordnung schaffen und halten
- abends positiv mit Ausblick auf morgen die Arbeit abschließen

49

Erkennen psychosomatischer Krankheiten

Folgende Aussagen können Hinweise auf psychosomatische Krankheiten sein:

Trifft zu

Ich leide an Einschlaf- und Durchschlafstörungen ☐

Ich bin tagsüber oft müde und abgespannt ☐

Ich habe öfter Verdauungsstörungen (Verstopfung oder Durchfall) ☐

Ich bin bei nichtigen Anlässen schwindelig ☐

Ich habe öfter Herzrasen ☐

Bei nichtigen Anlässen bekomme ich Atembeschwerden ☐

Ich leide öfter unter Schweißausbrüchen ☐

Ich reagiere mit Kopfschmerzen ☐

Mein Blutdruck ist erhöht ☐

Ich fühle mich oft allein, verlassen oder isoliert ☐

Ich habe das Gefühl, Gott ist mir nicht mehr so nahe ☐

Meine Stimmungslage ist oft deprimiert ☐

Am liebsten würde ich mich verkriechen ☐

Ich fühle mich ängstlicher als früher ☐

Ich bin oft plan- und ziellos ☐

Mit fehlt in letzter Zeit die Motivation, Dinge anzupacken ☐

Meine Reaktionen sind öfter unangemessen heftig ☐

Ich bin nervöser, gehemmter als früher ☐

Es hat sich bei mir eine allgemeine Interesselosigkeit entwickelt ☐

Ich habe keine rechte Freude am Bibellesen und Gebet ☐

Ich vergesse öfter als früher Dinge ☐

Es fällt mir schwer, neue Dinge aufzunehmen und zu lernen ☐

Ich spüre öfter Entscheidungsunfähigkeit und Gleichgültigkeit ☐

Viele Dinge beginnen mir über den Kopf zu wachsen ☐

In Gesprächen verliere ich öfter den roten Faden ☐

Wenn das für Sie Zutreffende Sie belastet und beeinträchtigt, sollten Sie mit einem Seelsorger und/oder Arzt sprechen

Ruth Bai-Pfeifer

Körperliche Behinderung –
Ein Leben lang mit Grenzen leben

Sonja war 36 Jahre alt, als eine Hirnblutung das Leben der aktiven Lehrerin und Mutter von zwei heranwachsenden Kindern radikal veränderte. Lange Klinikaufenthalte und eine halbseitige Lähmung prägen seither ihren Alltag. Sie mußte lernen, mit diesen neuen Gegebenheiten umzugehen. Sie gehört zu einer christlichen Gemeinde. Am Anfang war die Anteilnahme enorm. Es war immer jemand da, der sich um sie selbst, die Kinder, das Essen und die Wäsche kümmerte. Als Sonja dann nach neun Monaten aus der Rehabilitations-Klinik kam, war alles anders. Ihre Arbeitsstelle als Lehrerin, an der sie so hing, wurde anderweitig besetzt. Sie versuchte ihren Haushalt wieder selbst in den Griff zu bekommen. Sie signalisierte den Menschen, die bisher geholfen hatten, ihre Selbständigkeit. Oft reagierte sie auch gereizt auf gutgemeinte Fragen nach ihrem Ergehen. So zogen sich ihre Mitmenschen immer mehr von ihr zurück. Alle waren verunsichert im Umgang mit ihr. Auch ihr Mann hatte so seine Probleme mit Sonjas Verhalten, was zu Spannungen in ihrer Ehe führte. Sie konnten Gottes Führung in ihrem Leben einfach nicht verstehen. Wer war sie denn als hinkende und gelähmte Frau noch? Ihr Leben wurde zu einer einzigen Krise.

Menschen, die von einer Behinderung getroffen werden, müssen lernen, ein Leben lang mit diesen Grenzen umzugehen. Wie können Seelsorger und Gemeindeglieder diese Menschen richtig begleiten auf ihrem schweren Weg?

1. Aktuelle Trends zum Thema „Behinderung"

1.1 Vorbemerkung

Wenn in diesem Beitrag das Wort „Behinderte" steht, dann sind immer Menschen mit einer Behinderung gemeint. Zuerst ist der Mensch wichtig und dann die Behinderung.

1.2 Wertvorstellungen unserer Gesellschaft

Wir leben in einer Zeit, in der Werte wie Gesundsein, Wohlergehen, Schönheit und Leistung oberste Priorität haben. Menschen, die diesen Idealen nicht entsprechen, werden schnell als wertlos abgestempelt. Und dazu gehören zunehmend auch behinderte Menschen.
Was für einen Wert stellen diese „Hilflosen" (aus der Sicht der Leistungsorientierten) für die Wirtschaft und Gesellschaft dar? Unsere europäischen Länder brauchen doch so dringend eine starke Wirtschaft und dafür gesunde Arbeitskräfte. Da kann es sich keiner mehr leisten, körperlich und schon gar nicht geistig so behindert zu sein, daß er nicht mehr im Arbeitsprozeß mithalten kann.

1.3 Behinderte Menschen als Kostenfresser

Auch die Kosten im Gesundheitswesen erhöhen sich ständig. Behinderte Menschen werden zunehmend als „Kostenfresser" bezeichnet und fühlen sich deshalb oft als Belastung für die Umwelt – ja, das alte Wort aus dem Dritten Reich von der Ballastexistenz taucht vermehrt wieder auf.

1.4 Pränatale Diagnostik

Jeder schwangeren Frau wird heute eine pränatale Diagnostik (vorgeburtliche Untersuchung) vorgeschlagen. Es wird versucht, schon im Mutterleib herauszufinden, ob ein Baby behindert sein könnte. Einer Mutter, die ein behindertes Kind zur Welt bringt, wird vermehrt die Frage gestellt, ob sie das vorher nicht gewußt habe. In Deutschland geht die Statistik von mindestens 300 000 Abtreibungen pro Jahr aus. Übrigens werden 97 % aller Kinder gesund geboren – nur 3 % fallen in den pränatalen Risikobereich. Alle anderen Behinderungen und Krankheiten ereilen die Menschen während ihres Lebens.

1.5 Theorien von Peter Singer

Viel diskutiert werden auch die radikalen Forderungen von Peter Singer, dem australischen Bioethiker und Philosophen. Er ist der Hauptvertreter der Forderung nach der Tötung behinderten Lebens (= Euthanasie) – in jeder Form, sei dies während der Schwangerschaft, gleich nach der Geburt oder irgendwann im Laufe des Lebens (Peter Singer, Praktische Ethik, Reclam Verlag).

1.6 Behinderung in der christlichen Szene

Schauen wir hinein in die christliche Szene, so begegnen uns ganz andere, aber nicht weniger bedenkliche Tendenzen. Die Heilungsbewegung hat in den Köpfen vieler Christen den Traum von der machbaren Heilung aufkommen lassen. „Wenn du nur richtig glaubst..., wenn du nur dem richtigen, vollmächtigen Heiler begegnest..., wenn du nur richtig betest..., dann kannst auch du gesund werden, ganz egal, was für eine Krankheit du hast. Gott will keine Krankheit." Dann werden landauf, landab Heilungsveranstaltungen und -kongresse angeboten.
Viele sollen geheilt worden sein, wenn wir den Veranstaltern glauben können. Aber warum sind kaum solche dabei, die wirklich von ernsthaften Krankheiten oder Behinderungen betroffen sind? Zurück bleiben nicht wenige verbitterte und enttäuschte Menschen, die weiterhin mit ihrer Behinderung leben müssen, obwohl sie so gehofft, so geglaubt, so gebetet haben, und es hat sich nichts getan.
All diese Tendenzen machen es so schwierig, heute mit Behinderung und Krankheit umzugehen.

2. Definitionen und Arten von Behinderungen

2.1 Definitionen

„Vorübergehender oder dauernder Zustand (stationär oder verschlechternd), der einen Menschen mehr oder weniger stark vom alltäglichen Leben ausschließt" (Dr. Ueli Münger, CH-Langenthal).

Nach dem deutschen Bundessozialhilfegesetz sind Behinderte „Personen, die infolge einer körperlichen, geistigen oder seelischen Schädigung in ihrer Erwerbsfähigkeit nicht nur vorübergehend gemindert sind" (zit. n. Ahlborn, Imhof und Velten (Hrsg.), Familie im Brennpunkt, S. 67).

Der Große Brockhaus definiert die Behinderten so: „Personen, die durch ererbte, angeborene oder traumatische Schädigungen in unterschiedlichem Schweregrad bleibend geistig, seelisch oder körperlich beeinträchtigt sind und deshalb der sonderpädagogischen Hilfe und besonderer beruflicher Ein- oder Wiedereingliederungsmaßnahmen oder lebenslanger Betreuung in besonderen Einrichtungen bedürfen" (aktualisierte 18. Auflage).

2.2 Arten von Behinderungen

2.2.1 Körperliche Behinderungen

Unter körperlich Behinderten versteht man Menschen mit körperlichen Mängeln wie z. B. Gelähmte, Amputierte, Muskelkranke, aber auch Menschen mit Behinderungen im Bereich der Hör-, Seh- und Sprachorgane. Dazu kommen noch Behinderungen wie z. B. spastische Lähmungen, Spina bifida, Multiple Sklerose, Mucoviscidose, chronische Arthritis, Ohnarmer u. a. m.

2.2.2 Geistige Behinderungen

„Von geistiger Behinderung wird nur dann gesprochen, wenn Intelligenzdefekte in besonders schwerer Form vorliegen" (Bundeszentrale für gesundheitliche Aufklärung, Menschen wie wir, S. 39 [Frankfurt o. J.]).

„Als geistig behindert gilt, wer infolge einer organisch-genetischen oder anderweitigen Schädigung in seiner psychischen Gesamtentwicklung und seiner Lernfähigkeit so sehr beeinträchtigt ist, daß er voraussichtlich lebenslanger sozialer und pädagogischer Hilfen bedarf" (Jörg Kontermann in „Jungscharfreizeiten mit Behinderten", hg. Frieder Trommer und Dieter Velten, Born -Verlag, Kassel, S. 372).

Die wohl bekannteste geistige Behinderung ist das Down-Syndrom, im Volksmund leider immer noch Mongolismus genannt.

2.2.3 Psychische oder seelische Behinderungen

Heutzutage ist es schwierig, psychische bzw. seelische Behinderungen eindeutig abzugrenzen, da es immer mehr Menschen mit psychischen Störungen gibt, ohne daß dies zugleich schon als Behinderung im juristischen Sinne anzusehen ist. Als seelische Behinderungen gelten Neurosen oder Persönlichkeitsstörungen, z. B. Borderline-Syndrom, Schizophrenie, Psychosen usw.

Psychische Behinderungen sind ein Spezialgebiet, zu dem es viel gute Literatur – auch aus christlicher Sicht – gibt. Einen Buchhinweis dazu finden Sie auch im Literaturverzeichnis.

2.2.4 Mehrfachbehinderungen

Als mehrfachbehindert gelten Menschen, die von Mischformen der obengenannten Behinderungen betroffen sind.

2.3 Fazit

Bei genauerem Hinsehen ist Behinderung kein Sonderfall im Leben, der nur wenige trifft. In verschiedenem Ausmaß geht es uns alle an, ob als Betroffene, Mitbetroffene oder als Noch-Nicht-Betroffene. Wir sind angefragt, uns auseinanderzusetzen mit dem Menschsein oder auch mit dem Menschwerden angesichts von Behinderung.

Victor Frankl, der Begründer der Logotherapie, sagt: „Ich möchte Behinderung in einem weiteren Sinn sehen, nämlich als „vom Schicksal betroffen". Durch Schicksalsschläge werden die Lebensmöglichkeiten des Betroffenen ganz erheblich eingeschränkt. Die Selbstverständlichkeit, daß das Leben offensteht, wird gebrochen."

Auch Angehörige sind vom „Schicksal" mitbetroffen und dem leidvollen Weg des Annehmens ausgesetzt. Deshalb ist eine Familie, in der ein Glied behindert ist, immer eine behinderte Familie und leidet mit.

Im weiteren Verlauf dieses Beitrages geht es vor allem um Menschen, die mit einer körperlichen Behinderung leben und deren ganzes Leben dadurch beeinträchtigt ist.

3. Drei Kernfragen zum behinderten Leben

In der seelsorgerlichen Auseinandersetzung mit körperlicher Behinderung sollen uns drei Kernfragen beschäftigen. Diese drei Fragen hängen immer zusammen:

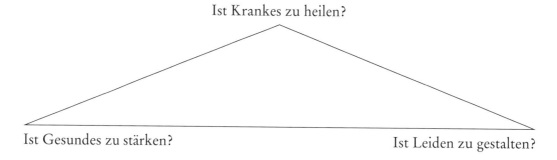

(Darstellung nach Pfr. HR. Bachmann, CH-Seewis)

3.1 Ist Krankes zu heilen?

Es geht hier nicht um die Heilung der Behinderung an sich, aber es gibt Dinge, die einen Behinderten mehr krank machen als nötig. Leidende Menschen können z. B. sehr egozentrisch sein und viel Macht ausüben durch ihre spezielle Situation. Sie können eine giftige Atmosphäre von Bitterkeit und Selbstsucht ausstrahlen. Es gibt auch viele Verletzungen, die gar nichts mit der Behinderung zu tun haben, die vielleicht schon vorher dagewesen sind, aber durch die Behinderung verstärkt wurden. Wer möchte mit solchen Menschen zu tun haben? Deshalb geht es hier darum, diese inneren Krankheiten bewußt zu machen und womöglich Heilungswege aufzuzeigen. Hierbei können (Laien)-Seelsorger wichtige Hilfe gewähren.

Bitterkeit kennt jeder ehrliche Mensch, der von einer schweren Lebensführung getroffen wurde. Es gibt Bitterkeit Gott gegenüber: „Warum hat er das alles in meinem Leben zugelassen?" Enttäuschungen und Verletzungen durch Menschen können dazu führen, daß sich Bitterkeit auf jedes zwischenmenschliche Zusammenleben ausweitet. Bitterkeit verletzt zuerst den Betroffenen selber, dann aber auch seine Umwelt. Bitterkeit isoliert und zerstört Freundschaften. Bitterkeit kann wie eine Sucht werden, die einen Menschen so in den Klauen hält, daß er meint, ohne sie nicht mehr leben zu können. Weitere Auswirkungen können – auch bei behinderten Menschen – Alkohol- oder Drogensucht, Depressionen oder Selbstmordgefährdung sein.

Wer mit solchen Menschen schon zu tun hatte, weiß, wie schwer es ist, an sie heranzukommen. Und wenn diese Menschen zusätzlich zu ihrer Bitterkeit noch behindert sind, dann braucht es noch mehr Ueberwindung, auf so jemanden zuzugehen. Es ist sehr schwer.

– Probieren Sie mit einem solchen Menschen eine Freundschaft aufzubauen. Interessieren Sie sich für seine Lebensgeschichte und finden Sie heraus, warum er so geworden ist, wie er jetzt ist. Diese Menschen brauchen die Erfahrung, daß da jemand über Monate oder Jahre zu ihnen steht und einen Weg mit ihnen geht, ohne sie nach einiger Zeit fallen zu lassen.

– Lassen Sie sich Gottes Liebe für solche Menschen schenken. Es ist wie eine innere Berufung, sich für diese Menschen zu investieren. Lernen Sie falsches Mitleid vom echten zu unterscheiden.

– Der Seelsorger braucht Menschen um sich, die ihn in einer solchen Aufgabe begleiten und im Gebet unterstützen. Auch eine fachliche Supervision könnte hilfreich sein.

– Er darf sich von Menschen mit einer Behinderung nicht ausnützen und tyrannisieren lassen. Gleichzeitig darf ein Seelsorger nicht schweigen, wenn der behinderte Mensch ihn oder andere manipuliert oder versucht, Macht über ihn auszuüben.

– Dort wo Sünde ist, muß Sünde als dies bezeichnet werden, auch beim behinderten Menschen. Ein Seelsorger darf nicht aus einem falschen Erbarmen heraus alles einfach geduldig mitansehen und, ohne etwas zu sagen, das falsche Verhalten des Behinderten hinnehmen. Er muß es bewußtmachen, und so kann Heilung geschehen.

– Der körperbehinderte Mensch kann sehr wohl lernen, sein falsches Verhalten zu ändern. Er braucht genau wie jeder andere Mensch, der an seinen inneren Krankheiten leidet, Ermutigung, Verständnis und liebende Strenge, damit Heilung geschehen kann. So kann eine Persönlichkeit zur Entfaltung gebracht werden und auf dem Weg der Heiligung vorankommen, wodurch es der Umwelt viel leichter gemacht wird, mit behinderten Menschen Kontakt zu haben.

3.2   Ist Gesundes zu stärken?

Jeder noch so behinderte Mensch hat auch gesunde Anteile. Diese müssen herausgefunden und gefördert werden. Ein ganz praktischer Anfang kann sein, daß wir behinderten Menschen Freunde werden und sie im Alltag ermutigen. Sie merken damit auch, daß sie wertvoll sind.

Mutter Theresa von Kalkutta sagte einmal: „Die schrecklichste Krankheit unserer Zeit ist das Gefühl, unerwünscht zu sein."

Wenn ein behinderter Mensch spürt: „Ich bin erwünscht und wertvoll", dann verändert sich etwas in seinem Inneren. So kann zum Beispiel Gesundes gefördert werden.

Wie kann das praktisch aussehen?

– Interessieren Sie sich für die alltäglichen Dinge des Lebens des behinderten Menschen. Wie verbringt er seinen Tag? Wer sorgt für sein Essen? Wie kann er am gesellschaftlichen Leben teilhaben? Wie kommt er am Abend ins Bett, und wer hilft ihm wieder am Morgen beim Aufstehen?

– Um die normalen Bezugspersonen mal zu entlasten, könnten Sie einspringen, indem Sie z. B. einmal mit dem Behinderten etwas unternehmen. Was nutzen Eintrittsvergünstigungen in Parks oder ins Theater, wenn ihn niemand begleitet? Nicht jeder Behinderte hat eine Familie um sich. Die christliche Gemeinde hätte einen großen Auftrag, die tapferen Väter und Mütter, die bis weit ins Erwachsenenalter hinein ihre behinderten Kinder betreuen, mal zu entlasten.

– Nur schon der Gedanke, wie eine behinderte Person mit in eine Gemeinde- oder Jugendfreizeit genommen werden könnte, wäre eine Ermutigung.

– Auch der behinderte Mensch hat Gaben, die er in die Gemeinde einbringen könnte. Versuchen Sie, diese Gaben herauszufinden, und fördern Sie deren Einsatz. Auch ein behinderter Mensch kann z. B. eine Einleitung in einem Gottesdienst machen oder ein Lied singen, einen Kindergottesdienst leiten oder Liederbücher am Eingang verteilen, wenn das seine Gabe ist.

– Solche Aktivitäten helfen gerade denen, die oft zu sehr auf ihr Leid fixiert sind oder im Selbstmitleid zu versinken drohen. So werden gesunde Anteile gefördert.

3.3   Ist Leiden zu gestalten?

Unsere Zeit fragt: „Wie bringe ich Leiden und Krankheit weg?" Eine heile Welt soll geschaffen werden. Eine Welt ohne Leiden zu schaffen, bleibt jedoch ein Traum. Ja, es ist zutiefst esoterisches Gedankengut, das sich auch in der christlichen Gemeinde eingeschlichen hat.

In den alten Seelsorgebüchern ging es darum, Leiden durchzustehen, als einen Weg zu gestalten, ja, das Leiden als Ort des Gottesdienstes zu sehen. Es gab sogar Leidensmystiker, die nach dem Motto „Du mußt leiden, damit Du vorwärtskommst" lebten. Dies ist eine extreme Ansicht.

Andererseits hören behinderte Menschen Aussagen wie: „Du mußt nicht nach dem WARUM fragen, sondern nach dem WOZU!" Oder „Leidenszeiten sind Segenszeiten!" Diese Sätze sind zu kurz, um bei leidenden Menschen angewandt zu werden. Die Beobachtungen im Alltag bestätigen sie auch nicht. Es gibt sehr viele, die nicht als Gesegnete aus dem Leiden hervorgegangen sind, sondern eher als Verbitterte, als Gebrochene, als Fluchende. Leidenszeiten sind zunächst Versuchungszeiten, Zeiten schwerer Kämpfe unter schwierigsten Bedingungen. Für Behinderte ist das ganze Leben Leidenszeit. Deshalb geht es zuerst darum, dem Betroffenen zu helfen, sein Leben mit der Behinderung zu gestalten. Praktisch heißt das für mich:

– Mit behinderten Menschen den Weg in ein neues Leben gehen. In vielen Dingen müssen Behinderte einen eigenen Weg finden. Trotzdem ist es eine große Hilfe, Menschen zur Seite zu haben, die sie auf diesem Weg begleiten wollen. Begleiten heißt mitdenken und mitplanen, ohne zu bevormunden. Das ist auch für den Begleiter eine nicht leichte Herausforderung.

– Die Spannung des Nicht-Gesund-Seins muß mit den behinderten Menschen ausgehalten werden. Es geht darum, keine billigen Antworten zu geben; den Schmerz ernst zu nehmen; mitzuleiden; sie zu ermutigen, Gott alle Fragen zu stellen – auch diejenigen, die man keinem Menschen zu stellen wagt. Und es geht nicht zuletzt darum, dem behinderten Menschen zu helfen, sich nicht als „Heilungsobjekt" mißbrauchen zu lassen. Ein Seelsorger sollte sozusagen auch Schutzfunktion übernehmen.

– Dann geht es darum, ein Ja zur Behinderung zu finden. Ein Mensch, der mit einer Behinderung leben muß, durchläuft auf dem Weg der Annahme seiner Behinderung viele verschiedene Stadien. Das Ja zur Behinderung ist deshalb so wichtig, weil es dem behinderten Menschen zu einer neuen Identität verhilft. Wenn er seine Behinderung als Teil seines Lebens ansehen lernt, kann er anders damit umgehen, als wenn sie immer als Fremdkörper betrachtet wird.

- Die Betroffenen brauchen Ermutigung, das anzupacken, was eben angepackt werden muß: Medikamente zu nehmen; Therapien, Rehabilitationen, Hilfsmittel gezielt einzusetzen; fachlich gute ärztliche Hilfe in Anspruch zu nehmen; gegebenenfalls einen Klinikaufenthalt durchzustehen.
- Je nach Alter und gesundheitlicher Verfassung eines behinderten Menschen ist eine berufliche Eingliederung von größter Wichtigkeit. Ob dies durch eine Umschulung geschieht oder durch eine neue Aufgabe am alten Arbeitsort, muß sorgfältig mit dem Betroffenen und den zuständigen Arbeitgebern abgeklärt werden. (S. auch Kurs 2, „Frühpensionierung – Gegen den Willen ausrangiert".)
- Eine Behinderung kann auch einen entsprechenden Umbau oder sogar Umzug nach sich ziehen. Wieviel leichter lebt ein Mensch doch mit einer Behinderung, wenn er nicht ständig mit unüberwindbaren Barrieren konfrontiert ist. Deshalb ist das Suchen von geeignetem Wohnraum von großer Wichtigkeit. Damit soll eine größtmögliche Selbständigkeit erhalten bleiben.
- All diese Dinge sind mit unvorstellbar hohen finanziellen Belastungen verbunden. Deshalb stellt sich nicht zuletzt die Frage, wie ein behinderter Mensch finanziell abgesichert ist. Er muß auch leben können. Ein aufmerksamer Seelsorger muß auch dieses Thema ansprechen.
- Dem behinderten Menschen dürfen auf keinen Fall falsche Prophezeiungen und Hoffnungen gemacht werden. Nicht meine Wunschgedanken dürfen im Vordergrund stehen, sondern das echte Anliegen, diesen Menschen durch „das dunkle Tal" (Ps 23) zu begleiten und ihn so handfest Gottes Liebe spüren zu lassen.

Das biblische Motto „Wenn ein Glied leidet, so leiden alle Glieder mit" (1. Kor 12, 26) oder „Einer trage des anderen Last..." (Gal 6,2) soll dabei Motivation sein.

Leiden kann gestaltet werden, aber jeder Mensch ist da ganz persönlich gefordert, seinen Weg zu finden und zu gehen. Neben einer guten Begleitung spielt die Art der Behinderung sowie die Persönlichkeitsstruktur eine große Rolle in der Bewältigung der schweren Lebensführung. Der Glaube an Gott kann eine entscheidende Hilfe in diesem Prozeß sein. Wohl dem Menschen, der Gottes Hilfe und eine gute Begleitung auf diesem Weg erlebt!

4. Theologische Grundgedanken zum Thema „Behinderung"

4.1 Behinderung und Sündenfall

Gottes ursprünglicher Plan für uns Menschen war, daß wir in einem Paradies leben. Durch den Einbruch der Sünde ist Leid, Tod, Unvollkommenheit, Krankheit, Unfall und Schmerz über die Menschheit gekommen. Und dazu gehört auch Behinderung. Es kann jeden Menschen treffen – den Gläubigen und den, der sich gar nicht um Gott kümmert (1. Mose 3). Es muß aber ganz klar festgehalten werden, daß Behinderung nie als Strafe Gottes angesehen werden darf (Hiob 2, 6–13).
Schon zur Zeit Jesu haben die Juden Behinderung als Strafe Gottes für irgendwelche sündige Taten angesehen. Jesus hat sich entschieden dagegen gewehrt (Joh 9,1 ff.). Leider findet sich dieses Denken heute noch bei vielen Menschen – auch bei den Gläubi-

gen! Oft hört man den Satz, wenn z. B. Eltern ein behindertes Kind bekommen: „Was haben wir getan, daß Gott uns das antut?" Und nicht selten fragen sich Behinderte selbst, was sie getan haben, daß Gott sie so „bestraft" hat. Dieses Denken erschwert es Betroffenen und ihrem Umfeld, ein JA zu ihrer Situation zu finden. Dieses Gedankengut wird auch noch zusätzlich durch die Dämonenlehre in bezug auf Krankheit gefördert. Es wird verschiedentlich gesagt, wer behindert ist, habe noch irgendwo einen Dämon in sich.

4.2 Behinderung und Gottes Gegenwart

Teilweise wird auch die Meinung vertreten, daß Krankheit nicht mehr sein muß. Der Sühnetod Jesu am Kreuz schließe auch körperliche Heilung mit ein. Vor allem wird mit Jes 53,4 diese Meinung unterstrichen. Es stimmt: Durch seinen Tod am Kreuz hat Jesus den Sieg über alles Böse, über Tod und Teufel, die Sünde, das Leiden und die Krankheit errungen (Joh 19,30; Phil 2,5–11). Aber: Solange wir auf dieser Erde leben, gibt es noch Behinderung. Das Böse ist noch da, es ist jedoch von Gott kontrolliert. Er hat das letzte Wort, und wer an Jesus Christus glaubt, darf wissen, daß er nicht einem blinden Schicksal ausgeliefert ist, sondern in Gottes Hand geborgen sein darf, was auch immer kommt im Leben. Auch wenn ein Mensch mit einer Behinderung leben muß, darf er wissen, daß Gott sein Leid sieht und ihn durch sein Leben begleiten will. Es ist oft sehr hart für die Betroffenen, Gottes Gegenwart im täglichen Kampf mit der Behinderung nicht kraftvoller zu spüren. Trotzdem gilt: Gott ist gegenwärtig – mitten im Leiden – heute und jetzt (1. Mose 50,20; Ps 73,24; 103, 2–3; 139, 5–17; Klgl 3,38; Am 3,6; 1. Thess 3,3 – s. auch Kurs 2, „Anfechtung – Hilfe zum geistlichen Wachsen".) Ein altes Lied drückt dieses Geheimnis so aus:

> *„Wenn ich auch gleich nichts fühle von deiner Macht,*
> *Du führst mich doch zum Ziele, auch durch die Nacht.*
> *So nimm denn meine Hände und führe mich ..."*

4.3 Behinderung und Würde

Im krassen Kontrast dazu, wie die Gesellschaft über behinderte Menschen denkt, steht Gottes Sicht in bezug auf diese „unerwünschten Menschen". Zuerst würdigt Gott den Behinderten: „Du bist ein Mensch, geschaffen nach meinem Ebenbild" (1. Mose 1,27). Jeder Mensch ist in Gottes Augen wertvoll, und das gilt selbstverständlich auch für den behinderten Menschen (Jes 43,4). Auch der behinderte Mensch ist wunderbar gemacht (Ps 139,13–17).

4.4 Behinderung und Hoffnung

Gott wird einen neuen Himmel und eine neue Erde schaffen. Da werden kein Tod, keine Tränen, kein Schmerz und kein Geschrei mehr sein (Offb 21,1–7).
Dies ist keine billige Vertröstung für behinderte Menschen auf die Ewigkeit. Es ist zutiefst Trost in allem Leid und Freude auf die Ewigkeit. Gerade leidende Menschen sehnen sich nach einem Leben ohne Schmerz (Jes 35,5; Ps 126).

5. Tips für die Integration von Menschen mit einer Behinderung in die christliche Gemeinde

Beispiel: Peter ist als Folge der Contergan-Pille ohne Arme geboren. Während seiner Berufsausbildung lernt er Hans kennen. Hans ist Christ, und er will Peter in die Jugendgruppe der Gemeinde mitnehmen. Peter kommt gerne mit. Er liebt es, mit jungen, gesunden Leuten zusammen zu sein. So fängt er auch an, den Gottesdienst in der Gemeinde zu besuchen. Nach einem Gottesdienst findet ein gemeinsames Mittagessen statt. Peter setzt sich an den Tisch und fängt an mit seinen Füssen zu essen, wie er das gewohnt ist. Viele der Gemeindeglieder haben das noch nie gesehen. Einem jungen Mann, der Peter gegenübersitzt, wird übel. Er muß hinaus. Er hält den Anblick einfach nicht aus. Er kann nicht mehr weiter essen. Er wurde mit etwas konfrontiert, mit dem er nicht gerechnet hatte.

5.1 Behinderten Menschen begegnen

– Bei einem Erstkontakt mit behinderten Menschen fühlen wir uns unsicher, und wir haben manchmal auch Angst, etwas falsch zu machen. Das ist ganz normal. Wir müssen lernen, die Unsicherheit und das unangenehme Gefühl aufzuhalten. Eine der wichtigsten Fragen, die wir am Anfang einer Beziehung zu Behinderten stellen müssen, ist die Frage: „Kann ich Ihnen helfen?" Wenn ein JA kommt, nur das machen, was der Behinderte wirklich gesagt hat. Wenn ein Nein kommt, dann müssen wir respektieren, daß der Behinderte allein gut zurechtkommt.

– Es gibt „Nichtbehinderte", die Angst haben, einen Menschen im Rollstuhl oder z. B. einen Spastiker anzufassen. Manche haben das Gefühl, sich nachher die Hände waschen zu müssen oder sich übergeben zu müssen.

– Um Behinderte zu begleiten und sie nach Möglichkeit auch mit dem Evangelium erreichen zu können, müssen wir lernen, uns in ihr Denken und in ihr Leben hineinzufühlen. Es öffnet sich für uns eine neue Welt – eben die Welt des Behinderten. Behinderte sind Menschen wie wir. Sie haben dieselben Bedürfnisse, die jeder Mensch hat: Sie wollen geliebt, geachtet und ernst genommen werden. Sie können nichts dafür, daß sie so sind, wie sie sind: Entstellt, amputiert, spastisch oder gelähmt. Aber sie wollen auch leben. Und zum Leben brauchen sie Menschen, die ihnen ihre starken Hände und gesunden Füße zur Verfügung stellen. Anfangsängste sind normal, sie werden nur im immer wiederkehrenden Kontakt mit den behinderten Menschen überwunden.

5.2 Behinderte Menschen mit dem Evangelium erreichen

Gemeinde Jesu schließt auch behinderte Menschen mit ein. Diesem Satz werden wohl alle Christen zustimmen. Doch wie sieht die Praxis aus? Wo sind die Behinderten in unseren Gemeinden? Finden überhaupt Behinderte in unsere Gemeinden? Gott will, daß „sein Haus voll werde" (Lk 14). Das heißt im Klartext, daß es Gottes Wille ist, daß behinderte Menschen IHN kennenlernen und in jede Gemeinde hineingehören. Behinderte Menschen gehören zu einer jener Menschengruppen, die am wenigsten mit dem Evangelium erreicht sind. So gilt uns der Auftrag: „Gehet hinaus auf die Gassen und holt die Entstellten, Behinderten, Lahmen und Blinden herein" (Lk 14).

Folgende Fragen könnten mit jeder Gemeindeleitung besprochen werden, damit sowohl der missionarische als auch der sozial-diakonische Gedanke nicht vernachlässigt wird:

– Warum werden schwerstbehinderte Menschen wohl nur in Ausnahmefällen zu Gemeindegliedern?
– Wo sind die Menschen, die sich rufen lassen, Missionare unter Behinderten zu werden? Welche Qualitäten müßten diese Menschen haben?
– Und wie könnten Behinderte ermutigt werden, mitzuhelfen, diese große Chance unter ihresgleichen wahrzunehmen?

5.3 Behinderte Menschen in die Gemeinde integrieren

„Eine Gemeinde ohne Behinderte ist eine behinderte Gemeinde!" (W. Pahls)
Behinderte Menschen sollen Platz in der christlichen Gemeinde finden. Wenn Behinderte neu in eine Gemeinde kommen, werden sie kaum wahrgenommen. Achten Sie besonders auf solche Menschen. In der christlichen Gemeinde soll es ihnen anders gehen als überall sonst. Eine gute Information über den Umgang mit verschiedensten Behinderungsarten kann ein erster „Augen- und Herzöffner" für dieses Thema sein. Sobald ein Gemeindeglied mit Behinderung konfrontiert wird, sei es durch einen Unfall oder durch die Geburt eines behinderten Kindes, ist die Gefahr groß, daß diese Personen ins Abseits geraten. Sie verbringen oft lange Aufenthalte in Kliniken, Sonderabteilungen und Rehabilitationszentren. So werden sie ihren Familien und auch der Gemeinde entfremdet. Es kann aber auch sein, daß die Behinderung und die Ausweglosigkeit einer Situation die Betroffenen zum Rückzug treibt. Deshalb ist es so wichtig, daß solche Menschen in den Gemeinden nicht vergessen werden.
In einer christlichen Gemeinde braucht es auch eine klare, seelsorgerliche Lehre über Krankheit, Behinderung und Heilung. Behinderte wollen keine Heilungsobjekte sein. Sie sollen wissen, daß sie so, wie sie sind, willkommen sind.
Und nicht zuletzt sind bauliche Anpassungen um bzw. in Kirchengebäuden notwendig, damit Menschen mit einer Behinderung überhaupt noch einen Gemeindeanlaß besuchen können.

5.4 Behinderte Menschen und ihr Auftrag in der Gemeinde

Auch Menschen, die mit einer Behinderung leben, haben Gaben, die sie ins Gemeindeleben einbringen können. Die Gemeindeleitung soll diesen Menschen die Chance dazu geben. Gleichzeitig ist es auch notwendig, immer die Grenzen im Auge zu haben, d. h. darauf zu achten, daß der Behinderte weder sich selbst überfordert noch von anderen überfordert wird.

Literaturempfehlungen

Eareckson-Tada, Joni / Steven Estes, Wie das Licht nach der Nacht
    Brunnen-Verlag, Gießen und Basel
Eareckson-Tada, Joni, Sterben dürfen?
    Aussaat Verlag, Neukirchen-Vluyn
Pfeifer, Samuel, Die Schwachen tragen. Psychische Erkrankungen und
    biblische Seelsorge
    Brunnen-Verlag, Gießen und Basel

Bai-Pfeifer, Ruth, „Steine statt Brot?"
und „Behinderte leben!"
Brunnen-Verlag, Gießen und Basel

Didaktische Hinweise zu den Arbeitsblättern

Anlage 1:   Vorschläge für eine Schulungseinheit in einem Gemeindekreis
Ausführliche Hinweise finden Sie auf dem Arbeitsblatt

Anlage 2:   Bibelzeit
Empfehlenswert ist die Arbeit in Kleingruppen. Mindestens
20 Minuten sollten für die Ausarbeitung zur Verfügung stehen.
Hilfreich ist es, wenn eine Wortkonkordanz und ein biblisches
Namenslexikon für die Teilnehmer vorhanden sind.

Anlage 3:   Checkliste für Seelsorger

Vorschläge für eine Schulungseinheit in einem Gemeindekreis

Weltweit gibt es mehr als 516 Millionen behinderte Menschen, davon sind mehr als 42 Millionen blind und über 294 Millionen gehörlos oder schwerhörig. Allein in Europa geht die WHO (Weltgesundheitsorganisation) von mehr als 78 Millionen aus.

1. Einleitende Gesprächsrunde
   a) Wo sind Sie in Ihrem Leben mit behinderten Menschen in Berührung gekommen?
   b) Welche Gefühle und Gedanken gehen Ihnen durch den Kopf, wenn Sie an diese Menschen denken?

2. Informationsteil (Kapitel 1.1–1.6) vortragen
   Kurzer Austausch darüber, Klären von Verständnisfragen

3. Gruppengespräch
   Welche Behinderungsarten kennen Sie? (Nach Behinderungsart schriftlich auflisten lassen.)
   Welches sind die besonderen Kennzeichen dieser Behinderungsarten, und welche Hilfsmittel könnten das Leben erleichtern?
   Anschließend ergänzt der Leiter ggf. die Gesprächsbeiträge anhand von Kap. 2.2.

4. Persönliche Fragen zu Kap. 3.1–3.3
   (Die Ausführungen dort sollten eingangs referiert werden.)
   Wo gibt es bei mir
   – Krankes zu heilen?
   – Gesundes zu stärken?
   – Leiden zu gestalten?
   Anschließend Austausch in kleinen Gruppen, wenn das Vertrauen da ist.
   (Vielleicht gibt es eine Person aus der Gemeinde, die zeugnishaft etwas zu diesen drei Fragen sagen könnte.)

5. Praktische Erfahrungen, um Behinderte besser verstehen zu können
   Übungen zur Auswahl:

   5.1 Blind walking: Teilen Sie die Anwesenden in Zweiergruppen auf und geben Sie ihnen 20 Minuten Zeit. Je 10 Minuten muß einer der beiden die Augen verbinden und sich von der anderen Person führen lassen (im Freien, durch verschiedene Räume, treppauf und treppab, über Hindernisse usw.). Dann wird gewechselt. Im anschließenden Austausch kann über das Erlebte gesprochen werden unter dem Aspekt von:
   – Wie habe ich das Geführtwerden erlebt?
   – Wie war es für mich, nichts zu sehen?
   – Wie wichtig ist die Kommunikation?
   5.2 Geben Sie allen TeilnehmerInnen einen Apfel (oder ein Stück Kuchen) mit der Auflage, diesen ohne den Gebrauch der Hände zu essen.
   5.3 Eine sehr effektive Übung ist, einen ganzen oder halben Tag in einem Rollstuhl zu verbringen. Diese Übung könnte z. B. in einer Gemeindefreizeit umgesetzt werden.

Wichtig: Sprechen Sie nach jeder Übung über Ihre eigenen Gefühle und Erfahrungen vom Aspekt der Vorstellung her, daß der Übungszustand ein Leben lang so bleiben könnte.

Bibelzeit

Wo begegnen wir behinderten Menschen in der Bibel?

Bibelstelle:	Name:	Art der Behinderung:
1. Mose 32,23–33	....	....
....	Mefiboseth	....
....	....	Geschwüre am ganzen Körper
Mk 10,46–52	....	....
....	Mann mit 4 Freunden	....

Welche Haltung hatte Jesus behinderten Menschen gegenüber?
Mt 25,35–44

....

....

....

....

....

....

....

....

Welchen Auftrag hat die christliche Gemeinde
Kranken, Schwachen und Behinderten gegenüber?
Lk 14,16–24; 1. Kor 12,26; 2. Kor 1,3–4

....

....

....

....

....

....

....

....

Checkliste für Seelsorger

Was sollte der Seelsorger in Erfahrung bringen?

- Diagnose: Was für eine Behinderung hat der Ratsuchende?
- Möglichst viele Informationen sammeln über die betreffende Behinderungsart. Es können Spezial-Ärzte und/oder behinderungsspezifische Organisationen wie z. B. die Gesellschaft für Muskelkranke, die MS-Gesellschaft, die Paraplegiker-Vereinigung usw. um Infos angefragt sowie medizinische Fachpublikationen gelesen werden.
- Wie ist die Behinderung entstanden (Unfall, Geburtsgebrechen, Selbstmordversuch, Krankheit usw.)?
- Seit wann lebt er mit dieser Behinderung?
- Welche Auswirkungen hat die Diagnose auf den Ratsuchenden?
- Wie ist der Verlauf und der Behinderungsgrad der Krankheit?
- Wer ist sein Hausarzt/Spezialarzt?
- Das Umfeld des Behinderten (z. B. Wohnsituation? Familie? Alleinstehend?) erfragen.
- Wie hilfsbedürftig ist der Ratsuchende?
- Hat der Behinderte genügend Hilfe?
- Werden die Bezugspersonen (Eltern, Ehepartner usw.) genügend entlastet?
- Tagesablauf: Geht er einer Arbeit nach oder nicht? Wenn ja, welcher; wenn nein, was macht er?
- Medikamente: Welche Medikamente nimmt der Behinderte?
- Welche Auswirkungen haben die Medikamente?
- Gibt es eventuell einen Zusammenhang zwischen der Behinderungsart und der Persönlichkeitsstörung?

Grundfragen an den Seelsorger:

- Warum kommt der Ratsuchende zu mir? Hat er für dasselbe Problem schon bei jemand anderem Hilfe gesucht? Konnte ihm geholfen werden?
- Ist er/sie zur Zeit noch bei anderen Leuten wegen desselben Problems in Beratung? Darf ich mit dieser/n Person/en Kontakt aufnehmen?
- Bin ich bereit, mich dieser Seelsorge überhaupt zu stellen?
- Kann ich mich einfühlen und hineindenken in so eine andere Art von Leben?
- Kann ich Spannung mit dem Betroffenen aushalten?
- Bin ich bereit, allen Problemen ins Auge zu sehen?
- Kann der Behinderte zu mir kommen, oder muß ich zu ihm hingehen? (Schwelle angemessen setzen!)
- Kann der Behinderte sprechen, oder muß ich schriftlich mit ihm verkehren?

Das WIE der Seelsorge

- Ziele setzen für die Seelsorge.
- Zeit begrenzen für einzelne Gespräche (1 Stunde oder je nach Situation weniger).
- Auf effektive Fragen eingehen. Gefahr: Wir beantworten Fragen, die nicht vorhanden sind, oder erteilen Rat, der nicht benötigt wird, weil wir vom äußeren Zustand des Behinderten zu schnell auf seine innere Verfassung schließen.
- Probleme nicht mit Trostworten zudecken. „Bibelworte können Menschen verändern, wenn sie im richtigen Moment ausgesprochen werden. Sie können aber auch verhärten, wenn sie als Trostpflaster zur Entlastung des Seelsorgers gebraucht werden."
- Sich selbst bei einem „Spezialseelsorger" (damit sind Leute gemeint, die weitergehende Erfahrung im Umgang mit behinderten Menschen haben) erkundigen, wenn man nicht weiterkommt.

Spezielle Themen in der Seelsorge

1. *Die Frage nach dem WARUM?*
   Keine Pauschalantworten geben! Die Fragen nach dem Warum und der Schmerz,
   den eine Behinderung mit sich bringt, müssen ernst genommen werden (bei Betroffenen,
   Eltern, Geschwistern, Partnern).

2. *Die Frage nach dem Selbstwert und dem Selbstbild*
   - Tabus ansprechen (z. B. bei entstelltem Gesicht oder Körper).
   - Behinderung, die ich wahrnehme, ansprechen.
   - Wieviel Verantwortung übernimmt ein Behinderter für sich und das, was er tut?
   - Über- oder unterschätzt er sich dauernd?
   - Woher nimmt der Behinderte seinen Selbstwert?

3. *Die Frage nach dem Lebenspartner und der Sexualität*
   - Mißbrauch
   - Ein Behinderter hat keine anderen Rechte als Nichtbehinderte in Bezug auf die Sexualität:
     Der Geschlechtsverkehr gehört auch da in die Ehe.
   - Wege suchen, damit auch Behinderte Ehe leben können – wenn es eine Möglichkeit dazu gibt.

4. *Die Frage nach Schuld und Heilung*
   Die Frage nach eingeredeter Schuld ansprechen. (Wer oder was ist schuld an der Behinderung?)
   - Wo muß offen über Schuld und Vergebung gesprochen werden?
   - Wo wurden dem Behinderten oder seinen Angehörigen falsche Heilungsversprechen gemacht?
   - Wie kann ein Betroffener richtig mit diesen Verletzungen umgehen lernen?
     (Sich mit der Realität des Lebens auseinandersetzen und nicht ständig irgendwelche
     Wunschgedanken hineinprojizieren.)

5. *Die Frage nach dem Tod*
   Mit dem Sterben leben lernen – auch als Seelsorger

   Wenn es um eine fortschreitende Behinderung geht, die bald zum Tod führen kann,
   müssen folgende Punkte abgeklärt werden:
   - Weiß der Behinderte von seinem ernsten Zustand?
   - Warum reagiert er manchmal überempfindlich und aggressiv?
   - Was muß er alles loslassen? (Kinder, Ehemann, Eltern, Haus usw.)
   - Wenn Kinder da sind: Wer übernimmt die Kinder; wann ist der beste Zeitpunkt?
   - Wenn ein Ehepartner da ist, diesen dringend begleiten. Gemeinsam mit dem Paar
     und einzeln mit ihnen Gespräche führen.
   - Eine eventuelle falsche Hoffnung auf Heilung ansprechen.
   - Über Abschied konkret reden: Wie können der Betroffene und seine Angehörigen
     voneinander Abschied nehmen? Was gehört zum Abschiednehmen?
   - Eventuell noch zu Lebzeiten ein Abschiedsfest organisieren.
   - Möglichkeit zur Versöhnung und Vergebung falls nötig ansprechen.
   - Beerdigung vorbereiten.
   - Hoffnung auf Ewigkeit wachhalten.
   - Seelsorge für Angehörige und Helfer nicht vergessen.
   (Ausführliche Hinweise zum Thema „Sterbebegleitung" s. Kap. 8.)

Gisela Kessler

Kommunikationsstörungen – Neue Wege wagen

- *„Mit Simon darüber reden? Das kannst du vergessen. – Dabei ist noch nie etwas herausgekommen! Ich sag nichts mehr!"*
- *„Es ist ja nicht so, daß wir das nicht klären wollten, aber irgendwie habe ich den Eindruck, Sophie versteht überhaupt nicht, was ich meine."*
- *„...und dann habe ich mir überhaupt nichts Böses bei dieser Bemerkung gedacht, und plötzlich flippte Daniel dermaßen aus. Ich wußte absolut nicht, wie mir geschah."*
- *„Seit Jahren schon kommen wir in dieser einen Sache nicht weiter. Es ist, als ob sich unser Gespräch nur im Kreis dreht."*

Vermutlich kennen Sie ähnliche Sätze aus Ihrem Alltag. Von wem? Vielleicht sogar von sich selbst. Oder von Ihrem Mann, gerade eben, als Sie mit ihm eine Tasse Kaffee getrunken haben. Oder von Frau Schmidt, die Ihnen gestern beim Einkaufen begegnete. Oder von Teilnehmern des Mitarbeiterkreises Ihres Gemeinde.
Wie reagieren Sie darauf? Stimmen Sie mit ein in die Klagen über die anderen? Oder zeigen Sie Ihre Ratlosigkeit durch ein bedauernden Achselzucken?
So alltäglich manche Reibereien auch erscheinen mögen, soviel Leid steckt dahinter. Die meisten Beziehungen haben ja ganz anders angefangen. Fast immer ist der Wunsch, zu verstehen und verstanden zu werden, in einer Beziehung ganz weit oben plaziert. Das ist auch nicht erstaunlich, denn damit ist das Grundbedürfnis eines jeden Menschen nach Nähe und Geborgenheit stark verbunden. Menschen, deren Leben sich durch befriedigende Beziehungen auszeichnet, sind in der Regel auch glückliche Menschen.

1. Eigene Irrtümer erkennen

Wenn Sie im seelsorgerlichen Gespräch Kommunikationsstörungen bearbeiten wollen, werden Sie auf manche Widerstände treffen. Ein Problem erkennen – und darum soll es in diesem ersten Teil gehen – hat bei Kommunikationstörungen immer mit Selbsterkenntnis zu tun. Und sich Irrtümer einzugestehen ist eben nicht leicht.

1.1 Irgend etwas mache ich falsch – nur was?

Wenn Betroffene so fragen, sind sie bereits den ersten Schritt auf einem neuen Weg gegangen. Denn dieser Satz beinhaltet, daß ein Mensch sich selbst relativiert. Meistens liegen die Schwierigkeiten, so wie folgendes Beispiel zeigt, aber gerade in dem Unvermögen, das zu tun:

Bernd und Ute sind seit fünf Jahren verheiratet. Es ist nicht so, daß sie nicht miteinander sprechen. Sie reden sogar sehr viel miteinander. Trotzdem hat Ute oft den Eindruck, daß bei Bernd vieles, was sie zu ihm sagt, gar nicht ankommt. Vor allem, was ihre Meinung über das pünkliche Einhalten von Terminen betrifft. Sie ist ein sehr verläßlicher Mensch und kann gar nicht verstehen, daß Bernd in dieser Hinsicht viel toleranter sich selber und anderen gegenüber ist. „So geht es nicht! Du bist unmöglich! Wozu rede ich denn überhaupt mit dir, wenn du gar nicht merkst, worauf es ankommt..." Oft werden, nachdem Bernd Ute wieder „Schwierigkeiten" gemacht hat, halbe Nächte durchdiskutiert – immer in der Überzeugung, daß der Fehler beim andern liegt und das Problem sofort gelöst wäre, wenn der andere sich ändern würde.

Trotz aller Mühe, sich verständlich zu machen, erfahren die beiden immer wieder, daß sich gar nichts verändert. Sie treten auch nach Jahren immer noch auf der gleichen Stelle. Weil beide aber eigentlich kommunikative Typen sind, erscheint ihnen das doppelt frustrierend. Und ärgerlich. Und manchmal wird aus dem Ärger Zorn und aus dem Zorn Gewalt. Wenn du diese Sprache nicht verstehst, dann spreche ich eben eine andere!" Das kann – im schlimmsten Fall – zum Ende ihrer Beziehung führen.

Bernd und Ute sind kein Einzelfall. Die Ursachen für schwierige Beziehungen liegen fast immer in einer Kommunikationsstruktur, die das Verhalten des anderen als Ursache aller Schwierigkeiten annimmt. Das geschieht da, wo Vorwürfe und Anschuldigungen überwiegen. Der Eheforscher John Gottmann schätzt: „Auf jede negative Reaktion müssen mindestens fünf positive kommen, wenn die Beziehung halten soll" (aus: Psychologie heute, April 1998, S. 29).
Mich macht diese Formel sehr nachdenklich. Sie auch?

1.2 Du mußt mich verstehen, denn wir sprechen die gleiche Sprache

Eine schöne Illusion. Sie erscheint vielen Menschen deswegen plausibel, weil in einem Gespräch oft die gleichen Begriffe und Wörter fallen. Das aber, was sich an Vorstellungen über die verwendeten Begriffe in den Köpfen miteinander redender Menschen abspielt, kann sehr unterschiedlich sein.
Unsere Wortsprache ist eben nicht unsere erste Sprache. Ihr geht unsere Körpersprache voraus. (Mehr dazu in: Kurs 1, „Gesprächsführung will gelernt sein", S. 157.) Weil sie viel dichter an unseren Gefühlen ist, ist sie auch ursprünglicher und ehrlicher. Lange bevor ein Baby die ersten richtigen Worte formuliert, teilt es uns seine Bedürfnisse schon durch Lachen, Weinen, Strampeln oder Schlafen mit. Auch später, wenn ein Kind bereits „richtig" sprechen gelernt hat, hat das, was es sagen will, fast immer mit dem zu tun, was es gerade erlebt und empfindet. Dies wird deutlich in so einfachen Sätzen wie: „Tine lacht!" oder „Anna will ins Bett!"
Schulkinder, Jugendliche und Erwachsene reden komplizierter. Für sie ist das Sprechen ein faszinierendes Medium, die eigene Lebenswirklichkeit auch einmal zu verlassen. Mühelos jonglieren sie in ihren Sätzen durch Vergangenheit, Gegenwart und Zukunft. Sie haben kein Problem damit, ihrem Gegenüber etwas zu erklären, was sie vielleicht selber noch nie gesehen oder erlebt haben.
Wo dieser ganz konkrete Lebensbezug fehlt, übersetzt der Zuhörer das, was ihm mitgeteilt wird, in seine eigene Erfahrungswelt, also in die jeweils sehr individuellen Kategorien zu denken. Individuell, weil sie geprägt sind von der jeweils ganz eigenen Geschichte. Einer, der redet, kann oft nicht ahnen, wie das Gesagte vom Zuhörer aufgenommen wird, selbst wenn er sich bemüht. Seine Mitteilung fällt auf weitgehend unbekanntes Land. Aber auch der Hörende nimmt nur einen kleinen Teil der eigentlichen Mitteilung wahr, die er erhält. Und das hat Folgen. Welche, darauf werde ich später noch eingehen. Zunächst nur soviel: Wo das übersehen wird, werden auch Mißver-

ständnisse nicht aufgeklärt werden können. Der andere, der so „übertrieben" auf das reagiert, was ich gerade ganz spontan und mit keiner bösen Nebenabsicht gesagt habe, der wird dann schnell als „komisch" oder „überempfindlich" abgestempelt.

Mir fallen in diesem Zusammenhang Martina und Lena ein:

Lena ist Martinas 15jährige Tochter. Als Martina am Mittwoch etwas gestreßt vom Einkaufen zurückkommt, sieht sie, daß Lena bereits das Essen für beide vorbereitet hat. Diese Situation ist zur Zeit eher ungewöhnlich. Fröhlich überrascht sagt Martina: „Du, das hätte ich ja gar nicht für möglich gehalten, daß ich mich jetzt gleich an den Tisch setzen kann!" Anstatt sich über das Lob zu freuen, entgegnet Lena: „Ich weiß, daß Du mir nie etwas zutraust!"

Das sitzt. Für Martina ist es nicht einfach, sich gerade jetzt daran zu erinnern, daß in einer spontanen Begegnung nur ein kleiner Teil dessen sichtbar wird, was eigentlich abläuft. Der Wunsch, daß Lena so empfindet wie sie selber, ist zu gegenwärtig.

Es ist ein weitverbreiteter Mechanismus, in allem, was anders kommt, als man denkt, eine Bedrohung zu sehen. Eine Bedrohung, vor der man sich mit Abwehr zu schützen hat. Martina ergeht das nicht anders. Lena stellt ihren Erziehungsstil ganz überraschend in Frage. Aber gerade in dieser ehrlichen Konfrontation Lenas steckt auch eine Chance. Martina erfährt nämlich eine Menge von dem, was eigenlich in ihrer Tochter vorgeht. Die „fremde" und „unpassende" Reaktion Lenas kann helfen, Martinas Blickwinkel zu erweitern. Hat sie sich bisher nämlich vorwiegend als eine tolerante und liebevolle Mutter gesehen, beginnt Sie sich jetzt zu prüfen, ob an dem Vorwurf Lenas „Ich weiß, daß du mir nie etwas zutraust" vielleicht eine Seite von ihr sichtbar gemacht wird, die sie selber bisher gar nicht wahrhaben wollte.

Um in Gesprächen Sensibilität für eigene, verdrängte Andersartigkeit und für die Andersartigkeit des „schwierigen" Gesprächspartners aufzubauen, ist es gut, wenn Sie viel Zeit für Gespräche mit Ratsuchenden einplanen. Ein Mensch, der sein starres, unflexibles Denkgebäude über sich und andere bisher gebraucht hat, um sich vor Angriffen anderer zu schützen, hat mit enormen Ängsten und Unsicherheiten zu kämpfen, wenn er diesen Schutz verläßt. Daß eine Beziehung daraus nur gewinnen kann, ist eine bisher unbekannte Erfahrung.

Machen Sie Ihrem Gesprächspartner Mut, wenn ihm das alles zu mühsam wird. Üben Sie mit ihm konkrete Gesprächssituationen ein. Es ist gut, wenn Sie dabei unterschiedliche Rollen einnehmen, im Wechsel der Mitteilende und der Zuhörende sind. Anregungen dazu können Sie den Arbeitsblättern entnehmen.

1.3 Sind gelungene Gespräche auch konfliktfreie Gespräche?

Trotz allen Einübens in eine gelungene Gesprächspraxis möchte ich aber einem verführerischen Irrtum vorbeugen:

Es ist das Mißverständnis, daß eine konfliktfreie, ideale Kommunikationsstruktur lernbar ist, wenn wir nur die richtigen Methoden kennen und befolgen. Methoden können natürlich – richtig eingesetzt – viel Gutes bewirken. Sie haben aber ihren Sinn verfehlt, wenn sie ein Gespräch schon am Beginn auf sein Ergebnis festlegen.

Wenn Sie wirklich zu einer Begegnung mit einem anderen kommen wollen, muß auch Raum für Unvorhersehbares, Dynamisches und Lebendiges sein. Und damit auch für klar ausgesprochene Konflikte. Wo das möglich ist, ist ein Gespräch gelungen – auch wenn es vielleicht nicht nur in Harmonie ausgetragen wurde. Wir sprechen dann von einer Störung, wenn durch die Art und Weise, wie gestritten oder auch geschwiegen wird, verhindert wird, daß ein bestehender Konflikt miteinander ausgetragen werden kann. Eine zu einseitige Fixierung auf ein ganz bestimmtes Gesprächsziel kann eine klare Auseinandersetzung verhindern.

Nehmen Sie sich selber einmal, wenn möglich, einige Minuten Zeit zum Nachdenken. Können Sie sich an ein konkretes Gespräch der letzten Tage erinnern?

Was war ihr Ziel in diesem Gespräch?
- Harmonie und Konfliktfreiheit?
- die Durchsetzung Ihrer Überzeugung?
- das verständliche Vermitteln eines Sachverhaltes?
- das Reden darüber, wie es ihnen gerade so geht?

Jedes Ziel, das Sie in einem Gespräch erreichen wollten, hatte auch seinen Preis:
- Wer vollendete Harmonie sucht, findet sie oft nur um den Preis der Wahrhaftigkeit.
- Wer ständig überzeugen will, muß damit rechnen, von anderen nicht akzeptiert zu werden.
- Wer immer nur informieren will, kann sich damit den Ruf eines Besserwissers einhandeln.
- Wer zu viel von sich selbst mitteilt, wird verwundbar und angreifbar.

Da, wo Sie sich sehr stark auf ein Gesprächsziel fixieren, liegt die Gefahr, daß Sie mit sich selbst in Konflikte kommen.

Hannah, eine 28jährigen Kunststudentin, fragte sich eine lange Zeit, warum sie immer so deprimiert nach Hause ging, wenn sie einen Besuch bei ihrer Freundin Kerstin gemacht hatte. Eigentlich hatten die beiden viele Gemeinsamkeiten und verstanden sich wirklich gut. Es gab keine Meinungsverschiedenheiten. Und doch spürte sie immer eine Spannung in sich, die oft nicht erst zu Hause, sondern schon während des Gespräches begann. Erst als Hannah begriff, daß sie Harmonie und Konfliktfreiheit als oberstes Gesprächsziel ansteuerte, wurde ihr auch klar, welch hohen Preis sie für dieses Ziel zahlte: Sie verbrauchte ihre ganze Energie während des Gespräches, um andere, im Widerspruch zur Harmonie stehende Ziele wie Durchsetzungsvermögen und Konfliktbereitschaft zu unterdrücken. Es fiel ihr zunächst schwer, auch diesen Gesprächszielen eine Berechtigung zu geben. Nachdem sie aber merkte, daß Kerstin gelegentliche Kritik und eigene Meinungsäußerungen sogar gesprächsbereichernd erlebte, fiel es Hannah leichter, sich als Mensch mit verschiedenen, manchmal sogar widersprüchlichen Bedürfnissen zu akzeptieren. Sie lernte zunehmend, auch im Gespräch die zu sein, die sie wirklich war.

„Was wahrhaftig ist, (...) was rein, was lieblich (...), dem denket nach." So schreibt Paulus der Gemeinde in Philippi (Phil 4,8). Er fügt hinzu: „Was ihr auch gelernt und empfangen und gehört und gesehen habt an mir, das tut" (Phil 4,9). Er gibt also den Gemeindegliedern in seiner Person ein Beispiel, an dem sie sehen können, daß es möglich ist, z. B. in der Spannung zwischen Wahrhaftigkeit und Harmonie (rein, lieblich) zu leben. Das finde ich wichtig. Denn so kann verhindert werden, daß aus dem ausgewogenen Beachten der eigenen Bedürfnisse ein ungezügelter Egoismus wird.

Wahrhaftig werden heißt, die Wahrheit über sich aushalten. Und das bedeutet, eine Ahnung davon zu haben, welche Bedürfnisse, Grenzen und Möglichkeiten in uns stecken. Da, wo Sie als Seelsorger eine Sensibilität für sich selber haben, geben Sie dem, dem Sie helfen wollen – wie Paulus – ein Modell, an dem er sich orientieren kann. Wenn Sie zugeben können, daß auch in Ihnen vieles vielschichtig oder sogar widersprüchlich ist, fällt das auch demjenigen leichter, der zu Ihnen kommt.

Ja-Sagen zu eigenen Grenzen bedeutete für Hannah, sich von der Vorstellung einer immer „lieben" Hannah zu verabschieden. Das kann für einen anderen Menschen etwas ganz anderes sein. Für jemanden, der vielleicht lange stolz auf sein ausgeprägtes Durchsetzungsvermögen gewesen ist, dann aber merkt, wieviel Einsamkeit in dieser Rolle steckt, kann es sogar das Gegenteil heißen.

Fast alle Menschen haben viel mehr Bedürfnisse, als sie oft ahnen. Zum Glück werden diese manchmal, ähnlich wie bei Hannah, durch gemischte Gefühle und Spannungen nach Gesprächen bewußt. Oft erinnert auch der Körper durch organische Symptome an vernachlässigte oder vergessene Bedürfnisse (mehr dazu in Kap. 3, „Psychosomatische Krankheiten"). Da, wo sie in ihrer Verschiedenheit erkannt und ausgewogen gelebt werden, verändert sich ein Mensch auch in seinem Kommunikationsverhalten. Er lernt, auch die Schattenseiten seines Gegenübers besser auszuhalten und zu verstehen.

2. Gesprächsabläufe erklären und benennen

In seinen Büchern „Miteinander reden" stellt Friedemann Schulz von Thun, auf den ich mich im folgenden beziehen werde, auf eine verständliche Art und Weise ein Modell vor, das er das „Nachrichten-Quadrat" nennt. Wie schon die Bezeichnung „Quadrat" erkennen läßt, handelt es sich dabei um einen vierfachen Blickwinkel dessen, was in einem Gespräch geschieht.

Die Aussage einer Nachricht kann – je nachdem welche Verstehensebene ein Mensch wählt – sehr stark variieren. Die vier möglichen Ebenen heißen Sach-, Appell-, Beziehungs- oder Selbstoffenbarungsebene.

2.1 Einer, der spricht, sagt nicht alles

Was das bedeutet, läßt sich am besten an einem Beispiel demonstrieren. Ich habe bei folgendem Wortwechsel keinen offenen Konflikt, sondern bewußt ein kurzes, ganz alltägliches Gespräch gewählt. Denn gerade das eher Banale ist ja auch meistens das Unberechenbare. Auf einen Konflikt, den ich vorhersehen kann, kann ich mich vorbereiten. Aber da, wo ich überhaupt nicht mit Schwierigkeiten rechne, bin ich ihnen verstärkt ausgeliefert. Darauf „falle ich herein".

Christian möchte Markus zum Volleyballspielen abholen.

„Ich habe noch zu tun," sagt Markus, als Christian in der Tür steht.

Eigentlich eine wirklich unbedeutende Situation. Gar nichts Besonderes. Trotzdem kann dieser kleine Satz „Ich habe noch zu tun" zur Grundlage eines handfesten Konfliktes werden. Ganz unbeabsichtigt. Wie ist das möglich?

Wir bleiben zunächst einen kleinen Moment bei dieser Bemerkung stehen. Wir kennen Markus nicht. Wir wissen nicht, was er mit diesem Satz ausdrücken möchte. Deshalb versuche ich, mir jetzt einmal vorzustellen, was er damit gemeint haben könnte:

„Ich habe noch etwas zu erledigen."

„Wie du siehst, bin ich ein sehr vielbeschäftigter Mensch."

„Laß mich in Ruhe."

„Wenn du mir helfen würdest, könnte ich ja vielleicht bald mitkommen."

„Während du immer nur an dein Vergnügen denkst, arbeite ich."

„Einer muß ja arbeiten."
„Wie schade, daß ich noch nicht fertig bin."
„..."

Alle diese „Spekulationen" über Markus' mögliche Botschaften lassen sich, wie folgt, den vier oben genannten Aussageebenen zuordnen:

Sachebene

Ich habe noch etwas zu erledigen

Appellebene

Wenn du mir helfen würdest,
könnte ich ja...

Laß mich in Ruhe

Beziehungsebene

Während du immer nur
an dein Vergnügen...

Einer muß ja arbeiten.

Selbstoffenbarungsebene

Wie du siehst,
bin ich ein vielbeschäftigter...

Wie schade, daß ich noch nicht
fertig bin.

2.2 Einer, der hört, hört viel

Wie kann Christian jetzt „richtig" auf Markus reagieren? Kann er es überhaupt? Was er hört, ist ja nur der lapidare Satz: „Ich habe noch zu tun." Um zu wissen, welche der vielen möglichen Botschaften damit rübergebracht werden soll, muß er Markus schon sehr gut kennen – und selbst dann kann er sich noch täuschen. Wie wird er üblicherweise reagieren? Was ist eine „normale" Antwort?

Eine normale Reaktion auf die Aussage eines anderen besteht darin, etwas so zu verstehen, wie es einem selber entspricht. Ganz spontan wird Christian also das sagen, was er selber – im umgekehrten Fall – als Antwort erwarten würde:

– Ist er ein sachlich orientierter Mensch, der seinen Gefühlen wenig Raum schenkt, wird er Markus' Satz wohl mit dem Kommentar: „O. K., ich gehe dann heute mal allein" zur Kenntnis nehmen und sich verabschieden.

– Ganz anders ist die Reaktion aber, wenn er ein sehr hilfsbereiter Mensch ist. Wer immer bemüht ist, andere zu entlasten, anwortet: „Kann ich dir helfen?"

– Vielleicht denkt Christian aber darüber nach, ob Markus ihm am Ende klarmachen will, daß er ein Faulenzer ist. Mit einem stark aggressiven Unterton könnte das heißen „Hältst du dich wieder mal für was Besseres, nur weil du noch arbeitest?"

– Oder er fragt einfach nur mitfühlend zurück: „Du bist ganz schön geschafft, stimmt das?"

Sie haben es sicher gemerkt: Den vier Ebenen zu reden entsprechen vier Ebenen zu hören.

Da, wo jemand redet und dabei auf der gleichen Ebene spricht, wie der Zuhörer hört, können keine Kommunikationsstörungen entstehen.

Ein mißlungenes Gespräch ist hingegen ein Gespräch, in dem zwar jeder glaubt, die gleiche Gesprächsebene wie der andere zu gebrauchen, dies inWirklichkeit aber nicht der Fall ist.

2.3 Wie ist es gemeint?

Stellen Sie sich vor, daß Markus, wenn er sagt „Ich habe noch zu tun" einfach nur ausdrücken möchte: „Ich kann jetzt nicht mitkommen, weil ich mit meiner Arbeit noch nicht fertig bin." Christian fühlt in diesem Moment ein Gefühl von Unterlegenheit Markus gegenüber aufsteigen. Er antwortet: „Du hältst dich wohl für was Besseres, nur weil du noch arbeitest."

Wo liegt die Störung? Markus redet auf der Sachebene, Christian hört auf der Beziehungsebene. Die Folge ist: Markus versteht die Welt nicht mehr. Er fragt sich: Wie kommt Christian nur zu einer derartigen Anklage?

Ähnliche Störungen ergeben sich dann, wenn Markus auf der Appellebene denkt, also hofft, daß Christian auf seinen Satz reagiert, indem er ihm hilft, Christian aber sachorientiert antwortet: „O.K., ich geh dann heute eben mal alleine."

Störungen, die durch ein Reden und Hören auf verschiedenen Ebenen entstehen, können nicht behoben werden, indem man sagt: Der eine hat recht, der andere unrecht. Hier geht es nicht um richtig oder falsch, nicht um Sieger und Besiegte. Diesen Kampf aufrechtzuerhalten, wäre ein Kampf ohne Ende. Die Psychologin M. Ferguson schreibt dazu: „In dem Moment, wo der Kampf aufgegeben wird, ist er gewonnen" (zitiert aus: P. Schellenbaum, Abschied von der Selbstzerstörung, Stuttgart 1987, S. 155).

2.4 Unterbrechungen sind erwünscht

Da, wo man spürt, daß etwas nicht stimmt, ist es ganz wichtig, das Gespräch zu unterbrechen. Markus selbst weiß als einziger (hoffentlich!), wie er seine Aussage gemeint hat. Und er merkt an Christians Antwort, daß seine Botschaft wohl anders angekommen ist. Deshalb ist es seine Aufgabe, die Sachebene zu verlassen, um nach Christians Gefühlen zu fragen: „Sag mal, was ist los mit dir? Habe ich dich verärgert?"

Eine solche Unterbrechung kann eine große Entlastung sein. Indem einer beginnt, sich auf die Ebene des anderen zu stellen, wird das Problem da zur Sprache gebracht, wo es hingehört. Christian fällt es jetzt leichter zu sagen: „ Immer, wenn du soviel arbeitest, habe ich den Eindruck, du willst mir beweisen, um wieviel fleißiger du bist als ich."

Es ist gut, wenn Markus überlegt, ob an Christians Eindruck vielleicht sogar etwas dran ist. Häufig versachlichen Menschen, die Schwierigkeiten in einer Beziehung haben, ihr Problem. Anstatt das Eigentliche anzusprechen, wird über alles mögliche diskutiert und gestritten.

Übrigens, in lange bestehenden Beziehungen funktioniert das Versteckspiel der eigentlichen Gefühle und Absichten oft nur eine gewisse Zeit. Irgendwann wird das, was uns unsere Phantasie über den anderen sagt, zu übermächtig. Der Zeitpunkt, wo es dann „richtig knallt", ist vorprogrammiert.

3. Konflikte bearbeiten

Markus und Christian waren am Ende ihres Gespräches in der Lage, über ihr eigentliches Problem zu reden. Ohne Hilfe eines neutralen Dritten gelingt das aber nicht immer.

Oft verfestigen sich Störungen, die auf unterschiedlichen Sprach- und Hörebenen beruhen, über Jahre hinweg. Konflikte laufen dann immer nach dem gleichen Muster ab. Die daraus entstehende, sich oft mit jedem Streit steigernde emotionale Dynamik macht es den Betroffenen fast unmöglich, sich ohne Hilfe an eine Klärung zu wagen. Wenn Ärger und Aggression ständig auftreten, reicht es nicht aus, wenn Sie den Gesprächsverlauf mit den beiden Streitenden versuchen zu reflektieren. So wichtig diese neutrale, klärende Rolle ist, so sehr kann sie auch – direkt nach einem Streit – die Beteiligten überfordern.

3.1 Abstand einhalten

Machen Sie den Vorschlag, daß sich jeder nach dem letzten Streit für eine gewisse Zeit erst einmal zurückzieht. Denn bevor wieder gemeinsam geredet werden kann, ist erst einmal das Gespräch mit sich selber dran.

Wenn ein Mensch sehr wütend ist, ist er kaum in der Lage, zu differenzieren. Die Wut überdeckt alle anderen Empfindungen. Im nachhinein erschrickt er oft darüber, welche unkontrollierte Energie er an sich wahrgenommen hat.

Die Beschäftigung mit folgenden Fragen kann helfen, daß ein Mensch wieder Klarheit über sich bekommt. Er beginnt zu verstehen, was eigentlich in ihm vorging, als er „ausrastete":

– An welcher Stelle des Gesprächs merkte ich meine Wut zuerst?
– Welche tiefer liegenden Gefühle in mir haben diese Wut ausgelöst?
– Welchen Namen würde ich meiner Wut geben?
– Welche Gefühle habe ich jetzt?

Schulz von Thun nennt diese Phase das „Sich-hinter-die-eigenen-Kulissen-Schauen": Durch eine vorschnelle Versöhnung wird dieser konstruktive Prozeß kaum zustande kommen.

3.2 Schweigen

Ein Vorwurf, den sich viele Menschen machen, wenn der Zorn verraucht ist, heißt: „Warum habe ich nicht einfach geschwiegen?" Schweigen scheint auf den ersten Blick eine elegante Lösung zu sein, einen Konflikt zu umgehen, und eine gängige dazu. Einer, der schweigt, hat eine weiße Weste. Ihm kann man nichts vorzuwerfen. Reinhold Ruthe sagt dazu:

> „Schweigen kann Kampf bedeuten. Es wird oft als Machtkampf verwendet. Von daher kann Schweigen eine gefährliche Waffe sein. Von vielen wird es für besser und edler gehalten als Schimpfen und Laut-Werden. Das ist ein ausgesprochener Selbstbetrug" (aus: praxis, Heft 2, 95, S. 15).

Es gibt aber auch ein sinnvolles, hilfreiches Schweigen. Es lohnt sich, darüber nachzudenken.

3.3 Hinter die Wut sehen

Oft haben Menschen erst dann, wenn sie ihr Schweigen aufgeben, die Möglichkeit, die vernachlässigten Gefühle einer Beziehung kennenzulernen. Die sonst durch Schweigen eher erlebte Selbstgerechtigkeit macht den Zugang zu ihnen viel schwerer. Deshalb steckt auch in der Erfahrung von Wut und Aggression eine große Chance, sich selber mit den erlebten Bedürfnissen und Mängeln kennenzulernen. Wird einem Menschen jedoch nur vermittelt, daß Aggressionen einen Konflikt noch verschlimmern, wird er diesen Zugang zu seinen Gefühlen nur schwer bekommen. Und damit kann er auch das, was ihm eigentlich fehlt, nicht benennen.

Viele verschiedene Gefühle können einen Wutanfall veranlaßt haben:
- Angst, zu kurz zu kommen
- Neid
- ein bestimmter Schmerz
- Traurigkeit über die eigene Unzulänglichkeit
- das Gefühl, ausgenutzt zu werden
- Überforderung
- Einsamkeit
- ...

Leider gestehen die meisten Menschen diesen Gefühlen in einer Beziehung nur eine sehr kleine Existenzberechtigung zu. Sie sind sozusagen deren Kehrseite und werden gerne vergessen. Denn man sieht sich selbst lieber in einem anderen Licht, vielleicht als Partner in einer harmonischen Beziehung oder als ein Mensch, der sich gut durchsetzen kann (vgl. 3.3). Deshalb gelingt es oft nur durch starke Emotionen wie Wut und Aggression, sie wieder zum Vorschein zu bringen.

Es ist interessant, daß durch diesen Ablauf das, was grundsätzlich als eher schlecht bewertet wird, Gutes zur Folge haben kann. Vielleicht ist das ein Anlaß dafür, unser gängiges Wertesystem einmal neu zu überdenken.

3.4 Auf Nachgesprächen bestehen

Es ist gut, einem Gesprächspartner rechtzeitig zu sagen, was sein Reden gerade auslöst. Das kann eine emotionale Eskalation verhindern (vgl. 2.4).

Daß „Gegner" dieses schwierige Ziel erreichen, kann Ihre Aufgabe sein. Es ist enorm wichtig, daß sich an die Phase des Abstand-Gewinnens ein Nachgespräch anschließt. Sie sollten als neutrale Person in diesem „Nachgespräch" konsequent darauf achten, daß die Betroffenen ihre verletzten Gefühle ehrlich benennen und klären. Durch Rückfragen können Sie deutlich machen, welche unterschiedlichen Kommunikationsebenen im Streit benutzt wurden. Achten Sie darauf, daß die Ebenen mit Hilfe dieser oder ähnlicher Fragen jetzt identisch bleiben:
- Welche Reaktion haben Sie erwartet, als Sie sagten: „..."
- Was haben Sie mit diesem Satz vermitteln wollen?
- Hatten Sie bei dieser Antwort das Gefühl, verstanden worden zu sein?
- Warum? Warum nicht?
- Wie würden Sie jetzt auf diesen Satz reagieren?
- Fassen Sie bitte Ihren Konflikt in wenigen Sätzen zusammen!
- Würden Ihr Gesprächspartner dem zustimmen?

Schon vor Beginn des Nachgespräches sollten die folgenden „Regeln" festgelegt werden:
- Jeder erhält genug Zeit, um sich, ohne unterbrochen zu werden, zu äußern
- Verallgemeinerungen wie „immer" oder „nie" sind nicht erlaubt
- Angriffe oder Schuldzuweisungen werden vermieden
- Eigene, subjektive Gefühle dürfen genannt werden: „Ich habe das so empfunden, daß..."

In vielen Fällen kann es erst nach einem solchen Gespräch eine echte Versöhnung geben. Es ist gut, wenn alle Beteiligten betroffen und nachdenklich aus diesem Gespräch gehen. Denn jetzt weiß jeder, wo der Schuh drückt und an welcher Stelle konkrete Schuld vorhanden war.

3.5   Wenn der Konflikt bleibt

Versöhnung hebt jedoch nicht alle Gegensätze auf. Einem Menschen zu vergeben, das bedeutet noch nicht gleichzeitig, daß damit der Konflikt nicht mehr auftritt. Es ist gut möglich, daß er jetzt, wo wirklich alles deutlich gesagt werden konnte, sogar erst richtig bewußt wird. Das Gespräch hat hier zwar eine klärende, aber noch keine lösende Funktion gehabt. Und ich denke auch nicht, daß da, wo es sich tatsächlich nicht um Mißverständnisse, sondern um handfeste Meinungsverschiedenheiten handelt, Gespräche allein auf Dauer hilfreich sind.

In diesem Zusammenhang kommen mir oft die ersten Christengemeinden, von denen in der Apostelgeschichte des NT berichtet wird, in den Sinn. Ich finde es tröstlich, daß auch da immer wieder von Konflikten und Streitereien berichtet wird (Apg. 11, 1–18; Apg.15, 1–12). Das Akzeptieren, daß ein Mensch ganz anders sein kann als ich, bedeutet also noch lange nicht, daß ich ab dieser Erkenntnis meine Zeit nur noch in Harmonie mit diesem Menschen verbringen werde.

3.6   Wie geht es weiter?

Auf jeden Fall anders als bisher. Das ist der Wunsch all derer, die massiv an ihren Schwierigkeiten gelitten haben. Durch das Abstand-Gewinnen und gemeinsames Nach-Bearbeiten ist manches sichtbar geworden. Und das kann ganz unterschiedliche Konsequenzen haben. Zum Beispiel folgende:

3.6.1   Gespräche suchen

Ein Ehepaar:
Wir wissen jetzt, daß unsere meisten Streitereien eigentlich keine richtigen Meinungsverschiedenheiten, sondern Mißverständnisse waren. Das hat unsere Beziehung sehr positiv verändert. Wir werden uns in Zukunft viel mehr Zeit für Gespräche nehmen. Nur dann können wir wirklich verstehen, wie manches, was falsch ankommt, wirklich gemeint ist.

3.6.2   Trennungen vollziehen

Ein Hauskreis:
Immer wieder haben wir gemerkt, wie unterschiedlich die Erwartungen einzelner an unseren Hauskreis waren. Manche wünschten sich theologisch-fundierte Bibelgespräche, andere erhofften sich eher Impulse für das Umsetzen biblischer Grundgedanken in ihre konkrete Berufs- und Lebenssituation. Dies führte oft zu Konflikten. Inzwischen haben wir zwei Hauskreise. Der eine arbeitet eher biblisch-exegetisch, der andere versucht, nach einer christlichen Antwort im Hinblick auf konkrete Lebenssituationen zu fragen.

3.6.3 Konflikte aushalten

Eine Mutter:

Ich merke, daß meine Tochter sofort blockiert, wenn ich etwas mit ihr aufarbeiten will. Zur Zeit kann ich da gar nicht viel machen. Ich möchte den Konflikt trotzdem aushalten, ohne zuviel von ihr zu erwarten. Meine Aufgabe sehe ich derzeit darin, mich ganz einfach in ihre Lebenswelt einzufühlen. Ich möchte versuchen, sie in Gesprächen da abzuholen, wo sie gerade ist. Sie soll wissen: Ich bin da und freue mich, wenn sie reden will.

3.6.4 Kreative Lösungen entwickeln

Eine christliche Wohngemeinschaft:

Durch klärende Gespräche sind uns unsere völlig idealisierten Erwartungen aneinander bewußt geworden. Wir haben z. B. gelernt, daß „Ordnung in der Küche" für jeden von uns etwas ganz anderes bedeutet. Um den bisherigen Ärger zu vermeiden, darf jeder von uns abwechselnd seine „Ordnungsidee" eine Woche lang aufrechterhalten, ohne daß wir anderen uns einmischen. Das erfordert von uns allen eine gewisse Toleranz und Kompromißbereitschaft. Aber um zusammenzubleiben wollen wir uns bei Bedarf gegenseitig darauf aufmerksam machen. Und bisher funktioniert es tatsächlich.

Helfen Sie vorsichtig mit, daß Betroffene vom Reden zum Handeln kommen. Aber: Die Konsequenzen, die Betroffene nach einer Klärung für ihr Leben ziehen, haben Seelsorger letztendlich nicht in der Hand. Die Verantwortung für das, was nach dem Reden geschieht, hat der oder die Betroffene.

Wieder denke ich an die Zeit der ersten christlichen Gemeinde. Dabei fällt mir Paulus ein. Paulus, der soviel über Einmütigkeit geschrieben hat. Auch er hat Trennungssituationen erlebt und ganz bewußt vollzogen. Von Barnabas, einem guten Freund, trennte er sich vor seiner zweiten Missionsreise – wegen Meinungsverschiedenheiten, nicht wegen Mißverständnissen (Apg 15, 36–41). Oder ich denke an Abraham und Lot. Abraham schlug Lot die Trennung vor, weil sich ihre Hirten ständig um die besseren Weideplätze stritten (1. Mose 13). Auch das kann ein Modell sein, damit wir uns und andere nicht permanent überfordern.

Schlußgedanken

Gelungene Kommunikation endet nicht immer in vollendeter Harmonie, sondern wird dort sichtbar, wo jemand lernt, „ich" zu sagen. Wer seine eigenen Interessen direkt äußert, kennt seine Wünsche, Vorstellungen und Ideen. Aber dazu gehört auch, sich der Subjektivität all dessen bewußt zu sein.

Wirklich „ich" sagen kann aber nur der, der auch „du" sagt. Denn erst durch ein Gegenüber erlangt ein Mensch wirklich Identität. Vielleicht kennen Sie das Zitat von Nietzsche: „Die Wahrheit beginnt zu zweit."

„Du" sagen bedeutet, den anderen als eigenständigen Menschen zu respektieren, der ein Recht auf seine eigene Wahrnehmung hat. Um ihn besser zu verstehen, ist es wichtig, während eines Gespräches immer wieder den eigenen Standpunkt innerlich zu verlassen, um sich in die Gedankenwelt eines Gegenübers einzufühlen.

Dieses Einfühlen bedeutet nicht, alles, was der Partner sagt, auf einmal richtig zu finden. Es ist der Versuch zu verstehen, warum dieser Mensch an dieser oder jener Stelle diese Meinung vertritt. Damit kann ein Kampf, der durch gegenseitiges aggressives Entwerten gekennzeichnet ist, verhindert werden, ohne daß der Konflikt verdrängt wird.

Es bleibt dabei: Sich mitteilen ist wichtig. Hören auch. Wenn wir diese Kunst lernen, hören wir gerne auf zu kämpfen. Das ist dann auch nicht mehr nötig. Denn sobald wir erleben, daß uns unsere gegenseitigen Unterschiede nicht trennen, sondern ergänzen und bereichern, gibt es nur noch Sieger.

Literaturempfehlungen

Kretz, Günter, Die Kunst, einander zu verstehen
　　Navigatoren, Bonn

Schulz von Thun, Friedemann, Miteinander reden,
　　Band 1: Störungen und Klärungen
　　Band 2: Stile, Werte und Persönlichkeitsentwicklung
　　Band 3: Das „innere Team" und situationsgerechte Kommunikation
　　Rowohlt, Reinbek

Tannen, Deborah, Du kannst mich einfach nicht verstehen
　　Goldmann, München

Wilde, Mauritius, Ich verstehe dich nicht!
　　Vier-Türme-Verlag, Münsterschwarzach

Didaktische Hinweise zu den Arbeitsblättern

Anlage 1: Dic drei Elemente eines Gesprächs
Die drei Gesprächselemente entsprechen den drei Kapiteln
des Beitrags.
Einsatzmöglichkeiten:
1. während der Bearbeitung des Themas zur Strukturierung
   und Einordnung
2. im Anschluß an die Themenentfaltung als Zusammenfassung

Anlage 2: Bibelzeit
Als Gesprächsgrundlage für einen Hausbibelkreis gedacht.
Zeit der persönlichen Auseinandersetzung mit den Texten
einplanen!

Anlage 3: Zitate
Zitate sparsam einsetzen, weil sie gerade durch ihre Dichte wirken.
Variante 1: Einstieg ins Thema
Je zwei Teilnehmer bekommen ein Zitat. Nach fünf Minuten
Gesprächszeit Vorstellung der Zitate in der gesamten Gruppe
(ca. 10 Minuten).
Variante 2: Zitate als Erinnerungsträger
Kreative Teilnehmer gestalten Karten mit Zitaten –
anschließend verteilen.

Anlage 4: Eigene Verhaltensweisen erkennen
Wichtig bei diesem Fragebogen für Betroffene:
1. Jeder bekommt einen eigenen Arbeitsbogen
2. Zum gemeinsamen Gespräch zwar ermutigen,
   aber niemanden drängen.

Anlage 5: Gesprächssituationen klären
Diesen Vorschlag für einen Gruppenabend für jeden Teilnehmer
kopieren.
Zwischen Teil 1 und Teil 2 auseinanderschneiden und
getrennt bearbeiten
Teil 1: Einstieg in die Thematik
        Ziel: Spontane, echte Reaktionen
Teil 2: Vertiefung des Themas
        Ziel: Neuorientierung und Anwendung
        im persönlichen Bereich
Zwischen der Bearbeitung von Teil 1 und Teil 2:
Entfaltung des Themas mit Schwerpunkt auf Kap. 2

Die drei Elemente eines Gesprächs

Ich ⟶ **Nachricht** ⟶ **Du**

Ziel:	**Ziel:**	**Ziel:**
Selbsterkenntnis	Klärung	Bearbeitung
	Benennung	Hinwendung

Grundfrage:	**Grundfrage:**	**Grundfrage:**
– Wer bin ich?	– Was ist abgelaufen?	– Wer bist Du?

Weiterführende Fragen:

– Wer will ich sein?

– Welche Möglichkeiten habe ich?

– Wo liegen meine Grenzen?

Weiterführende Fragen:

– Wie ist die Nachricht gemeint?

– Was hätte ich noch verstehen können?

....

Weiterführende Fragen:

– Lasse ich andere Sichtweisen an mich ran?

– Wie sieht meine Abwehr aus?

....

Vom „Ich" zur „Nachricht" zum „Du" – in dieser Reihenfolge können Kommunikationsstörungen am sinnvollsten sichtbar gemacht werden.

Es ist Aufgabe des Seelsorgers, einem Ratsuchenden bei der ausgewogenen Bearbeitung dieser drei Gesprächselemente begleitend zur Seite zu stehen.

Trotz ihres unterschiedlichen Schwierigkeitsgrades bei der Bearbeitung sind alle drei Schritte gleich wichtig. Durch Über- oder Unterbewertung einer dieser drei Grundfragen und Ziele entstehen Schwierigkeiten.

Im Gespräch mit Ratsuchenden sollte aber das Strukturelle nicht im Vordergrund stehen. Die hier gemachten Unterscheidungen dienen vorwiegend der theoretischen Standortbestimmung und Klärung. Sie können aber helfen, zu einseitige Fixierungen sichtbar zu machen, um das Augenmerk auf vernachlässigte Fragestellungen zu richten.

In der Realität laufen Gespräche nicht nach dem Muster eines linearen Weges ab. Sie sind Systeme, in denen sich manche Fragestellungen und Ebenen immer wieder vermischen. Das ist auch gut so, denn nur so ergeben sich auch die gewünschten lebendigen, dynamischen Prozesse.

Bibelzeit

Apg. 15,1–12

Wie geht Petrus mit der Andersartigkeit der Heiden um?

Was geht seiner Rede, die in Vers 7 beginnt, voraus?

Gibt es diese konstruktiven Streitgespräche auch in unserer Gemeinde?

Wenn nicht, wo liegen die Hinderungsgründe?

Was könnte ich tun, um mehr Offenheit und Wahrhaftigkeit zu fördern?

Apg. 15,36–41

Was waren die Gründe für Paulus' Verhalten?

Können Sie diese Gründe nachvollziehen?

Haben Sie den Eindruck, daß es auch eine andere Lösung hätte geben können?

Paulus schreibt in Römer 15,5: „Gott (…) schenke euch, daß ihr in Frieden miteinander lebt, so wie es euch Jesus Christus gezeigt hat." Sind Trennungssituationen mit dieser Friedensvorstellung vereinbar?

Haben Sie selbst schon „friedliche" Trennungssituationen erlebt?

Zitate zum Nachdenken

Was außen gelingen soll,
muß innen beginnen.
Nichts gedeiht zwischen Menschen,
das nicht in uns
anfing zu gedeihen.

Jörg Zink

Kommunikation ist etwas so Einfaches
und Schwieriges, daß wir es niemals
in einfache Worte fassen können.

E. B. Wilde

Die Wahrheit beginnt zu zweit.

Friedrich Nietzsche

Die wichtigste Sekunde im Gespräch zweier
Menschen ist die, wo sie beide nicht so recht
weiterwissen, wo sie die Worte nicht mehr
finden, zu stammeln beginnen. Da kann eine
ganz neue Qualität im Gespräch entstehen.

Mauritius Wilde

Schweigen kann Kampf bedeuten. Es wird oft als
Machtkampf verwendet. Von daher kann Schweigen
eine gefährliche Waffe sein. Von vielen wird es für
besser und edler gehalten als Schimpfen und Laut-Werden.
Das ist ein ausgesprochener Selbstbetrug.

Reinhold Ruthe

Eigene Verhaltensweisen erkennen

Können Sie sich an Ihr letztes schwieriges Gespräch erinnern?

Denken Sie einen Augenblick darüber nach, welche Rolle Sie in diesem Gespräch hatten. Unterstreichen Sie die folgenden Worte, in denen Ihr Verhalten am deutlichsten wiedergegeben wird. Sie können auch gerne weitere, treffendere Worte dazuschreiben:

harmonisierend, sachlich, erklärend, beschwichtigend, vernünftig, offen darlegend, logisch, gefühlsbetont, überzeugend, passiv, gewinnend, ruhig, wütend, zurückhaltend, laut, leise, langsam redend, zielorientiert, chaotisch, pausenlos redend, einfühlend, fragend, diskutierend, freundlich, distanziert, Standpunkte darlegend, versöhnend, selbstbewußt, aktiv, entwertend, schüchtern, unterbrechend, die Standpunkte des anderen ernstnehmend, abwertend, verstehend, weghörend, ignorierend, nachdenkend, zugehend, resignierend...

Was war Ihrer Einschätzung nach die Rolle Ihres Gegenübers? Streichen Sie die Worte, die auf ihn/sie passen, mit einer anderen Farbe an.

An welcher Stelle werden Gegensätze sichtbar, wo Gemeinsamkeiten?

Versuchen sie, sich ein „Nachgespräch" zu dem vergangenen Gespräch vorzustellen. Wie könnte es ablaufen? An welcher Stelle würden Sie anders reagieren wollen?

Gibt es Blockierungen, die verhindern, daß Sie ein solches Nachgespräch auch tatsächlich anregen? Wenn ja, welche?

Gesprächssituationen klären

Teil 1:

Lesen Sie die folgenden Beispiele aufmerksam durch. Versuchen Sie, sich in die Rolle des/der Angesprochenen hineinzuversetzen. Schreiben Sie Ihre spontane Reaktion auf.

1.1 Familie Huber verbringt ihren Urlaub in Italien. Herr und Frau Huber stehen in der besonders kleinen Küche der Ferienwohnung, um das Abendbrot vorzubereiten. Herr Huber sagt: „Hier ist kein Platz für zwei."

1.2 Der Mitarbeiterkreis einer christlichen Gemeinde plant einige missionarische Jugendabende. Die Vorbereitungszeit drängt, und alle sind gefordert. Der Leiter des Mitarbeiterkreises sagt beim heutigen Treffen zu Peter, einem jüngerem Mitarbeiter: „Ich habe dich letzte Woche vermißt."

1.3 Frau Schneider hat einen anstrengenden Haushaltstag hinter sich. Müde setzt sie sich um fünf Uhr mit einer Tasse Kaffee ins Wohnzimmer. Wenig später kommt ihr Mann von der Arbeit nach Hause, sieht sie im Sofa sitzen und sagt: „Na, du hast es ja gemütlich."

Teil 2:

2.1 Können Sie beurteilen, welche Gesprächsebenen Sie bei Ihren Reaktionen auf die Beispiele 1–3 benutzt haben?
Antworteten Sie vorwiegend sachorientiert?
beziehungsorientiert?
appellorientiert?
selbstoffenbarungsorientiert?

2.2 Erkennen Sie darin ein Reaktionsmuster, das auch in Ihren konkreten Alltagssituationen eine Rolle spielt?

2.3 Welche Ebenen zu reden und zu hören sind Ihnen besonders fremd?

2.4 Um alternative Verhaltensmuster zu üben, können Sie eine andere „Fortsetzung" der Beispielszenen mit einem Gruppenteilnehmer im Rollenspiel darstellen.

Harald Petersen

Arbeitslosigkeit – Wenn mehr als der Job fehlt

1. Thematische Vorbemerkungen

„Der Mensch ist zur Arbeit geboren wie der Vogel zum Fliegen" (Martin Luther).
Wie denken Sie darüber – sind Sie zur Arbeit geboren?
So ganz widerspruchslos kann ich diese Aussage des Reformators nicht stehenlassen,
der Mensch sei zur Arbeit geboren wie der Vogel zum Fliegen. Fällt da nicht anderes
unter den Tisch, was zu unserem Leben unbedingt gehört und es bereichert?
Unter den Tisch fallen auch die vielen Arbeitslosen. Mancher von ihnen hat sogar das
Gefühl, auf den Bauch zu fallen, anstatt zu fliegen.
Natürlich hat Luther auch irgendwie recht. Arbeit gehört zum Leben, ohne Arbeit
kommt man zu nichts. In der Bibel ist davon die Rede. Faulen Menschen wird geraten,
von fleißigen Ameisen zu lernen. Arbeit gibt Brot. Arbeit gibt Sinn. Arbeit kann sogar
Freude machen.
Solche Freude hat damit zu tun, daß Gott die Arbeit segnet. Es soll nicht nur Mühe
und Streß sein. Aber heutzutage hat man den Eindruck, daß Stöhnen zum guten Ton
gehört. Wer nicht über seinen Job jammert, setzt sich anscheinend nicht genug ein.
Wer keinen vollen Terminkalender vorweisen kann, ist faul oder bringt's nicht; sonst
wäre er doch ausgebucht.
Kennen Sie den sarkastischen Spruch: „Mit Arbeit ist es so auf Erden, sie kann sehr
leicht zum Laster werden. Du kennst die Blumen nicht, die duften, du kennst nur
Arbeiten und Schuften. Und hinter dir, da grinst der Tod: kaputtgeackert, du Idiot!"
Ganz schön derb. Und doch nicht realitätsfern. Es ist traurig und verhängnisvoll,
wenn das Leben nur aus Arbeit und Leistung besteht. Denn dann fühlt man sich bald
nur noch wertvoll, wenn man sein Soll erfüllt, wenn das Ergebnis sich sehen lassen
kann. Wir leben in einer solchen Leistungsgesellschaft. Manchmal ist es eine Grat-
wanderung, bei der man schnell in die totale Leistungsorientierung abrutschen kann.
Solange man gesund ist und schaffen kann, geht das. Zwar mühsam, aber immerhin.
Wenn aber jemand ausfällt, weil er seinen Arbeitsplatz verliert, weil er krank oder alt
ist, bricht dieses Kartenhaus zusammen. Der Mensch, der auf Leistung setzte und seinen Wert daran gemessen hat, muß verzweifeln. Er hat ja scheinbar nichts mehr vor-
zuweisen. Er ist mit sich selbst nicht mehr zufrieden, und für die Leistungsgesellschaft
wird er unbrauchbar. Mehr noch, er wird eine Last, er liegt den anderen auf dem Por-
temonnaie.
Darum ist der folgende Satz mehr als nur ein Ausspruch. Er ist ein Kapitel, das man
zu lernen hat und bei dem man selbst gewinnen wird: Arbeit gehört zum Leben, aber
Leben ist mehr als Arbeit.
„Im Schweiße deines Angesichts sollst du dein Brot essen." Diese Ordnung Gottes
galt seit jeher als Fluch. Heute betrachten wir es als Segen, Arbeit zu haben und arbeiten zu dürfen, auch wenn viele über Job und Kollegen, Chef und Gehälter meckern.
Bis sie vielleicht auch auf der Straße stehen. Erst dann denkt mancher um.

2. Arbeitslosigkeit per Definition

Als arbeitslos gilt (im Sinne der statistischen Erfassung und der finanziellen Förderung),
– wer an einem bestimmten Stichtag ohne Arbeit ist,
– wer innerhalb von zwei Wochen verfügbar ist,
– wer Arbeit sucht.

3. Arbeitslosigkeit in Zahlen oder Einzelschicksalen?

Was ich heute dazu schreiben könnte, wäre morgen vielleicht schon überholt. Jeder Europäer erfährt durch die Medien aktuelle Zahlen. Und wir sind uns sicher einig, daß viel zu viele Menschen ohne Arbeit sind. Auch die Angst, selbst einmal auf der „Abschußliste" zu stehen, ist vielen nicht unbekannt.
Statt über eine große Zahl zu erschrecken, ist es besser, mit einem Arbeitslosen Kontakt zu suchen und sich von ihm berichten zu lassen, wie es ihm bis heute ergangen ist.

4. Ursachenforschung

Jeder kann sich denken, daß auch an diesem Punkt – je nach politischem Lager – andere Ursachen genannt werden. Aber sicher ist richtig, daß verschiedene Faktoren ungünstigerweise zusammentreffen:
– Kurze Arbeitszeiten trotz hoher Lohn- und Lohnnebenkosten
– Der Babyboom der 60er Jahre
– Die rasante Entwicklung der Automatisierung
– Die politische und wirtschaftliche Situation in Deutschland Ost und West vor und nach der Wiedervereinigung
– Der zunehmende Strom berufstätiger Frauen auf den Arbeitsmarkt
– Die Singlegesellschaft
– Versäumte Investitionen in den technischen Fortschritt ließen Aufträge ins Ausland fließen
– Niedriger Ausbildungsstand bzw. zu geringe Allgemeinbildung (Schulpolitik).

5. Schöne oder trübe Aussichten?

Kaum ein Aspekt dieser unvollständigen Aufzählung läßt auf schnelle Veränderungen hoffen. Noch sind die Aussichten trübe. Politisches Pokerspiel und Schuldzuweisungen mischen sich mit Wahlversprechen und gescheiterten Konzepten. Eine wirkliche Trendwende am Arbeitsmarkt ist allen Behauptungen zum Trotz noch nicht in Sicht. Das Problem der Arbeitslosigkeit, die Not der einzelnen Betroffenen, wird uns noch viele Jahre beschäftigen, denn es gibt für komplexe Vorgänge in der Gesellschaft keine einfachen Lösungen. Und bis gefundene Lösungen greifen, vergeht noch einmal viel Zeit. Also Vorsicht mit schnellen Versprechungen. Denn auch manche Christen stehen, trotz Glaube und Gebet, auf der Straße.

6. Was fehlt dem Arbeitslosen eigentlich?

Nicht nur ein Job. Wenn es das nur wäre… Abgesehen davon, daß es „den" Arbeitslosen so pauschal nicht gibt, lassen sich doch bei vielen Betroffenen Gemeinsamkeiten feststellen, unterschiedliche Nöte also, die oft nur im verborgenen quälen. Arbeitslose leisten manchmal seelische Schwerstarbeit.

Probleme bereitet z. B.,
- daß die regelmäßigen Einkünfte fehlen oder nicht ausreichen; finanzielle Engpässe führen manchmal zum Ruin.
- daß Arbeitslosengeld oder -hilfe wie Almosen empfunden werden. Die meisten möchten lieber arbeiten und ihr Geld auch wirklich verdienen.
- daß mit der beruflichen Tätigkeit etwas Sinnvolles verlorengegangen ist. Arbeit und Lohn gehören zusammen. Andere sinnvolle Tätigkeiten in Haus und Garten, Hobby oder Gemeinde wiegen das nicht auf, können bestenfalls die Langeweile vertreiben.
- daß mit dem Verlust der qualifizierten und honorierten Tätigkeit auch die Anerkennung in der Gesellschaft und vor sich selbst abnimmt.
- daß mancher Behördengang einem Spießrutenlauf gleicht, bei dem man mehr oder weniger auf die Kulanz der Sachbearbeiter angewiesen ist.
- daß oft keine Aussicht auf Neubeschäftigung besteht. Die Perspektive fehlt.
- daß die Sorgen nachts den Schlaf rauben.
- daß es permanent frustriert, wenn die Hoffnung bei einer Bewerbung wieder durch eine Absage zunichte gemacht wird. Jede Absage nagt am Selbstwertgefühl.
- daß sich der Betroffene mit seinen Gaben und Grenzen nicht richtig einschätzt.
- daß Stellenvermittlung heutzutage eine hohe Flexibilität verlangt. Weite Wege oder Umzüge muß man einkalkulieren.
- daß Arbeitslosigkeit auch heute noch als persönlicher Makel verstanden wird, denn wer auf der Straße steht, kann wohl nicht so gut sein. Oder man bekommt den versteckten Vorwurf, sich nicht aktiv genug um eine neue Stelle zu kümmern.
- daß Selbstvorwürfe quälen: „Hätte ich früher mehr gelernt!" – „Wäre ich in der Firma nicht so kritisch gewesen!" – „Warum habe ich damals die Umschulung nicht genutzt!" …
- daß man einerseits keine Fragen und Kommentare mehr hören kann, andererseits aber doch hofft, daß die Not den anderen nicht gleichgültig ist.
- daß die Arbeitslosigkeit sich auf soziale Kontakte und auch das Familienleben negativ auswirkt.
- daß Gott trotz aller Gebete kein Erfolgserlebnis schenkte.
- daß Arbeitslosigkeit in eine Depression mit allen physischen und psychischen Begleiterscheinungen führen kann.

7. Erwartungsdruck lähmt den Seelsorger

Mancher Christ mag denken, da er ohnehin keinen Job „in der Tasche" habe, könne er einem Arbeitslosen nicht helfen. Das wäre aber aufgrund der zuvor genannten Problemfelder zu kurz gedacht. Tatsache ist, daß kaum jemand direkt eine Stelle zu vermitteln oder zu vergeben hat. Hinzu kommt, wie bei manchen anderen Problemen, die Angst bzw. Unkenntnis, was man dem anderen Trostreiches sagen soll, wenn die

Aussichten doch so schlecht sind. Dieser Erwartungsdruck lähmt. Die Aufgabe der Seelsorge ist es aber nicht, Stellenvermittlung zu betreiben, obwohl das im Einzelfall auch einmal gelingen kann. Stellenvermittlung oder Umschulungsmaßnahmen sind und bleiben eine Angelegenheit zwischen dem Arbeitslosen selbst und den entsprechenden Behörden. Dennoch bleibt in der seelsorgerlichen Begegnung viel zu tun.

8. Die Situation entscheidet über die Hilfe

Die vorherige Aufzählung dessen, was einem Arbeitslosen Probleme bereiten kann, gibt uns den Arbeitsauftrag für die Seelsorge. Gerade bei Langzeitarbeitslosen, also dem großen Anteil der älteren Bewerber, ist Geduld erforderlich.
Hilfreiche Gespräche greifen das auf, was jemand als seine augenblickliche Not anspricht, also etwa
– die Frustration, die sich in der Familie entlädt
– die Anklagen an Gott
– die Langeweile
– die falsche Selbsteinschätzung
– die Hoffnungslosigkeit und Resignation
– die aktuellen Geldsorgen
– das angeschlagene Selbstwertgefühl
– die physisch-psychische Verfassung einschließlich erforderlicher ärztlicher Hilfe
  usw.

Was „dran" ist, werden Sie dem Betroffenen abspüren und durch konkrete Fragen herausfinden. Haben Sie den Mut zu solchen Fragen, damit Sie nicht aneinander vorbeireden.

9. Reflektieren oder Grübeln

In plötzlichen „Auszeiten" bietet es sich an, manchen wichtigen Fragen jetzt auf den Grund zu gehen. Dazu kommt man sonst im Streß nicht oder nimmt sich die Zeit nicht. Oder man hält es nicht für wichtig. Aber jetzt ist die Chance gegeben, zu reflektieren und eventuell Konsequenzen daraus zu ziehen. Auch bei dieser Denkarbeit kann ein anderer Christ hilfreich mitreden und selbst Gewinn davon haben.
– Warum arbeite ich?
– Was erfüllt(e) mein Leben außer der Erwerbstätigkeit?
– Woran messe ich meinen Wert als Mensch?
– Wie werde ich damit fertig, wenn ich merke, daß es im Beruf – bzw. in der Familie oder Gemeinde – auch mal ohne mich geht?
– Wieviel Zeit gönn(t)e ich mir zum Erholen? Was tut mir wohl?
– Müßte ich andere Prioritäten setzen, um nicht in der Tretmühle des Lebens auf der Strecke zu bleiben? Und um über Leistung, Erfolg und Gewinn auch meine Mitmenschen nicht zu vergessen?

Nachdenken ist gut, aber zuviel Grübeln macht einen fertig. Dann kreisen die Gedanken oft nur noch um das eine Problem, und man kann kaum noch abschalten. Mancher Arbeitslose denkt über lange Zeiträume immer wieder über sich und sein Leben nach und kommt nicht weiter. Er ist fixiert auf (s)ein Problem. Ein seelsorgerlicher Gesprächspartner könnte dann helfen, auch anderes wieder in den Blick zu bekommen, was auch schön und wichtig und sinnvoll ist. Bis dahin, daß es wohltuend sein kann, statt zu reden, etwas miteinander zu unternehmen und zu spüren, daß Leben mehr ist als Arbeit und Leistung.

10. Nicht nur Worte, sondern Taten

Meist traut man sich nicht ran, aber es gibt tatsächlich Möglichkeiten, den Worten Jesu (Matth. 25,35 ff.) gerecht zu werden und sich um Bedürftige zu kümmern. Was wir ihnen Gutes tun, haben wir Christus getan. Und hoffentlich auch aus Liebe zu den Menschen selbst?!

Angesichts der großen Zahl von Arbeitslosen und wegen der fehlenden Fachkenntnisse lassen wir uns lähmen und tun oft nichts. Aber ein Tropfen auf den heißen Stein ist doch mehr als nichts. Hilfe für einen Arbeitslosen löst zwar das Gesamtproblem des Arbeitsmarktes nicht, aber es wird ohnehin nur in kleinen Schritten von Mensch zu Mensch zu lösen sein.

- In Rücksprache mit den zuständigen Behörden lassen sich vielleicht ABM-Programme (Arbeitsbeschaffungsmaßnahmen) entwickeln und umsetzen. Zuständig ist das Arbeitsamt.
- Mit dem Sozialamt könnte ein Gespräch über ASS-Stellen geführt werden. „Arbeit statt Sozialhilfe" – hierbei übernimmt das Sozialamt die Kosten der auf ein Jahr befristeten Stellen. ASS ist ein Angebot für Sozialhilfeempfänger, die wir auch am Rand unserer Gemeinden finden werden. Das Sozialamt informiert, welche Tätigkeiten z. B. innerhalb einer christlichen Gemeinde akzeptiert werden.
- Vielleicht bieten sich über das Christliche Arbeitsamt, RMJ, in Kassel Möglichkeiten an, die bisher nicht bekannt waren?
- In Zusammenarbeit mit dem Christlichen Arbeitsamt bietet auch der ERF in Wetzlar Stellenvermittlung über den Rundfunk an.
- Auch Tätigkeiten von der Haushaltshilfe bis zur Gartenpflege können für einen Arbeitslosen eine sinnvolle Beschäftigung darstellen und sogar im Rahmen der gesetzlichen Bestimmungen entlohnt werden.

Rücksprache mit dem Arbeitsamt ist wichtig. Außerdem sollte verhindert werden, daß Arbeitslose als billige oder kostenlose Bedienstete ausgenutzt werden.

Trotzdem lohnt es sich, solche Möglichkeiten durchzusprechen. Denn lieber wenig tun als gar nichts. Mancher Christ, der es gewohnt ist, mit Behörden, Beamten und Blättern umzugehen, könnte gerade hier seine Gaben zum Wohl Bedürftiger einsetzen und so den sozialen Abstieg von Menschen bremsen oder verhindern.

11. Gott schreibt keinen Stundenzettel

Arbeit hin und her, ja oder nein, eines ist klar: Bei Gott steht nicht Leistung an erster Stelle. Auch keine fromme. Ihm kommt es nicht darauf an, wieviel Sie zum Bruttosozialprodukt des Staates beitragen oder wieviele Minuten pro Tag sie für ihn Zeit haben, sondern daß Sie überhaupt eine Beziehung zu ihm haben und Ihr Leben nicht so leben, als wären Sie ein Zufallsprodukt der Natur und es gäbe Gott nicht.

Gott mißt uns nicht an unserer Arbeitsleistung. Er schaut eher, wie wir leben. Und welchen Stellenwert Liebe darin hat. Wirkliche Liebe, also nicht das, was heute vielfach darunter verstanden wird.

Jesus sagt einmal: „Was würde es dem Menschen helfen, wenn er die ganze Welt gewönne, nähme aber Schaden an seiner Seele?" (Matth. 16,26). Was nutzen Arbeitskraft und Hab und Gut, wenn seelisch alles den Bach runter geht? Wenn wir weder gute Beziehungen zu Menschen haben noch mit Gott im reinen sind?

In diesem Sinne spreche ich von Liebe. Liebe zum Nächsten. Liebe auch zu sich selbst. Und Liebe zu Gott. Weil Liebe ein Ausdruck guter Beziehung ist. Wer diese Beziehung zu Gott hat, der kann „zufrieden" leben, weil er in Gott seinen Frieden gefunden hat. Ob mit oder ohne Arbeit.

Vielleicht ist das, was an dieser Stelle so einfach klingt, das schwerste Stück des seelsorgerlichen Umgangs mit einem Arbeitslosen. Aber es ist auch das heilsamste.

Literaturempfehlungen

Arbeitslosenprojekt TuWas, Leitfaden für Arbeitslose, Der Rechtsratgeber
    zum AFG, Band 3
    Fachhochschulverlag, Frankfurt/Main
Landmesser, Martin / Johannes Sczepan (Hrsg.),
    Leben, um zu arbeiten – arbeiten, um zu leben?
    Hänssler-Verlag, Neuhausen
Müller, Harry, Karriere, Kommerz und Kohle
    Hänssler-Verlag, Neuhausen
Roduner, Paul, Arbeitslos – aber nicht würdelos (Tagebuch eines Betroffenen)
    Blaukreuz-Verlag, Bern

Allgemeinere Darstellungen:

Jakob, Barbara und Ben, Schwierige Zeiten überstehen – aber wie?
    FAMILY, Johannis, Lahr
Müller, Harry, Schwierigkeiten sind Möglichkeiten,
    Hänssler-Verlag, Neuhausen

Didaktische Hinweise zu den Arbeitsblättern

Anlage 1: Zitate
Als Einstieg ins Thema oder zu Beginn einer Gruppenarbeit.
Evtl. je Teilnehmer einen Text auswählen lassen, dessen Aussage
ihm in bezug auf das Gesamtthema (!) wichtig erscheint,
und dann darüber ins Gespräch kommen.

Anlage 2: Bibelzeit
Für die intensive Beschäftigung mit den Texten und
Anmerkungen 15–30 Minuten einplanen. Bei größeren Gruppen
einzelne Texte und Fragen zuweisen. Anschließend Austausch.
Arbeitslose können durch die Beschäftigung mit Gottes Wort
im Denken und Fühlen korrigiert werden.

Anlage 3: Problemfelder arbeitsloser Menschen
In der Seelsorgeschulung dient die Übersicht zur Horizonterweiterung, um sich in Arbeitslose hineindenken zu können.

Im Gespräch mit Betroffenen kann Anlage 3 als Kopie vorgelegt
werden, um miteinander herauszuarbeiten, wo außer der reinen
„Jobsuche" der Schuh drückt. Die jeweiligen Antworten sind dann
zugleich der Arbeitsauftrag an den Seelsorger.

Anlage 4: Fragen zum persönlichen Bedenken
Die Fragen sind so abgefaßt, daß sich Menschen mit und ohne
Erwerbstätigkeit darin wiederfinden.

Ein Gedankenaustausch kann sich ebenso anschließen
wie eine stille Gebetszeit als Zwiesprache mit Gott. Aufgrund
der sehr persönlichen Fragen ist eine Gebetsgemeinschaft
mit lauten Gebeten nicht zu empfehlen.

Zitate

Wenn die Arbeit und die Ergebnisse der Arbeit
die letzte Lebenserfüllung sind,
dann wird das Leben verpaßt,
weil Jesus das Leben ist und gibt.

Ein Christ zu sein bedeutet nicht,
von Arbeitslosigkeit verschont zu bleiben.
Aber er hat für Zeit und Ewigkeit
das Leben in Jesus gefunden.
Damit läßt sich das Problem der Arbeitslosigkeit
anders ertragen und angehen
als ohne den lebendigen Herrn.

Ob mit oder ohne Arbeit –
nichts kann uns scheiden von der Liebe Gottes,
die in Jesus Christus ist, unserem Herrn.

Wolfgang Piertzik

„Ich wünsche mir die Gabe, das zu schätzen, was ich habe.“

N.N.

„Es ist besser, Schrittchen zu gehen,
als von großen Sprüngen zu träumen.“

Richard Hasenöder

„Wir brauchen einen Lebenssinn außerhalb unserer Situation,
um überleben zu können.“

Walter Wanner

„Das erste, was Gott gesagt hat, ist, daß er mein Gott sein will. Das ist viel.
Das ist alles. Damit kann ich leben.“

Heinrich Giesen

„Gott liebt uns nicht, weil wir so wertvoll sind;
wir sind wertvoll, weil Gott uns liebt.“

Helmut Thielicke

Bibelzeit

Gegen den Sorgengeist – Für mehr Gottvertrauen

„Sorgt euch nicht um euren Lebensunterhalt, um Essen, Trinken und Kleidung. Leben bedeutet mehr als nur Essen und Trinken, und der Mensch ist mehr als seine Kleidung. Seht euch die Vögel an! Sie säen nichts, sie ernten nichts und sammeln auch keine Vorräte. Euer Vater im Himmel versorgt sie. Meint ihr nicht, daß er sich um euch noch viel mehr kümmert?" Matth. 6, 25 + 26

- Ein spannender Text, kommt doch niemand über die Runden, der sich nicht Gedanken macht und plant. Was ist die besondere Aussage des Textes?
- Lesen Sie dazu in der Bibel die Verse 24 und 27, die wie eine Klammer die obige Aussage umfassen und erklären.

Gegen falsche Prioritäten – Für ewige Werte

„Was gewinnt ein Mensch, selbst wenn ihm die ganze Welt zufällt und er dabei das ewige Leben verliert? Mit nichts auf dieser Welt kann er es wieder erwerben."
Matth. 16,26

- Maßlosigkeit macht blind. Blind für das Wesentliche. Wie gehen wir damit um, daß in unserer Wohlstandsgesellschaft Maßlosigkeit das Zauberwort ist: immer mehr, reicher, schneller, besser...
- Worauf kommt es wirklich an?

Gegen falsche Freunde – Für „göttliche Menschlichkeit"

„Gott hat sich die Schwachen ausgesucht, die aus menschlicher Sicht Einfältigen, um so die Klugen zu beschämen. Gott nahm sich der Schwachen dieser Welt an, um die Starken zu demütigen. Wer von Menschen geringschätzig behandelt, ja verachtet wird, wer bei ihnen nichts zählt, den will Gott für sich haben. Aber alles, worauf Menschen so großen Wert legen, das hat Gott für null und nichtig erklärt. Vor Gott stehen wir alle mit leeren Händen." 1. Kor 1, 27–29

- Es tut weh, wie hochmütige, selbstgefällige Menschen mit anderen umgehen, die nicht ihren Status haben. Betrifft uns das?
- Der Text ruft nicht auf, faul oder dumm zu sein, sondern...

Gegen das Gefühl der Gottverlassenheit – Für Geborgenheit in Gott

„Da bin ich ganz sicher: Weder Tod noch Leben, weder Engel noch Dämonen, weder Gegenwärtiges noch Zukünftiges, noch irgendwelche Gewalten, weder Himmel noch Hölle oder sonst irgend etwas können uns von der Liebe Gottes trennen, die er uns in Jesus Christus, unserem Herrn, bewiesen hat." Röm 8,38 + 39

- „sonst irgend etwas" – damit ist die Aufzählung offen. Auch die Nöte eines Arbeitslosen können ihn an Gott zweifeln lassen. Wie lassen sich die Spuren der Liebe Gottes „trotz allem" entdecken?
- Zählen Sie fünf Gründe auf, für die Sie Gott danken wollen – und wiederholen Sie diese Übung mehrere Tage. Sie werden immer wieder neue Segensspuren entdecken.

Problemfelder arbeitsloser Menschen

- Regelmäßige Einkünfte fehlen oder reichen nicht aus. Finanzielle Engpässe führen manchmal zum Ruin.

- Arbeitslosengeld oder -hilfe werden als Almosen empfunden werden. Man möchte lieber arbeiten und sein Geld auch wirklich verdienen.

- Mit der beruflichen Tätigkeit ging etwas Sinnvolles verloren. Arbeit und Lohn gehören zusammen. Andere sinnvolle Tätigkeiten in Haus und Garten, Hobby oder Gemeinde wiegen das nicht auf, können bestenfalls die Langeweile vertreiben.

- Mit dem Verlust der qualifizierten und honorierten Tätigkeit nimmt auch die Anerkennung in der Gesellschaft und vor sich selbst ab.

- Mancher Behördengang gleicht einem Spießrutenlauf, bei dem man mehr oder weniger auf die Kulanz der Sachbearbeiter angewiesen ist.

- Wenn jegliche Perspektive und Aussicht auf Neubeschäftigung fehlt.

- Sorgen quälen und rauben nachts den Schlaf.

- Es frustriert, wenn die Hoffnung bei einer Bewerbung durch eine Absage zunichte gemacht wird. Jede Absage nagt am Selbstwertgefühl.

- Der Betroffene schätzt sich (seine Gaben und Grenzen) falsch ein.

- Stellenvermittlung verlangt heutzutage eine hohe Flexibilität. Weite Wege oder Umzüge muß man einkalkulieren.

- Arbeitslosigkeit gilt auch heute noch als persönlicher Makel, denn wer „auf der Straße steht", kann wohl nicht so gut sein.

- Vorwürfe, sich nicht aktiv genug um eine neue Stelle zu kümmern.

- Selbstvorwürfe quälen: „Hätte ich früher mehr gelernt!" – „Wäre ich in der Firma nicht so kritisch gewesen!" – „Warum habe ich damals die Umschulung nicht genutzt!" ...

- Man kann keine Fragen und Kommentare mehr hören, andererseits aber hofft man, den anderen nicht gleichgültig zu sein.

- Arbeitslosigkeit wirkt sich negativ auf soziale Kontakte und z. B. das Familienleben aus.

- Die Erfahrung, daß Gott trotz aller Gebete kein Erfolgserlebnis schenkte.

- Arbeitslosigkeit kann in eine Depression mit allen physischen und psychischen Begleiterscheinungen führen.

- ....

- ....

- ....

93

Fragen zum persönlichen Bedenken

- Warum arbeite ich?

- Was erfüllt(e) mein Leben außer der Erwerbstätigkeit?

- Woran messe ich meinen Wert als Mensch?

- Wie werde ich damit fertig, wenn ich merke, daß es im Beruf – bzw. in der Familie oder Gemeinde – auch mal ohne mich geht?

- Wieviel Zeit gönn(t)e ich mir zum Erholen? Was tut mir wohl?

- Müßte ich andere Prioritäten setzen, um nicht in der Tretmühle des Lebens auf der Strecke zu bleiben? Und um über Leistung, Erfolg und Gewinn auch meine Mitmenschen nicht zu vergessen?

Heino Welscher

Alt werden – Loslassen und versöhnt leben

„Wenn ich den ,Bruder' Zobel schon sehe, dann graust es mir. Worüber wird er heute nach dem Gottesdienst wieder meckern? Letztes Mal waren ihm die Lieder zu modern, davor paßte ihm die Auslegung des Pfarrers nicht."

„Frau Oder tut mir eigentlich leid. Sie leidet seelisch unsäglich, ist aber nicht bereit, sich mit ihren Kindern zu versöhnen. Ihr Gerechtigkeitsempfinden steht ihr dabei im Wege. Und genauso lebt sie auch in unserer Gemeinde. Keiner macht es ihr recht. Eine Frau, die bei sich keine Fehler sieht."

Zwei Beispiele von vielen. Menschen, die sich und anderen das Leben schwermachen. Sie brauchen Seelsorge.

Das Interesse am alten Menschen ist in der Öffentlichkeit gegenüber früheren Zeiten angestiegen. Allein schon aus dem Grunde, weil unser Durchschnittsalter in den letzten beiden Generationen um etwa 30 Jahre zugenommen hat – dank der Fortschritte auf medizinischem Gebiet. Eine richtige Wissenschaft vom Alter ist entstanden, die Gerontologie, während die Altersheilkunde Geriatrie genannt wird.

In vielen christlichen Gemeinden machen ältere und alte Menschen einen hohen Prozentsatz aus.

1. Gedanken über das Älterwerden

1.1 Das Alter im allgemeinen

Alt werden gehört zum Leben. Es beginnt bereits im Mutterleib. Physiologisch beginnt der Alterungsprozeß so etwa mit dem 25. Lebensjahr. Der Beginn des Alters in engerem Sinne liegt nach Meinung der Altersforscher bei 60 Jahren. Da beginnt, wie sie sagen, das „Präsenium", das Vor-Alter, und mit 70 beginne demnach das „Senium", das Alter im Vollsinne.

Das Alter genau einzuteilen ist nicht einfach. Man kann zwar am Geburtsdatum ablesen, wie alt ein Mensch nach Jahren, Monaten und Tagen ist, aber mehr auch nicht. Die körperliche Verfassung, die Funktion und der Abbau der Organe spielen ebenfalls eine Rolle. Auch die Erkenntnis, daß man so alt ist, wie man sich fühlt, hat ihre Gültigkeit. Und noch eins kommt hinzu: Wie flexibel ist ein Mensch geblieben? Wie anpassungsfähig ist er? Wie verhält er sich in den Beziehungen um sich herum?

1.2 Das Alter als Zeit der Lebensernte

Jesus Sirach (25,3) betont den engen Zusammenhang zwischen den Lebensaltern, wenn er fragt: „Hast du in der Jugend nicht eingesammelt, wie kannst du da in deinem Alter etwas vorfinden?" Der Apostel Paulus drückt dies im Galaterbrief (6,7) so aus: „Was der Mensch sät, das wird er ernten!" Hier wird deutlich: Im Alter zeigt sich, wie ein Mensch vorher gelebt hat.

1.3   Das Alter hat eine Lupenfunktion

Es zeigt, was eigentlich schon immer vorhanden war, nur in stärkerer Ausprägung. So treten die einzelnen Eigenschaften und Charakterzüge des Menschen oft besonders hervor, und zwar die positiven wie die negativen: Sparsame Menschen können geizig werden, Vorsichtige mißtrauisch, Gewissenhafte pedantisch, leicht Erregbare jähzornig, Eigenwillige starrköpfig, aber auch Freundliche noch liebenswürdiger ...

1.4   Altwerden will rechtzeitig gelernt werden

Der ganze Lebenslauf mit seinen Entscheidungen, Erlebnissen und Enttäuschungen trägt mit dazu bei, wie ein Mensch seine letzten Jahre verbringt. Vieles, was vorher versäumt wurde, läßt sich im Alter nicht mehr nachholen. Der Mensch ist zwar zeitlebens verantwortlich für sein Leben, für sein Verhalten, sein Denken, Reden und vor allem auch für sein Tun (1. Thess 5,23). Jedoch für die Ursache seines Alterns kann er nichts, wohl aber für das Tempo der Abnutzung seiner Reserven und seiner ihm zur Verfügung stehenden Kräfte.

Eine große Aufgabe des Alterns ist das Reifwerden, daß ein Mensch die „Frucht des Geistes" ausstrahlt: „Liebe, Freude, Friede, Geduld, Freundlichkeit, Güte, Treue, Sanftmut, Keuschheit (Zurückhaltung)".

2.   Lasten und Chancen des Alters

2.1   Das Ziel der Seelsorge an alten Menschen

Ein älterer oder alter Mensch soll – soweit es noch geht – ein erfülltes und lebenswertes Alter erfahren. Er soll mit frohem Herzen alt werden und sagen können: „Ich mag mein Alter!" Wer sich selbst annimmt, auch mit den Begrenzungen, die das Alter nun einmal mit sich bringt, der kann alt und lebenssatt werden.

2.2   Körperliche und seelische Nöte im Alter

Das Alter gilt vielen als mühselig und anfechtungsreich, vor allem im Blick auf die leiblichen Beschwerden, die es mit sich bringt und die in diesem Lebensstadium wohl keinem Menschen ganz erspart bleiben. Der Verlust lebenswichtiger Fähigkeiten in höheren Jahren kann genügen, das Gemüt der Altgewordenen zu verdüstern. Schwerer noch als die leiblichen Gebrechen wirken sich manchmal die seelischen Veränderungen aus, die der Mensch im Alter an sich wahrnehmen muß und die es zu bestehen und zu verstehen gilt. Mit der zunehmenden Lebenserwartung steigt auch die Anzahl der Menschen, die im Alter seelisch krank werden. Bei älteren und alten Menschen treten Kombinationen zwischen körperlichen und psychischen Leiden besonders häufig auf. Viele seelische Störungen im Alter sind sogar ausschließlich somatogen bedingt, d. h. durch körperliche Erkrankungen oder Abnutzungserscheinungen.

2.2.1   Körperliche Ursachen

2.2.1.1 Sinnesorgane

Mit der zunehmenden Sehschwäche wachsen aber auch Unsicherheit (z. B. im Straßenverkehr) und Hilflosigkeit.

Bei Hörgerätträgern kann es leicht passieren, daß sie, wenn sich mehrere Menschen in einem Raum unterhalten, nichts mehr richtig mitbekommen und so oft den Eindruck haben, es werde über sie geredet. Viele ziehen sich deswegen auch zurück und leiden darunter.

2.2.1.2 Herz und Kreislaufsystem

„Der Mensch ist so alt wie seine Gefäße!" Sind sie infolge einer Arteriosklerose verengt und daher nicht mehr voll leistungsfähig, so kann es zur Degeneration und Minderversorgung dieser Organe kommen; es kann zu verschiedenen Erkrankungen kommen, die einem dann auch seelisch stark zu schaffen machen.

2.2.1.3 Bewegungsapparat

Abnutzungen am Bewegungsapparat und an der Muskulatur bedingen eine Leistungsverminderung, die vielen Menschen gerade auch seelisch zu schaffen machen, wenn sie sich mit anderen, vor allem mit Jüngeren vergleichen. Man kann nicht mehr so viel leisten und braucht teilweise länger für irgendwelche Tätigkeiten. Dazu können noch vielfältigen Schmerzen kommen, die das Leben schwermachen.

2.2.1.4 Zentralnervensystem

Degenerativen Veränderungen und zunehmende Arteriosklerose der Hirngefäße können zur Folge haben, daß eine Reihe von organischen Ausfällen entstehen – z. B. Blutungen, Lähmungen, Anfälle usw. -, die für den alten Menschen eine sehr schwere körperliche Beeinträchtigung bedeuten, deren seelische Verarbeitung gravierende psychische Störungen mit sich bringen kann. Arterienverkalkungen verursachen aber auch Störungen der Merkfähigkeit und der Gedächtnisfunktion. Es kann sogar zu Verwirrungen kommen.

2.2.1.5 Hormonelle Umstellung

Die hormonelle Umstellung bedingt häufig Verstimmungen, aber auch Depressionen. Durch diese Aufzählung, die längst nicht vollkommen ist, sehen wir, wie häufig doch körperliche Ursachen zu seelischen Problemen werden können.

2.2.2 Andere Ursachen

2.2.2.1 Einsamkeit

Gleichaltrige Freunde und Bekannte, aber auch der Ehepartner sterben. Viele leiden in der Folge eines solchen Einschnitts unter Einsamkeit. Diese kann aber auch andere Ursachen haben.
(S. Kurs 2: „Einsamkeit")

2.2.2.2 Charakterveränderungen

Manche ältere und alte Menschen fallen durch mehr oder weniger starke Charakterveränderungen, die meist in einer Vergröberung und Zuspitzung angestammter Wesenszüge bestehen (s. Punkt 1.3), auf.

2.2.2.3 Sinnfrage

Für viele stellt sich gerade nach der Pensionierung und/oder wenn die Kinder aus dem Hause sind, die Sinnfrage: „Wozu bin ich noch da? Ich kann doch nicht mehr viel leisten." Worin liegt eigentlich der Sinn im Leben, besonders im Alter, wenn man immer weniger kann, wenn so langsam die Beschwerden zunehmen und man vielleicht unter starken Schmerzen leidet?

2.2.2.4 Schuld und Sünde

Man hat im Leben viel falsch gemacht und leidet jetzt im Ruhestand besonders darunter. Da ist unvergebene Schuld (Abtreibung, Ehebruch, Unzucht, Diebstahl, Lüge …), die quält.

2.2.2.5 Angst vor der Zukunft

Wie wird alles weitergehen, wenn ich nicht mehr richtig kann und auf fremde Hilfe angewiesen bin? Muß ich ins Heim? Werde ich einen langen Leidensweg haben? Wie sieht die Zukunft in unserer Welt aus, in unserem Land, in der eigenen Familie? Solche Fragen können verzagt machen.

2.2.2.6 Vergeßlichkeit

Die Vergeßlichkeit gehört mit zu den größten Nöten im Alter (nicht nur bei der Alzheimer Krankheit). Wer vergeßlich ist, empfindet sich oft als Außenseiter, der nicht mehr ganz in der Gesellschaft steht. Man muß Dinge immer wieder neu hören, damit sie sich eventuell noch einprägen.

2.2.2.7 Demütigungen

Manch ein alter Mensch wird (heimlich oder öffentlich) ausgelacht, weil er unbeholfen geworden ist. Und wer im Altenheim ist, muß sich vielleicht wieder wie ein Kind rundherum versorgen lassen.

2.2.2.8 Vertrautes und Neues

Althergebrachtes, Vertrautes ist wohltuend. Neues (neue Lieder, neue Bibelübersetzung, neue Gottesdienstformen) wird von vielen älteren Menschen als etwas Fremdes empfunden. Daher auch manche Kritik an neuen Formen in der christlichen Gemeinde.

2.2.2.9 „Alterstorheiten"

In der Bibel werden Toren beschrieben als Menschen, die den Weg Gottes verlassen bzw. ihre eigenen gehen, ihren eigenen Gedanken und Überzeugungen folgen. Das trifft auch auf Christen zu: Ps 94,8; Spr 8,5; Lk 24,25. Toren sind ungehorsame Menschen, denn sie setzen das, was sie wissen, nicht im Leben um.

Auswahlsweise einige Alterstorheiten:

2.2.2.9.1 Besserwisserei und Rechthaberei

Ein Mensch läßt sich nichts mehr sagen, weder von Jüngeren noch von Gleichaltrigen. Er meint, daß er recht hat und es besser weiß. Die eigene Meinung ist ihm die allein richtige. Auch über Gottes Wort ist er festgelegt, und zwar besonders über Einzelheiten bei den sogenannten Mitteldingen.

2.2.2.9.2 Gesetzlichkeit

Bei der Gesetzlichkeit geht es darum, das Wort Gottes in die Tat umzusetzen ohne den Aspekt der Liebe. Das stößt andere ab. Es hilft nicht. Es erbaut nicht, wie es Paulus in Epheser 4 fordert. Dort stellt er Wahrheit und Liebe nebeneinander.

2.2.2.9.3 Starrsinn

Beim Starrsinn ist das Denken verkrustet und eingerostet. Besonders deutlich wird das in der Auseinandersetzung mit jungen Menschen. Starrsinn – besonders bei Christen – ist oft die Folge von Angst vor Gott. Ein Mensch hat Angst, etwas falsch zu machen, und hat sich darum im Laufe seines Lebens ein festes Gedankengerüst gebaut. Er kann dann Andersdenkende nicht neben sich stehen lassen.

2.2.2.9.4 Vergangenheitsverherrlichung

Alles war früher besser, so wird behauptet. Man hat Angst in der Gegenwart und vor der Zukunft und flüchtet sich in die Erinnerung an alte Tage. Hierbei geht es nicht um die großen Taten Gottes in der Vergangenheit. An die sollen wir uns erinnern, um Hoffung für die Zukunft zu haben. Wenn Gott damals so geholfen hat, dann tut er es auch heute und morgen. Dazu gehört natürlich auch die eigene christliche Tradition. Daran hält man unter allen Umständen fest.

2.2.2.9.5 Unversöhnlichkeit

Eine ganz große Not und wohl auch die größte Torheit, die es überhaupt gibt, ist die Unversöhnlichkeit. Denn wer nicht bereit ist, seinem Widersacher zu vergeben, dem vergibt Gott auch nicht. Durch die Versöhnungstat Gottes in Jesus Christus und durch seine Kraft ist es jedem Christen möglich zu vergeben, wenn er nur will. Wer versöhnt ist, hat den Sohn. Wer unversöhnt ist, hat den Sohn nicht bzw. nimmt die Versöhnungstat nicht in Anspruch. Und: Durch den Sohn Gottes können wir versöhnt leben.

2.2.2.9.6 Alles festhalten wollen

„Das letzte Hemd hat keine Taschen". Man kann nichts an materiellen Dingen mit in die Ewigkeit nehmen, auch nicht in die Hölle. Die Bibel spricht davon, daß man sein Haus bestellen (Jes 38,1) soll, also alles ordnen für den Tag danach. Und das heißt loslassen: Kinder, Besitz usw. Das bleibt einem zwar meistens vorerst noch erhalten, aber man hat sich innerlich gelöst. Nur so ist man auch bereit, in die ewige Heimat zu gehen. Auf der anderen Seite sind Menschen und materielle Güter ein Stück Sicherheit. Wer aber darauf sein Vertrauen und sein Leben aufbaut, zeigt damit sein mangelndes Vertrauen zu Gott.

Hier ist auch das Nicht-zurücktreten-Können zu nennen. Manch einer klebt förmlich an seinem Amt in der Gemeinde, obwohl er es gar nicht mehr richtig ausführen kann.

Solche Torheiten machen das Leben schwer. Sie blockieren die Heiligung und das Miteinander in der christlichen Gemeinde.

Das Alter soll dagegen wie die Jugend sein (5. Mose 33,25), also auch beweglich. Das ist möglich. Es gibt viele alten Christen, die im Alter noch so geistlich und geistig beweglich sind, daß es eine Freude ist, mit ihnen zusammenzusein. Auch junge Menschen, gehen gerne zu solchen Altgewordenen.

3. Seelsorge an älteren und alten Menschen

3.1 Helfen Sie beim Loslassen und Annehmen

Loslassen und Annehmen sind die beiden großen Lektionen, die es im Alter zu lernen gibt (s. auch Kurs 2, „Frühpensionierung"). Das ist sicher keine leichte Aufgabe und benötigt viel Fingerspitzengefühl.

Die **Kinder** sind groß, vielleicht schon aus dem Haus. Sie führen ihr eigenes Leben, in das man sich nicht mehr einzumischen hat, außer man wird gefragt.

Der **Beruf** ist loszulassen. Sicher kann man noch manche ehrenamtliche Arbeit tun. Das ist auch gut so. „Arbeit war sein Leben" – Wenn das das Lebensmotto war, dann wird es furchtbar im Alter, besonders für die Angehörigen.

Es kann sein, daß man **Ämter in der Gemeinde** in jüngere Hände legen sollte.

Denken Sie daran: Ein älterer Mensch soll Dinge loslassen, die ihm früher viel bedeutet haben. Hier können Sie nicht an die Vernunft appellieren. Hier geht es um mehr, um ein Stück Lebensqualität, Bestätigung, Wert. Es ist gut, wenn Sie gleichzeitig gemeinsam über Alternativen nachdenken können. Was sollte abgeben werden? Was kann neu begonnen werden? Gibt es andere Aufgaben?

Dazu gehört auch: Den Lebensabschnitt annehmen und bejahen. Das ist nicht immer einfach, denn es gilt ein Ja zu finden auch zu Einschränkungen (körperlich z. B. durch Erkrankungen, Verschleiß), wenn das Leben immer enger wird. Aber zu diesem Lebensabschnitt gehört auch, daß man Neues anfängt, aktiv andere Aufgaben übernimmt.

3.2 Helfen Sie, zur Versöhnung zu finden

3.2.1 Versöhnung mit Gott

Alte Schuld taucht plötzlich wie aus heiterem Himmel auf (Abtreibung, Ehebruch, Unzucht, Diebstahl, Lüge...). Sie war Jahre verdrängt und anscheinend in Vergessenheit geraten. Aber nun ist sie da. Es kann sein, daß ein alter Mensch jetzt beichten will, weil er allein damit nicht mehr zurechtkommt. Es gibt dann zwei Möglichkeiten: Entweder Sie vermitteln zu einem Pfarrer (Pastor, Prediger), oder Sie nehmen selber die Beichte ab, wenn man Ihnen das Vertrauen entgegenbringt. Denken Sie an die absolute Schweigepflicht! Auf die aufrichtige Beichte hin dürfen Sie im Namen Gottes die Vergebung (Absolution) zusprechen. (S. auch Kurs 1, „Aus der Vergebung leben")

3.2.2 Versöhnung mit dem eigenen Leben

Manch einer ist auch unversöhnt mit seinem Lebensschicksal. Er ist mürrisch und verbittert. Da haben Sie keine leichte Aufgabe. Bauen Sie zunächst einmal Vertrauen auf. Das kann gelingen, wenn Sie sich regelmäßig um den anderen kümmern. Dann können Sie auch zusammen sein Leben betrachten und die positiven Dinge festmachen, so daß im Laufe der Begleitung ein Wandel in der Sicht der Dinge entsteht. Hier kann auch eine Therapie angezeigt sein, wenn die Persönlichkeitsstörungen zu groß sind. Da sollten Sie unbedingt an einen Fachmann weitervermitteln. (S. auch Kurs 1, „Aus der eigenen Biographie lernen")

3.2.3 Versöhnung mit den Mitmenschen

Unversöhnlichkeit z.B. mit den Kindern oder mit Glaubensgeschwistern in der Gemeinde kommen relativ häufig vor. Meistens geht es hierbei um Einstellungsfragen. Die Kinder sind z.B. nicht genauso geraten, wie man es gerne hätte (dabei können es durchaus prächtige Menschen geworden sein). Mit anderen Christen liegt man im Clinch über Fragen der Bibelauslegung. Unversöhnlichkeit hat häufig mit Lieblosigkeit zu tun. Ein Gespräch über diese Themen kann bei dem anderen einen wunden Punkt treffen. Hier sollten Sie behutsam vorgehen. Der Panzer des Herzens läßt sich oft nur allmählich aufweichen. An entscheidender Stelle während der Begleitung muß dann aber auch deutlich gesagt werden, daß man unversöhnt nicht vor den Richterstuhl Gottes (2. Kor 5,10; Mt 6,14–15) treten sollte. Jesus macht deutlich, daß wenn wir nicht vergeben, Gott uns auch nicht vergibt.
Es kann sein, daß ein älterer Mensch noch kein Testament gemacht hat. Dann sollten Sie ihn dazu ermutigen. Das gehört mit zur Verantwortung eines Menschen, sein Haus zu bestellen (Jes 38,1). Informationen dazu bekommen Sie beim Bundesjustizministerium, oder sprechen Sie mit einem Notar.

3.3 Helfen Sie auf dem Weg zur Vollendung

Hier geht es darum, daß ein reifer Mensch die Frucht des Geistes ausstrahlt: Liebe, Freude, Friede, Geduld, Freundlichkeit, Güte, Treue, Sanftmut, Keuschheit (Zurückhaltung). Das kann man aber menschlich, auch seelsorgerlich nicht machen. Sie können gemeinsam überlegen, wo es hapern könnte, wo ein Mensch Buße tun, wo er erneuert werden muß. Dieser Bereich sollte wie kein anderer vom Gebet umrahmt werden. Eine Hilfe kann hier die Konkordanz, das Stichwortverzeichnis zur Bibel, sein. Lesen Sie zu den einzelnen Begriffen die dazugehörenden Bibelverse – auch im Zusammenhang –, dann finden Sie gemeinsam Antworten. So können Sie auch bei den „Alterstorheiten" vorgehen.

3.4 Helfen Sie, gesund und aktiv zu bleiben

3.4.1 Körperlicher Bereich

Im Alter zeigt sich, wie ein Mensch mit seiner Gesundheit umgegangen ist. Darum ist ein gesundheitsbewußtes Verhalten eine Voraussetzung für ein lebenswertes Alter. Regelmäßige ärztliche Untersuchungen sind deshalb zu empfehlen.

Zu einem gesundheitsbewußten Verhalten gehören:

– eine ausgewogene Ernährung

– eine ausreichende Bewegung

– Körperpflege

Wenn Sie den Eindruck haben, darüber in der Seelsorge reden zu müssen, weil etwas im argen liegt, dann versuchen Sie behutsam über diese Dinge zu sprechen. Gerade in diesem Bereich kann ein Mensch sehr empfindlich sein. Überlegen Sie gemeinsam Hilfen. Die einzelnen Krankenkassen bieten hier auch gutes Material an.

3.4.2 Sozialer Bereich

Die Vereinsamung ist eine Feindin im Leben, eine ‚Krankheit‘, die alles Glück vernichtet und einen von allem entfremdet, was das Leben lebenswert macht. Darum: **Je mehr Gemeinschaft man pflegt, desto glücklicher verläuft der Weg am Abend des Lebens.** Die Fähigkeit, Kontakte und Beziehungen zu schaffen, ist erlernbar, und zwar durch Hingabe an den anderen Menschen: ihm aktiv zuhören, auf ihn und seine Anliegen eingehen, ihm helfen, ihn einladen … Die persönliche Einstellung und das Verhalten gegenüber dem anderen entscheiden darüber, ob eine Beziehung zustande kommt oder nicht (Mt 7,12). Falls der andere Kontaktschwierigkeiten hat, sollten Sie mit ihm zusammen versuchen, Beziehungen aufzubauen. Da können Sie vermitteln oder auch anfänglich zusammenführen. Beten Sie zunächst einmal um andere Menschen und auch um die Kraft, daß der andere auf sie zugehen kann. Dann sollte er aber auch auf den anderen zugehen. Vielleicht gibt es ja Besuchsdienste in der Gemeinde (für kranke und alte Menschen), an denen sich der Betreffende beteiligen kann. Ermutigen Sie ihn dazu.

3.4.3 Seelischer Bereich

Hier geht es um unser Gefühl, um unser Empfinden. Wir stärken diesen Bereich unserer Persönlichkeit etwa, indem wir gemeinsam feiern, uns entspannen (z. B. durch Musik), tun, wozu wir Freude haben (z. B. Hobbys), uns etwas gönnen, uns ganz bewußt an der Natur, der Schöpfung Gottes, erfreuen, anderen eine Freude bereiten; vor allem sollte man auch eine Aufgabe haben, die einen erfüllt (am besten eine zum Wohl der Gemeinschaft: in der Familie, im Verein, in der Gemeinde usw.). Überlegen Sie gemeinsam, wo der Betreffende Gaben hat und wo seine Aufgabe(n) liegen könnte(n). Ein paar Beispiele:

– Auf Kinder aufpassen, deren Eltern arbeiten oder sich in der Gemeinde engagieren. Also als Leihoma oder -opa einfach dasein. Das kann auch und gerade eine Aufgabe sein für Menschen, die selber keine Kinder oder Enkelkinder haben. Im einzelnen könnte es sich handeln um: Hausaufgaben beaufsichtigen, Spielsachen reparieren u. a.
– Bibliothek in der Gemeinde aufbauen
– ...

3.4.4 Geistiger Bereich

Der Mensch muß sein Leben lang lernen (Horizonterweiterung), wenn er im Alter noch Neues entwickeln will. Lernen kann neue Aktivitäten auslösen, alte festgefahrene Einsichten und überholte Erfahrungen ändern helfen. Wer auch im Alter noch Neues lernt, verfällt nicht so schnell – wenn überhaupt – dem Altersstarrsinn (Psychosklerose = Verhärtung der Seele und des Geistes). Helfen Sie dem anderen, geistig rege zu bleiben. Ermutigen Sie ihn, sich weiterzubilden durch anspruchsvolle Literatur (nicht nur theologische Bücher), durch Auswendiglernen (Gedichte, Lieder, Gebete, Bibelverse), durch Ausarbeitungen (z. B. Vorbereitung einer Bibelarbeit, Arbeiten mit der Konkordanz zu bestimmten Themen), durch Teilnahme an Volkshochschulkursen, durch Kreuzworträtsel, durch Teilnahme an den Tagesereignissen (Nachrichten, Tageszeitung...), die dann auch genügend Anliegen für ein reiches Gebetsleben liefern o. a.

3.4.5 Geistlicher Bereich

Voraussetzung für ein erfülltes Leben und Altern ist, daß man mit Gott im reinen ist (Vergebung der Schuld) und sein Leben mit ihm, unter seiner Führung und Fürsorge lebt (Nachfolge). Daraus folgen dann auch Heilsgewißheit (allein an Gottes Wort gebunden und nicht an ein Gefühl), Geborgenheit und Freude in Gott und Hoffnung über das Sterben hinaus. Zur Seelsorge an älteren und alten Menschen kann gehören, daß Sie mit ihnen zusammen in der Bibel lesen und beten, vor allem dann, wenn ein Mensch aus Alters- und Krankheitsgründen nicht mehr am Gottesdienst der Gemeinde teilnehmen kann. Kassetten vom Gottesdienst sind ein gutes Hilfsmittel, aber die gemeinsame Bibelarbeit ist besser. Es stärkt den Gemeinschaftsgedanken und nimmt ein Stück Einsamkeit.
Über das gemeinsame Bibellesen können Sie vielleicht auch solchen Menschen besser helfen, die unter „Alterstorheiten" leiden. Beten Sie vorher darum, daß Gottes Geist die Herzen öffnet. Wählen Sie Texte aus, ohne daß der andere sich dadurch unter Druck gesetzt fühlt. Am besten Bibeltexte, in denen es um Hingabe, Nachfolge, Liebe und Jüngerschaft geht.

Bei älteren und alten Menschen liegt ein Schwerpunkt der seelsorgerlichen Begleitung in der Ermutigung. Machen Sie immer wieder Hoffnung. Auch hier hilft die Konkordanz.

4. Fehler im Umgang mit alten Menschen

4.1 Versuchen Sie nicht mehr, den anderen zu erziehen

Zur Würde des alten Menschen gehört, daß er nicht mehr erzogen werden muß, auch wenn er sich manchmal wie ein Kind benimmt. Erinnern Sie! Ermutigen Sie! Aber „befehlen" Sie nicht!

4.2 Keine plumpen Vertraulichkeiten

Einem älteren oder alten Menschen gilt Respekt. „Na, Opa, wie geht's?" – so geht es nicht. Wenn man nicht innerhalb der Gemeinde per du ist, dann sollte man den anderen auch mit Herr oder Frau Sowieso ansprechen, wenn Titel vorhanden sind, diese auch nennen: Herr Professor, Frau Doktor.

5. Der seelsorgerliche Besuch

5.1 Regelmäßigkeit

Regelmäßigkeit (wenn es sich nicht um besondere, einmalige Gespräche handelt) ist wie eine Stütze im Leben, gerade bei Menschen, die auch so erzogen worden sind. Regelmäßigkeit verstärkt das Vertrauen.

5.2 Besuchsdauer

Das ist unterschiedlich. Von 10 Minuten bei Schwerkranken bis maximal 1 Stunde. Bei guten Bekannten und Freunden kann es auch länger sein. Aber allgemein gilt: Immer nur so lange, wie der andere will oder kann.

5.3 Vertraute Worte

Wenn Sie bei den Besuchen Gottes Wort weitergeben, wählen Sie eine Bibelübersetzung, die dem anderen geläufig ist, ebenso bekannte Lieder. Suchen Sie Worte und Verse aus, die Hoffnung vermitteln.

5.4 Die Seelsorge vorher

Dazu gehört das Gebet um den Segen Gottes und eine gute Begegnung.

5.5 Die Seelsorge danach

Sie können das Gespräch in Gedanken noch einmal durchgehen und den Betreffenden noch einmal vor Gott bringen und ihm anbefehlen. Wenn Sie meinen, Fehler gemacht zu haben, können Sie das im Gebet und auch durch ein Telefonat wieder in Ordnung bringen.

5.6 Die Seelsorge der „leisen Töne"

Der Ton macht die Musik. „Leise" Töne sind gefragt, d. h. nie fordernd sein oder bedrängend, sondern erinnernd und ermutigend. Gerade die Seelsorge an alten Menschen sollte geprägt sein von „barmherzigem, gnädigem, geduldigem und gütigem" Verhalten (nach Ps 103,8).

Literaturempfehlungen

Horie, Michiaki und Hildegard, Leben, das vor uns liegt
    R. Brockhaus-Verlag, Wuppertal
Scherer, Kurt, Wenn's hoch kommt, so sind's 80 Jahre
    Hänssler-Verlag, Neuhausen
Schnetter / Eckstein / Johns, Praxisbuch Seniorenarbeit 1
    Hänssler-Verlag, Neuhausen
Schnetter, Oskar, Praxisbuch Seniorenarbeit 2
    Hänssler-Verlag, Neuhausen
Aus der Hänssler-Senioren-Edition:
    Schober, Theodor, Jahre der Reife
    Schnetter, Oskar, Start in den Ruhestand
    Haarhaus, Friedrich, Aktivierende Altenhilfe
    Haarhaus, Friedrich, Was geschieht beim Älterwerden?
    Haarhaus, Friedrich, Meine Zeit in Gottes Händen
    Hänssler-Verlag, Neuhausen

Didaktische Hinweise zu den Arbeitsblättern

Anlage 1: Persönliche Fragen zum Nachdenken
Vorschlag: 10 Minuten Zeit zum persönlichen Bedenken, danach evtl. Austausch in der Gruppe.

Anlage 2: Bibelzeit
Zur Einstimmung ins Thema ebenso einsetzbar wie anschließend zur Vertiefung. Geben Sie genügend Zeit, wenn / damit die Teilnehmer die Brücke vom Text in ihr Leben schlagen.

Anlage 3: Loslassen und neu beginnen
Lenken Sie das Gespräch auf Erfahrungen der Teilnehmer und ermutigen Sie, möglichst konkret zu reden.

Anlage 4: Versöhnung
Anhand der Fragen können Sie für sich, aber auch mit dem Seelsorgesuchenden überlegen, in welchen Bereichen Versöhnung noch geschehen muß. Denken Sie dann auch über Hilfen nach.

Anlage 5: Die größte Kunst
Dieses Gedicht können Sie mit dem Seelsorgesuchenden gemeinsam durchgehen.

Persönliche Fragen zum Nachdenken:

Was verbinden Sie spontan mit Alter und alten Menschen?

....

....

....

....

....

....

....

....

Wie wünschen Sie sich alte Menschen?

....

....

....

....

....

....

....

....

Wie möchten Sie im Alter selbst sein?

....

....

....

....

....

....

....

....

Bibelzeit:

„alt und lebenssatt":
1. Mose 25,8; 1. Mose 35,29; 1. Chr 23,1; 2. Chr 24,15; Hiob 42,17

....

....

Das Alter – ein Segen Gottes:
5. Mose 30,20

....

....

Das Alter – geprägt von Ehre und Autorität:
3. Mose 19,32; Tit 2,2; Tit 2,3

....

....

Das Alter – die Zeit der Anfechtung und Last:
„böse Tage" – Pred 12,1ff.
„Mühe" – Ps 90,10
„schwach" und „sündig" – Ps 71,9

....

....

Das Alter – unter der besonderen Fürsorge Gottes:
Jes 46,4

....

....

Das Alter – Spannung zwischen Abbau und Erstrebenswertem:
Pred 12,1ff.; Ps 92,13–16

....

....

Das Alter – es sei wie die Jugend
5. Mose 32,25

....

....

Loslassen und neu beginnen:

Was muß/sollte man im Alter loslassen?

- Kinder

- Beruf

- Ämter

- Gesundheit

- ....

- ....

- ....

- ....

- ....

- ....

Was kann man neu anfangen?

- Hobby

- ehrenamtliche Aufgabe

- Memoiren schreiben

- ....

- ....

- ....

- ....

- ....

- ....

Versöhnung:

1. Versöhnung mit Gott:
Was steht zwischen Gott und mir?

....

....

....

2. Versöhnung mit sich selbst:
Kann ich mich annehmen?
Hadere ich mit meinem „Schicksal"?

....

....

....

3. Versöhnung mit den Mitmenschen:
Mit wem bin ich nicht versöhnt?

....

....

....

Auf wen sollte ich zugehen?

....

....

....

Hilfen:
Was müßte ich tun, um Versöhnung zu erlangen?

1. mit Gott:

....

....

....

2. mit mir selbst:

....

....

....

3. mit meinen Mitmenschen:

....

....

....

Die größte Kunst

Was ist die größte Kunst auf Erden?
Mit frohem Herzen alt zu werden!
Zu ruhen, wo man schaffen möchte,
zu schweigen, wenn man ist im Rechte,
und neidlos andere zu sehn,
die rüstig Gottes Wege gehn,
und sich in Demut machen klar,
daß, wo man sonst gern hilfreich war,
uns nun die Schwachheit überkommen,
wir nichts mehr sind zu andrer Frommen,
und dabei still und freundlich doch
zu gehn im gottgesandten Joch!

Was kann uns diesen Frieden geben?
Wenn wir des festen Glaubens leben,
daß solche Last, von Gott gesandt,
uns bilden soll fürs Heimatland,
ein letzter Schliff fürs alte Herz,
zu lösen uns von allem Schmerz
und von den Banden dieser Welt,
die uns so fest umfangen hält.

Die Kunst lernt keiner völlig aus.
Drum gibt's noch manchen harten Strauß
in alten Tagen durchzukämpfen,
bis wir des Herzens Unruh dämpfen
und willig uns ergeben drein,
in stiller Demut nichts zu sein.

Dann hat uns Gott nach Gnadenart
die schönste Arbeit aufgespart:
Kannst du nicht regen mehr die Hände,
kannst du sie falten ohne Ende,
herbeiziehn lauter Himmelssegen
auf all die Deinen allerwegen.

Und ist die Arbeit auch getan,
und naht die letzte Stund' heran,
von oben eine Stimme spricht:
Komm, du bist mein, ich laß dich nicht!

(Quelle nicht ermittelbar)

Heino Welscher

Sterbebegleitung – Einfach nahe sein

„Christen leben aus dem Glauben heraus, daß Jesus nicht tot ist, sondern lebt. In der Auferstehung des Gekreuzigten hat sich Gott als derjenige offenbart, der das Leben will, ‚ewiges Leben‘, eine neue Qualität des Lebens. Diese schließt Leid nicht aus, sondern gerade ein. Menschen, bei denen dieses neue Leben begonnen hat, kümmern sich, machen sich Kummer um andere. Auch wenn sie auf das Sterben ängstlich warten, brauchen sie vor dem Tod und den Todesmächten keine Angst zu haben. Über die Gemeinde, in der Christus lebt, hat der Tod keine Macht.“
(Ako Haarbeck)

Sterbebegleitung ist Lebensbegleitung – Sterbehilfe ist Lebenshilfe
Der Sterbeprozeß eines Menschen gehört genauso zum Leben wie der Geburtsvorgang. Der Seelsorger, der seelsorgerlich Begleitende, hat nicht nur den engen Bereich des Sterbevorgangs zu sehen. Er hat diesen Vorgang in den Gesamtzusammenhang des Lebens des alten Menschen zu stellen. Sinnvolle Seelsorge und Begleitung setzt darum menschliches Einfühlungsvermögen und die Bereitschaft zum Hören und Begleiten voraus. Begleiten meint hier, ein Stück des Weges, den letzten, mitzugehen, also nicht nur **ein** Gespräch zu führen oder **einen** Besuch zu machen. Der Seelsorger muß – besonders bei Sterbenden – zuhören können. Ein großer Vorteil ist, wenn man den Menschen auch schon vorher seelsorgerlich begleitet hat. Dann ist eine gute Vertrauensbasis gegeben, vor allem, wenn es dann durch die fünf Phasen des Sterbens geht.
Bei der Begleitung von Sterbenden ist immer auch die eigene Einstellung zum Sterben, zum Tod, zum ewigen Leben gefragt. Darüber muß ich mir im klaren sein. Für den Sterbenden ist es wichtig, was ich in diesem Zusammenhang glaube. Das gelebte Zeugnis ist oft stärker als das menschliche Wort.

1. Begriffsklärungen

Wir wissen nicht, was der Tod ist. Keiner hat ihn je gesehen, der wiedergekommen wäre und uns einen Bericht darüber hinterlassen hätte. Zwar sind der junge Mann von Nain, die Tochter des Jairus und Lazarus von Jesus auferweckt worden sowie verschiedene Gläubige nach seinem Tod am Kreuz aus dem Tod auferstanden und haben ihr Erdenleben weitergeführt. Doch wissen wir nichts über ihr Erleben bei und nach dem Sterben. Wir wissen nicht, was die Ewigkeit ist. Keiner, der in dieser Zeit lebt, kann sich vorstellen, wie das ist, wenn es keine meßbare Zeit mehr gibt. Bei der Suche nach einer Antwort steht für Christen eine Grundvoraussetzung ihres Glaubens von vornherein fest: daß für alle Fragen des Lebens und des Sterbens nur die Heilige Schrift die gültige Antwort gibt.

1.1 Sterben

Die Regel ist: Jeder Mensch muß einmal sterben (Ausnahme: Henoch, Elia, Christen bei der Entrückung). Das gilt für Christen wie für Nichtchristen. Das Sterben ist auf der einen Seite das Ende unserer kreatürlichen Existenz hier auf der Erde, auf der anderen Seite aber nicht der Schlußpunkt des Lebens, sondern ein Durchgangsstadium. Wer an Jesus Christus glaubt, für den ist das Sterben der Weg in die sichtbare Gemeinschaft mit Gott und Jesus Christus. Er kommt vom Glauben zum Schauen. Sterben heißt, sich in die Hände Gottes fallenzulassen.

1.2 Tod

Tod ist eigentlich ein theologischer Begriff. Von der Bibel her bedeutet der Tod die Trennung von Gott. Im Alten Testament der Bibel ist der Tod Gottes Strafgericht (1. Mose 2,17; Ps 90,7); er bringt Schrecken und Bitterkeit mit sich (Ps 55,5; 2. Kön 20; Jona 2) und bewirkt die Trennung von Gott (Ps 6,6). Aber auch schon im Alten Testament erfüllt die Gläubigen Hoffnung auf Gott angesichts der Unausweichlichkeit des Todes (Dan 12,2). Im Neuen Testament der Bibel ist der Tod der letzte Feind (1. Kor 15,26), der Sünde Sold (Röm 6,23), Gericht (Hebr 9,27; 2. Kor 5,10) und ebenfalls Trennung von Gott (Offb 19,20; 20,10; 21,8). Wer an Jesus Christus glaubt, der braucht sich vor dem Tod nicht zu fürchten, denn „wer den Sohn hat, der hat das Leben" und wird den Tod, die ewige Trennung von Gott, nicht sehen und erleben.

1.3 Auferstehung

Wer an Jesus Christus glaubt, ist zur Auferstehung berufen (Joh 11,25; Röm 8,11; 1.Kor 15). Jesu Auferstehung ist der Anfang und der Grund der Auferstehung der Toten.

1.4 Ewiges Leben

Nach dem Sterben gibt es zwei Möglichkeiten im Blick auf das weitere Geschick des Menschen. Die an Jesus Christus Glaubenden werden in die Herrlichkeit Gottes (Lk 23,43; Offb 6,9) eingehen. Auf die nicht an Jesus Glaubenden wartet der zweite Tod (Offb 21,8; Lk 16,19-31). Also Gemeinschaft mit Gott oder Trennung von Gott, „Himmel" oder „Hölle".

Machen Sie sich über diese vier Begriffe umfassend Gedanken. Dazu eignet sich besonders die Konkordanz, das Stichwortverzeichnis zur Bibel. Da können Sie alle Begriffe nachschlagen und darüber in Ruhe nachdenken.

2. Seelsorgerliche Begleitung in den Phasen des Sterbens

Wer Schwerkranke und Sterbende seelsorgerlich begleiten will, der braucht Zeit, äußere und innere Ruhe. Die Mitte aller Seelsorge am Kranken- und Sterbebett ist es, zu bezeugen: „Jesus ist da!" Es wird noch mehr zu sagen, zu trösten, zu beten sein als nur dieser eine Satz, aber bis ganz zuletzt dreht sich alles um diesen kleinen Satz, der die Mitte ist.

In der Seelsorge geht es bis zum letzten Atemzug des Sterbenden auch um folgendes: „Laßt euch versöhnen mit Gott!" (2. Kor 5,20). Am Sterbebett haben wir den „Vater der Barmherzigkeit und Gott alles Trostes" (2. Kor 1,3) in Liebe und Ernst zu bezeugen.

2.1 Phasen auf dem Weg des Sterbens und konkrete Hilfen

Der Weg des Sterbens kann unterschiedlich aussehen. Er kann vom friedlichen Einschlafen bis zu starken und schmerzhaften Kämpfen verlaufen. Das gilt auch für Christen. Sterbeforscher haben fünf Phasen festgestellt, die ein Sterbender, bewußt oder unbewußt, mehr oder weniger durchläuft. Die einzelnen Sterbephasen können unterschiedlich lang sein. Es kann aber auch die eine oder andere Phase einmal ausfallen bzw. sehr schnell abgeschlossen sein. Die seelsorgerliche Begleitung muß darum immer der jeweiligen Phase angepaßt sein. Dafür bekommen Sie im Laufe der Zeit ein feines Gespür. Haben Sie aber am Anfang bei den ersten Begleitungen keine Angst. Manch einer begleitet einen anderen nicht, aus Angst, etwas falsch zu machen. Das wäre allerdings der größte Fehler.

2.1.1 *Phase 1: „Das betrifft mich nicht!"*

Ein Mensch will nicht wahrhaben, daß er im Sterben liegt. Die (Schein-)Hoffnung überwiegt. Er macht sich etwas vor: „Es wird schon wieder." Er sucht alle Symptome, die dafür sprechen, daß es ihn selbst nicht betrifft.

In dieser Phase ist es sehr schwer, mit dem anderen zu sprechen. Er ist in der Regel nicht bereit, über das Sterben zu reden. Stille Seelsorge ist hier gefragt. Gebet und einfach dasein. Führen Sie normale Gespräche auch über den Alltag, aber ohne ihn in eine falsche Hoffnung zu versetzen. Der andere darf sich ruhig zunächst einmal gegen das Sterben wehren. Er ist ja irgendwie jetzt mit dem Sterben konfrontiert. Das will er aber zunächst einmal nicht wahrhaben. Versuchen Sie nicht, ihm seine Meinung auszureden. Seien Sie ihm jetzt einfach nur Bruder der Schwester. Wenn Sie die einzelnen Phasen kennen, dann wissen Sie, daß es noch zu einem Gespräch und zur Hilfe kommen kann. Denken Sie jetzt auch an die drei Freunde Hiobs, die einfach nur dasaßen und nichts sagten. Und es besteht ja auch immer noch die Möglichkeit, daß es „falscher Alarm" ist. Auch Wunder sind noch möglich. Also ein Besuch in dieser Phase gleicht noch einem allgemeinen seelsorgerlichen Gespräch.

2.1.2 *Phase 2: „Warum ich?"*

Jetzt rebelliert der Mensch. Er lehnt sich auf gegen sein Schicksal, gegen Gott. Die Hoffnung weicht, Verzweiflung kommt. Dazwischen die Rebellion, der Aufstand gegen den Tod. Vorwürfe – auch gegen Gott – tauchen auf. „Habe ich nicht immer…?" „Wie kannst du nur, ich werde doch noch gebraucht!" „Wenn es dich gibt, Gott, dann müßtest du mir doch helfen." „Wo ist deine Liebe jetzt?"

Der Betroffene merkt: Es wird mit ihm nicht mehr besser. Die Rebellion nimmt zu, weil der Mensch leben will. Er klagt, ja er klagt gegen Gott. Lassen Sie das zu. So wie Jeremia in den Klageliedern, so darf auch der Sterbende Gott klagen. Gott versteht das schon richtig, da brauchen wir keine Angst zu haben. Klagen ist ein erster Schritt der Verarbeitung. Bringen Sie die Klagen gemeinsam im Gebet vor Gott. Stellen Sie sich mit unter diese Last. Vielleicht können Sie die einzelnen Klagen aufschreiben, um später noch einmal darüber nachzudenken, etwa in der 4. und 5. Phase. In dieser Phase taucht auch immer wieder die Frage auf: „Straft mich Gott jetzt damit?" Natürlich ist das Sterben grundsätzlich Strafe für Sünde, aber nicht unbedingt jetzt für eine besondere im Leben des Betroffenen. Vergewissern Sie ihm, daß alle Strafe auf Jesus liegt (Jes 53,5). Kein Christ wird mehr bestraft, wohl aber erzogen. Natürlich kann eine

Krankheit und das darauf folgende Sterben auch die Folge eines unsoliden Lebenswandels sein. Aber jeder bekommt die Vergebung, der Gott darum bittet, auch wenn die Krankheit danach nicht behoben ist. Machen Sie Mut, von der Vergebung her zu denken.

2.1.3 Phase 3: „Vielleicht kann ich es noch abwenden"

Dann beginnt das Verhandeln mit Gott. „Wenn ich . . ., könntest du mir dann nicht helfen und noch einige Jahre zulegen, wie bei Hiskia? Ich will auch nicht mehr sündigen. Ich will alles beichten. Ich will mein Leben verändern und dir immer treu sein: Gib mir noch einen Auftrag." In dieser Phase wird auch mancher Nichtchrist „fromm".
Von der Klage gegen Gott ist es jetzt zum Verhandeln mit ihm gekommen. In dieser Phase können folgende Dinge passieren: Einmal, daß ein Mensch beichten will, weil er glaubt, wenn er mit Gott wieder ganz im reinen sei, müsse Gott ihn doch heilen oder zumindest sein Leben verlängern. Wenn er beichten will, nehmen Sie ihm ruhig die Beichte ab. Machen Sie ihm aber keine falschen Hoffnungen, was die Heilung anbetrifft. Gott kann heilen oder den Tod hinausschieben, wie es ja auch bei Hiskia (Jes 38) der Fall war.
In diesem Zusammenhang kann es auch häufig zu Gelübden kommen. Man verspricht Gott viel, weil man sich davon Heilung verspricht. Manche Gelübde sind aber völlig überzogen („Ich will auch nicht mehr sündigen" etc.). Wenn der Betreffende Ihnen von dem Gelübde erzählt oder es in Ihrer Gegenwart ablegen möchte, dann sprechen Sie erst zusammen darüber. Prüfen Sie, ob ein solches Gelübde nach menschlichem Ermessen auch haltbar ist.

2.1.4 Phase 4: „Was bedeutet es für mich?"

Der Mensch sieht ein, daß es doch dem Ende entgegengeht. Jetzt gilt es, sein „Schicksal" zu verarbeiten. Abschiednehmen, die letzten Dinge ordnen etc., das bestimmt fortan das Leben und ist die letzte große Aufgabe.
Jetzt ist der Mensch soweit, daß er sich mit der Realität auseinandersetzt und versucht, sein Schicksal zu verarbeiten. Das ist die Phase der Scheidungen und Entscheidungen. Jetzt steckt er mittendrin in der letzten Krise. Jetzt sind Sie als Begleiter besonders gefragt. In dieser Phase kann es tiefe und umfangreiche Gespräche geben. Es wird u.a. um folgende Inhalten gehen können:
– Zukunft:
Wie geht es mit mir jetzt weiter (Schmerzen, Therapie? Was wird aus meinen Angehörigen? Der Blick geht auch in die Ewigkeit. Hier können Sie jetzt gemeinsam über Gottes neue Welt nachdenken.
– Gegenwart:
Die Frage noch einem Testament stellt sich, wenn das noch nicht gemacht worden ist. Es kann um Versöhnung mit Menschen gehen. Es kann um die Bewältigung alltäglicher Dinge gehen.
– Vergangenheit:
Alte Schuld kann auftauchen und will bereinigt werden. Versäumtes muß losgelassen werden.

2.1.5 Phase 5: „Ja, Vater!"

Der Kampf gegen sein „Schicksal" ist beendet. Der Mensch beugt sich unter den guten Willen Gottes und ist bereit, Abschied zu nehmen. Welch ein Segen für einen Menschen und seine Angehörigen, wenn der Sterbende dies sagen kann: „Ja, Vater!" Dann hat er seine letzte Aufgabe erfüllt. Das muß auch das Ziel der seelsorgerlichen Begleitung sein, auch wenn man es manchmal nicht erreicht. Viele Menschen bleiben leider spätestens in der 4. Phase hängen (gerade Menschen, die keine lebendige Beziehung zu Jesus Christus haben, aber auch manch ein Christ).

Die Entscheidung ist grundsätzlich gefallen. Ein Mensch hat sein „Schicksal" angenommen. Er ist versöhnt. In der folgenden Zeit kann es aber immer wieder zu tiefen Anfechtungen kommen.

– Anfechtungen und Zweifel:

Eine große Not auf dem Weg des Sterbens können Zweifel sein. Stimmt das alles, was ich geglaubt habe? Die Heilsgewißheit kann ins Schwanken kommen. Jetzt ist der Seelsorger gefragt, der dem anderen immer wieder Mut zusprechen darf. Dietrich Bonhoeffer sagte einmal: „Der Christus im Bruder ist stärker als der Christus in mir." Das trifft diese Situation. In dieser Lage braucht man den Zuspruch von außen. Ausgewählte Bibelworte können hier eine große Hilfe sein, aber auch Liedstrophen.

– Angst vor dem Danach:

Die Ewigkeit in Gottes Reich wird manchmal noch einmal ganz in Frage gestellt. Ein letzter Angriff des Teufels.

– Angst vor dem Sterben:

Hier geht es nicht um die Angst vor dem Tod, die kein Christ mehr zu haben braucht. Es geht um die Angst vor dem Sterbevorgang, der ja auch für Christen mit Schmerzen und anderen Nöten einhergehen kann. Sagen Sie dem Sterbenden Ihre Begleitung zu. Vergewissern Sie ihm die Gegenwart Gottes, z. B. mit Worten Gottes, die seine Nähe bezeugen: Mt 28,20; Jes 43,1–5 etc.

3. Praxis des seelsorgerlichen Besuchs

3.1 Dauer des Besuchs

Der seelsorgerliche Besuch bei Sterbenden sollte in aller Regel nicht allzu lange dauern (abhängig vom Zustand des Patienten), dafür aber regelmäßig erfolgen, in der Endphase sogar täglich, am Schluß bis zum Ende, wenn die Angehörigen es auch wünschen.

3.2 Besuchsinhalte

Manchmal genügt der kurze persönliche Gruß, der Zuspruch aus Gottes Wort, eine Liedstrophe, ein kurzes Gebet – vielleicht auch das Vater-Unser – und dazwischen stille Pausen.

3.3 Das Gespräch

Das eigentliche Gespräch hat auf der vorletzten Wegstrecke seine Berechtigung, solange jemand noch krank, aber nicht in der Endphase des Sterbens ist. Auf der letzten Wegstrecke dagegen wohl nicht mehr. Dann sind die Worte des Seelsorgers, der

Seelsorgerin nicht mehr so wichtig, sondern nur noch Gottes Worte. Was wir dann am Sterbebett noch sagen können, sind die vertrauten Zentralworte des Glaubens und der Hoffnung, Worte von der Barmherzigkeit Gottes, von seinem Frieden, von seiner neuen Welt und die vertrauten Gebete, ja vielleicht sogar die alten Kindergebete und bekannte Choralstrophen.

3.4 Pausen

Je weiter die Krankheit fortschreitet und es dem Ende entgegen geht, desto mehr Pausen müssen wir dem Sterbenden zwischen den kurzen Bibelworten oder Liedstrophen gönnen – auch wenn der Besuch dann etwas länger dauert.

3.5 Das Ende des Besuchs

Am Ende des Besuches sollte (außer der Patient will es nicht) ein Gebet stehen und ein Segen Gottes gesprochen werden.

3.6 Die Sterbestunde

In der Sterbestunde sollten keinerlei Gespräche mehr im Zimmer geführt werden, am allerwenigsten über den Sterbenden selbst. Jetzt hat nur noch das Wort Gottes das Sagen, z. B: „Und ob ich schon wanderte…“. „Wenn mir gleich Leib und Seele verschmachtet…“. „Leben wir, so leben wir dem Herrn…“.
Wer als Seelsorger/Seelsorgerin bis zum Ende bleibt, kann im Angesicht des Sterbens unter Handauflegung noch einen Segen sprechen.

3.7 Nach dem Sterben

Wenn der Tod dann eingetreten ist, kann man noch mit den Angehörigen oder auch für sich allein die ersten 12 Verse des 90. Psalms sprechen oder Johannes 11,25.

4. Grundsätzliche Hinweise zum Dienst an Sterbenden

4.1 Nahesein

Viele haben Angst, einen Sterbenden zu begleiten. „Vielleicht mache ich etwas falsch“ – so denkt manch einer und kümmert sich nicht um den Sterbenden. Dabei ist Nichtstun das Falscheste, was man machen kann. Haben Sie keine Angst! Wenn Sie einen Menschen seelsorgerlich begleiten, dürfen Sie wissen, daß Jesus Christus bei Ihnen ist. Ganz entscheidend bei der Begleitung Sterbender ist das Nahesein, einfach nur nahe sein. Am Bett sitzen und „laute“ oder „stumme“ Gemeinschaft haben. Das signalisiert: Du bist nicht allein, wir/ich „wache(n)“ mit dir. Wir/ich stehe(n) an deiner Seite.

4.2 Dabeibleiben

Da keiner weiß, wie lang der Weg des Sterbens ist, sollten Sie so oft wie möglich – und dabei regelmäßig – Ihre Besuche machen. Die müssen nicht allzu lang sein. Aber sie zeigen dem Sterbenden, daß er sich auf Sie verlassen kann. Und das ist gerade auf dem letzten Weg sehr, sehr wichtig. Wenn vieles schwindet, braucht ein Mensch etwas, auf das er sich verlassen kann.

Dabeibleiben heißt aber auch, durch die einzelnen Phasen des Sterbens zu begleiten (S. Punkt 2.1).

4.3   Wahrheit am Krankenbett

Das ist ein viel diskutiertes Thema. Was soll man sagen und wie? Auf jeden Fall nicht lügen, wenn man gefragt wird. Die Worte vom Sterben dürfen in der seelsorgerlichen Begleitung nicht ausgeklammert werden. Aber Sie sollten damit behutsam umgehen. Falsch ist sicherlich die direkte und plumpe Art: „Du mußt (oder wirst) bald sterben!“. Auch bei allen Hinweisen auf ein nahes Ende können wir das als Menschen so nicht sagen. Auf der anderen Seite dürfen Sie es einem Schwerkranken auch nicht ausreden, wenn er selbst vom Sterben spricht. Die Antwort kann verbal erfolgen: „Du weißt ja, daß du schwer erkrankt bist…“ Oder: „Du weißt ja, egal was passiert, du bleibst in Gottes Hand.“ Aber auch der warme Händedruck nach der Frage des Betroffenen kann dem anderen in Liebe signalisieren, wie es um ihn steht. Die Wahrheit – so schmerzlich sie am Anfang auch ist – kann dem anderen helfen, noch Dinge in Ordnung zu bringen (Testament, Versöhnung, Beichte etc.).

4.4   Gemeinschaft ohne Worte

Die Hand halten, über die Stirn wischen, in den Arm nehmen, einen Schluck Wasser reichen, den anderen mit Handauflegung segnen…, das alles sind Gesten, die eine tiefe Liebe signalisieren können. Oft nimmt der Sterbende das mehr auf als alle Worte, weil Taten oft mehr ausdrücken können als Worte. Der körperliche Kontakt zwischen lebenden und sterbenden Menschen ist nicht zu unterschätzen.

4.5   Gemeinschaft mit Worten

Vom normalen Gespräch über alltägliche Dinge (aber nur über solche, die in einem Zusammenhang mit dem Sterbenden bestehen) bis hin zu trostreichen Bibelworten und Liedern ist alles möglich. Voraussetzung ist, daß es der Situation und der Sterbephase angepaßt ist und der Schwerkranke es auch will.

4.6   Beichte und Absolution

Während der Begleitung kann es vorkommen, daß ein Sterbender eine Beichte ablegen will. Versäumnisse im Leben und konkrete Sünden können hochkommen. Wenn er das Vertrauen zu Ihnen hat, dann sind Sie sein Beichtvater, seine Beichtmutter. Manchmal ist keine Zeit mehr, bis der Pfarrer (Pastor, Prediger) kommen kann. Wenn Sie die Beichte abnehmen, stehen Sie zwischen dem Sterbenden und Gott, gewissermaßen als Priester, der vermittelt. Nach der aufrichtigen Beichte können Sie dem Betreffenden die Vergebung/ Absolution im Namen Gottes zusprechen. Auch für die Beichte Sterbender gilt die absolute Schweigepflicht. (S. Kurs 1: „Aus der Vergebung leben“)

4.7 Versöhnung

Es kommt immer wieder vor, daß ein Sterbender sich noch mit Angehörigen versöhnen will. Manchmal gelingt das noch, teilweise auch durch die Vermittlung des Seelsorgers. Aber manchmal gibt es keine Begegnung mit den betreffenden Angehörigen mehr. Dann muß die „Versöhnung" über den Seelsorger laufen. Versöhnung heißt, daß sich beide Parteien versöhnen. Ob das dann noch möglich ist, kann man nicht sagen. Aber der Sterbende kann für sich Frieden finden, wenn er vergibt und/oder um Vergebung bittet. Das kann über Sie geschehen. Sie können ihm im Namen Gottes vergeben, auch wenn der Betroffene, mit dem Sie später reden, nicht zur Vergebung bereit ist.

4.8 „Verkündigung" am Krankenbett

Damit ist die Weitergabe von Worten Gottes am Sterbebett gemeint, aber keine Predigt. Gerade ältere und alte Menschen (nicht nur aus dem christlichen Bereich) kennen noch viele Bibelworte und Liedstrophen, auf die Sie jetzt gut zurückgreifen können. Der Psalm 23 z.B. oder das Vater-Unser oder Liedstrophen wie: „Befiehl du deine Wege...", die viele noch auswendig gelernt haben und auch heute noch kennen. Solche Bibelworte oder Liedstrophen können zusammen gesprochen oder gesungen werden. So kann der Seelsorger auf ganz einfache Weise vorhandenes Wissen beim Kranken oder Sterbenden nutzen, um ihm den Übergang in die Ewigkeit zu erleichtern.

4.9 Gebet

Wenn es erwünscht ist, gehört das Gebet jedesmal zum Besuch dazu. Sie können frei beten, sinnvoll sind aber vor allem Gebete, die dem Schwerkranken und Sterbenden vertraut sind sowie das Vater-unser. Die kann er dann – soweit es noch geht – mitsprechen, und sei es nur noch in Gedanken.

4.10 Abendmahl

Es kann sein, daß der Sterbende noch einmal das Abendmahl wünscht, als sichtbares Zeichen der Vergebung Gottes und der Gemeinschaft mit Jesus Christus und auch als Kraftquelle für den letzten Gang. Das sollte ihm nicht verwehrt werden. Jesus Christus hat es eingesetzt, kurz bevor er selbst starb. In Absprache mit dem zuständigen Pfarrer (Pastor, Prediger) kann es dann von diesem oder von Ihnen gereicht werden. Der Abendmahlstisch sollte sorgfältig und ganz nahe beim Kranken oder Sterbenden aufgebaut werden. Ein Kreuz, eine brennende Kerze, die Abendmahlsgeräte mit Brot und Wein bzw. Saft und eine Bibel sollten sich auf dem Tisch befinden. Ein sauberes weißes Tischtuch ist wohl selbstverständlich wie auch ein kleiner Blumenstrauß, der den Tisch zieren kann. Wenn irgendwie möglich, sollten die nächsten Angehörigen mit dabei sein. Eine solche Abendmahlsfeier im Kreise der Familie schafft eine Atmosphäre der Zusammengehörigkeit im Glauben und Leben, die nicht hoch genug bewertet werden kann. Sie erleichtert dem Schwerkranken das Sterben. Sie hilft aber auch den zurückgebliebenen Angehörigen bei der Trauerbewältigung. Hinzu kommt, daß der Zuspruch der Vergebung sowohl für den Sterbenden als auch für die anderen Teilnehmer an der Abendmahlsfeier eine große innere Befreiung bedeuten kann. Auf diese Weise kann ein tiefer Friede, ein Getröstetsein und eine Geborgenheit bei Gott in einer solchen Familie einkehren. (S. auch Kurs 2, „Trauer".)

4.11 Kreuzzeichen

Je nachdem, aus welcher christlichen Tradition der Sterbende kommt, können Sie auch das Kreuzzeichen über dem Patienten schlagen, als Symbol für den Sieg Jesu über Sünde, Tod und Teufel.

5. Fehler am Sterbebett

5.1 Sich negativ über den anderen äußern

Es kann sein, daß ein Mensch vor seinem Sterben noch eine Weile im Koma liegt oder auch zeitweise nicht ganz aufnahmefähig erscheint. Viele bekommen aber dennoch alles mit. Verschenken Sie Ihr Vertrauen nicht durch falsche Äußerungen am Krankenbett.

5.2 Keine Evangelisation mehr

Manch einer denkt, er müßte den Sterbenden noch bekehren, es sei die letzte Chance. Das kommt dann oft einer „Vergewaltigung" gleich. Wenn Worte Gottes nichts mehr bewirken, dann das Evangelisieren schon lange nicht mehr. Es ist für den Betreffenden eher ein Quälen. Und außerdem weiß kein Mensch genau, ob der andere bekehrt ist oder nicht. Er muß ja nicht so „glauben" wie wir. Es gibt sehr unterschiedliche Frömmigkeitsstile. Und welche Entscheidung er in den letzten Minuten oder Sekunden trifft, werden wir wohl auch nicht erfahren.

5.3 Keine Gerichtsandrohung

Um den Sterbenden noch „zurechtzubiegen", versucht es manch einer noch mit der Gerichtsandrohung. Das ist Mißbrauch am Sterbebett. Das ist lieblos. Was der Sterbende braucht, ist der Zuspruch der Barmherzigkeit Gottes.

5.4 Keine Predigten

Am wenigsten kann ein Sterbender noch eine Predigt vertragen, auch wenn es noch so gut gemeint ist. Lange „Vorträge", wie immer die auch aussehen mögen, haben am Sterbebett keinen Platz mehr. Vertrauen Sie dem einen Wort Gottes, das Sie dem Sterbenden vielleicht noch sagen können. Gottes Wort kommt nicht leer zurück (Jes 55,11).

5.5 Keine eigenen Nöte erzählen, wenn man nicht gefragt wird

Es ist ein falsches Denken, wenn man meint, man müßte einen Sterbenden am Leben teilhaben lassen, indem man ihm seinen eigenen Alltag erzählt. Fragt er danach, ist das in Ordnung, sonst nicht. In der Sterbestunde oder auf der allerletzten Wegstrecke verlieren alltägliche Dinge ihre Bedeutung.

6. Sterbebegleitung bei jungen Menschen

Genau wie ältere Menschen machen junge Menschen die fünf Sterbephasen durch. Jedoch gibt es Bereiche, die sie in der Regel noch tiefer treffen. Was hatte man nicht alles noch vor: Heiraten, Kinder bekommen, Karriere im Beruf...! Das, was ein älterer Mensch im Leben oft gehabt hat, haben junge Menschen noch nicht gehabt. Sie müssen daher lernen, von ihren „Träumen" Abschied zu nehmen. Darum lenken Sie vorsichtig das Gespräch immer wieder auf Gegenwartsfragen, auf das, was jetzt dran ist.

Bei jüngeren Menschen kann es – häufiger als bei älteren – vorkommen, daß Sie unter Aids leiden und nun daran sterben. Da Aids oft durch selbtverschuldetes Verhalten (aber eben nicht immer) hervorgerufen wurde, ist es trotzdem nicht sinnvoll, jetzt über die Sünden zu sprechen, die dazu geführt haben. Das heißt, Sie sollten das Gespräch nicht in diese Richtung lenken. Vertrauen Sie Gott, daß er dem Betreffenden die Augen öffnet und dieser von sich aus das Gespräch darüber sucht, wenn es nötig und angebracht ist. Denn gerade das Thema Aids trifft manchen ganz empfindlich. Wenn dann der Seelsorger noch mit dem erhobenen Zeigefinger kommt, ist oft alles Vertrauen weg. Behutsame Seelsorge ist hier gefragt, die etwas von der Barmherzigkeit Gottes weiß.

7. Sterbebegleitung bei Kindern

Kinder haben oft weniger Angst vor dem Sterben als Erwachsene. Bei Kindern läuft auch vieles nicht so über den Verstand oder die Vernunft ab. Von daher können Sie ungezwungener sein als bei Erwachsenen. Erzählen Sie kurze sinnvolle Geschichten. Malen Sie mit Ihren Worten die Ewigkeit, das Leben bei Gott aus. Sprechen Sie von der Liebe Gottes. Beschäftigen Sie sich mit dem Kind, soweit das möglich ist, indem Sie mit ihm spielen, malen oder Geschichten erzählen.

Die seelsorgelicher Begleitung eines Sterbenskranken ist ein „An-die-Hand-Nehmen" auf dem Weg in die Ewigkeit und ihm Stärkung zu geben aus Gottes Wort für den letzten Schritt, den der Sterbende allein gehen muß.

Literaturempfehlungen

Albrecht / Orth / Schmidt, Hospizpraxis
  Herder Verlag, Freiburg
Hennig, Kurt, Gottes Wort – Geleit im Sterben
  Quell-Verlag, Stuttgart
Sterben und Sterbebegleitung
  Schriftenreihe des Bundesministeriums für Familie und Senioren
  Verlag W. Kohlhammer, Stuttgart
Tausch-Flammer, Dr. Daniela, Die letzten Wochen und Tage
  „Diakonie-Korrespondenz" 1/94, Hospiz-Dienst, Stuttgart
Vogel, Friedhold, Wir werden ewig leben
  Christliches Verlagshaus, Stuttgart

Didaktische Hinweise zu den Arbeitsblättern

Anlage 1:	Persönliche Fragen Vor(!) einem Gespräch in der Stille (etwa 10 Minuten) über die angegebenen Fragen nachdenken. Das kann dem besseren Verständnis für Sterbende dienen.
Anlage 2	Biblische Begriffsklärung Um möglichen Fragen Sterbender nicht unvorbereitet zu begegnen, sollten Sie in der Gruppe über die vier Definitionen des Beitrags (1.1–1.4) nachdenken oder sich persönlich damit auseinandersetzen. Eine Wortkonkordanz zur Bibel ist dazu erforderlich.
Anlage 3	Eine ganz persönliche Arbeitshilfe Trost und Hoffnung sind wichtig in der Sterbebegleitung. Suchen Sie sich passende Bibelworte und Liedstrophen heraus, die Sie später dem Sterbenden vorlesen oder auswendig sagen können. Das letztere ist persönlicher, weil Sie den Sterbenden dabei ansehen können. In der Gruppe können Sie sich dafür 5–10 Minuten Zeit nehmen, um spontan Verse und Strophen aufzuschreiben.
Anlage 4	Die fünf Sterbephasen und seelsorgerliche Hilfen dafür Als Kopie (für jeden) dient diese stichwortartige Zusammenfassung zur Erinnerung. Sie hilft, z. B. durch Folienpräsentation, zum besseren Verstehen während des Vortrags oder als Anregung zur Diskussion.

Persönliche Fragen:

Was würden Sie tun, wenn Sie nur noch kurze Zeit zu leben hätten?

Wo möchten Sie selbst sterben?

Wenn Sie an Ihr eigenes Sterben denken, was ist Ihnen wichtig?

Was belastet Sie, wenn Sie an Ihr eigenes Sterben denken?

Welche Hoffnung haben Sie über den Tod hinaus?

Biblische Begriffsklärung

Arbeiten Sie anhand der Stichwortkonkordanz über folgende Begriffe:

Sterben:

....

....

....

....

....

....

Tod:

....

....

....

....

....

....

Auferstehung:

....

....

....

....

....

....

Ewiges Leben:

....

....

....

....

....

....

Eine ganz persönliche Arbeitshilfe

Legen Sie sich ein Heft an mit tröstenden und hoffnungsvollen Bibelworten und Liedstrophen.

Welche fallen Ihnen spontan ein?

Bibelverse:

....

....

....

....

....

....

....

....

....

....

....

Liedstrophen:

....

....

....

....

....

....

....

....

....

....

....

....

Die fünf Sterbephasen und seelsorgerliche Hilfen dafür

Phasen

Hilfe

Phase 1

„Das betrifft mich nicht!"
Nicht-wahr-haben-Wollen

Stille Seelsorge: Gebet
Einfach dasein

Phase 2

„Warum ich?"
Rebellion
Klagen
Strafe?

Zulassen
Aufarbeiten
Vergebung

Phase 3

„Vielleicht kann ich es
noch abwenden."
Verhandeln mit Gott

Vertrauen stärken
Akzeptanz fördern
Beichte?

Phase 4

„Was bedeutet das für mich?"
Verarbeiten, bewältigen

Entscheidungen fallen;
klärende Gespräche über
– Zukunft
– Gegenwart
– Vergangenheit

Phase 5

„Ja, Vater!"
Beugung unter den
Willen Gottes

Ziel der Seelsorge:
Anfechtungen durchstehen
In Ängsten trösten

Harald Petersen

Geistlicher Mißbrauch –
Wenn Lehre und Leitung erdrücken

1. Vorbemerkungen

„Das darf doch nicht wahr sein!" – so denkt mancher. „Wird dieses schreckliche Tabuthema des Mißbrauchs nun auch noch für geistliche Dinge benutzt? Gibt es tatsächlich Entwicklungen, die den Namen „geistlicher Mißbrauch" verdient haben? Mit den Büchern der amerikanischen Autoren David Johnson und Jeff van Vonderen (s. Literaturhinweise) kam der Stein ins Rollen. Es gab schon vorher Publikationen, in denen Autoren geistliche Mißstände angeprangert haben, aber erst der mutige Titel der Amerikaner erzielte große Aufmerksamkeit: „Geistlicher Mißbrauch"!
Ich habe diesen strittigen Titel längere Zeit vermieden, schien er mir doch zu hart oder nur für Psychosekten passend. Je öfter ich in der Seelsorge aber sprachlose oder weinende Christen vor mir habe, denen es durch Christen beinahe ummöglich gemacht wurde, die Liebe und Gnade Gottes zu erfassen, stimme ich zu: Es handelt sich um geistlichen Mißbrauch.
Wer sich mit dem Thema befaßt, wird schnell Querverbindungen zu klassischen Sekten oder anderen Psychogruppen ziehen. Denn dadurch kann man von eigenen Schwierigkeiten wunderbar ablenken. Meine Bitte ist aber, daß wir über uns reden, also den Mut haben, geistliche Mißstände in unseren christlichen Gemeinden anzusprechen.

2. Ein altes Problem

Jesus selbst kämpfte schon an dieser Front. Typisch dafür sind seine wiederkehrenden Auseinandersetzungen mit den Pharisäern und Schriftgelehrten.
Und auch die Apostel setzten sich dafür ein, daß die Gute Nachricht gut bleibt und die geistlichen Führer nicht ungeistlich verführen.
Paulus ermahnt im Galaterbrief, sich nicht wieder die Knechtschaft der Gesetzlichkeit auflegen zu lassen.
Bis ins 3. Jahrhundert hinein beherrschte die sogenannte Gnosis große Teile des Christentums und vermischte dabei heidnisch-religiöses, jüdisches, philosophisches und eben christliches Gedankengut miteinander zum religiösen Synkretismus.
Auch andere Bibeltexte geben geistlichen Amtsträgern klare Anweisungen, damit sie in ihrem Dienst an Gott gebunden sind und keine eigenen Konzepte anbieten: Geistlicher Mißbrauch, thematisiert in der Bibel (s. Anlage 2).

3. Worum geht es heute?

Drei Definitionen bzw. Beschreibungen des geistlichen Mißbrauchs zeigen das Problemfeld auf:

3.1

„Mißbrauch geschieht immer dann, wenn ein Mensch einen anderen dazu benutzt, eigene Bedürfnisse zu befriedigen, ohne dafür das bewußte, freie und entwicklungsangemessene Einverständnis des anderen zu haben.

Er bedient sich dabei eines vorhandenen Machtgefälles und vernachlässigt damit verbundene Fürsorgepflichten gegenüber dem anderen."

Dr. med. Rolf Senst, De-Ignis-Magazin 14/97

3.2

„Geistlicher Mißbrauch ist, wenn jemand durch den Umgang mit einem anderen geistlichen Schaden nimmt.

Die weitreichende Folge davon ist eine Störung seiner Beziehung zu Gott – sofern er überhaupt in der Lage ist, eine Beziehung zu Gott aufzubauen."

Jeff VanVonderen, Geistlicher Mißbrauch, S. 16

3.3

„Oft geschieht Mißbrauch so subtil und dazu ‚im Namen Gottes‘, daß es für die Opfer schwer ist, den Mißbrauch überhaupt als solchen zu erkennen. Dasselbe gilt auch für die Täter. In manchen Fällen bemerken sie gar nicht, daß das, was sie für „normal" oder „besonders geistlich" halten, in Wirklichkeit Mißbrauch an anderen Christen ist."

Anne K. Strauch, DRAN, 7/97, S. 45

4. Fließende Übergänge – Was geistlicher Mißbrauch nicht ist

Gott begabt Menschen und führt sie in verschiedene Aufgaben und Ämter. Lehre und Leitung sind nur zwei von vielen. Es muß und soll also Leitung geben. Insofern ist es wichtig, geistlichen Amtsmißbrauch von guter Leitung zu unterscheiden.

Jede Gemeinde braucht Vordenker mit weitem Horizont, die weise sind und die grobe Richtung angeben. Eine Gemeinde braucht Geschwister, die Entscheidungen treffen. Es kann in geistlichen Angelegenheiten nicht alles per Mehrheitsbeschluß in einer Mitgliederversammlung geregelt werden. Es hat nichts mit Amtsmißbrauch zu tun, wenn ein Leiter andere auf ihre Sünde anspricht, sie ermahnt, den Weg zur Vergebung mitgeht und Hilfe zur Lebensveränderung aufzeigt. Es ist auch kein geistlicher Mißbrauch, wenn gelehrt wird oder wenn bewährte Traditionen verteidigt werden. Das alles hat seine Berechtigung, wenn es in Abhängigkeit von Gott bzw. Jesus Christus als dem Haupt der Gemeinde geschieht. Der Maßstab für geistliches Lehren und Leiten ist Gott und sein Wort, nie der Leiter selbst.

5. Diktatur der Frommen

5.1 Geistlicher Mißbrauch durch Lehre

5.1.1 Gesetzlichkeit und fromme Leistung

Wer Gesetzlichkeit bzw. fromme Leistung predigt, macht anderen Menschen den Zugang zur Gnade schwer, weil man durch gute Taten und fromme Aktivitäten Gott gefallen möchte. Dies ist ein versteckter Versuch der Selbsterlösung.

5.1.2 Leugnen des sündigen Wesens

Wer dagegen leugnet, daß der Mensch ein Sünder ist und die Gnade Gottes braucht, fällt ins andere Extrem. Er verhindert, daß das Wort von der Versöhnung gehört wird, weil der Mensch glaubt, für Gott und die Welt gut genug zu sein.
Dieser Mißbrauch durch falsche oder einseitige Lehre richtet den größten Schaden an, weil er anderen Menschen das Heil durch Jesus Christus vorenthält oder ihnen den Glauben an Gottes Gnade fast unmöglich macht.

5.1.3 Zwei Beispiele

In seinen Predigten sprach er über alles, am liebsten aber evangelistisch. Diese Kurve kriegte er immer, auch wenn keine Fremden im Gottesdienst saßen. Er sprach von der Gnade und Barmherzigkeit Gottes. Aber er knüpfte sie an Bedingungen. Seine Zuhörer wurden mit vielen Anweisungen nach Hause entlassen. „Gott wird euch segnen, wenn ihr…“, „Gott ist uns gnädig, aber…“, „Wenn du nur treuer glauben würdest, dann…“, „Des Herrn Liebe gilt uns, dessen sollten wir uns würdig erweisen.“ Die Botschaft, die er vermittelte, war die: Wenn wir gut sind, erreichen wir Gottes Gunst. In den Herzen der Menschen, die immer wieder mit ihrer Sünde konfrontiert wurden, setzte sich die Angst fest, den Forderungen Gottes nie genügen zu können und darum nicht gesegnet, sondern bestraft zu werden oder gar verlorenzugehen. Was in den Predigten fromm und biblisch klang, war nicht selten das krasse Gegenteil von dem, was Gott selbst uns Menschen als gute, befreiende Botschaft (vgl. Röm 5,8–10) gesagt und bewiesen hat.

Man hatte Streit miteinander. Es wurde um Lösungen gemeindlicher Probleme gerungen. Gebetet wurde auf beiden Seiten. Jeder nahm für sich in Anspruch, recht zu haben, aber einige untermauerten ihre subjektive Position mit höchster Autorität. „Wir tun nur, was der Herr will“, so war zu hören. Oder man nahm für sich Exklusivrechte in Anspruch, wenn es um Fragen der Bibelerkenntnis ging. Das klang nicht nur fromm, es war auch sehr fromm. Dahinter steckte sicherlich eine tiefe Ehrfurcht vor Gott. Das soll nicht in Frage gestellt werden. Aber diese Äußerungen wurden für andere immer wieder zum K.O.-Schlag. Denn man nahm ihnen alle Argumente. Was soll auch jemand entgegnen, wenn doch scheinbar klar ist, daß die anderen, die Streitpartner, Gottes Willen erkannt haben und nur tun, was die Bibel sagt? Implizit, also zwischen den Zeilen, wurde er selbst in seiner Gotteserkenntnis und seinem Gehorsam abgewertet.

5.1.4 Die Wahrheit gepachtet

Die Aufwertung der eigenen Person und Glaubenslage enthält die Abwertung der anderen, die dieses scheinbar erstrebenswerte Maß der Frömmigkeit nicht verbal vorweisen. Die Folge können Schuldgefühle bei den anderen sein, weil man sich an Menschen und nicht am Wort Gottes gemessen hat (s. Kurs 2: „Schuldig sein oder sich schuldig fühlen?"). Dies ist ein Schlüsselproblem: Menschen stehen im Mittelpunkt, auch im Mittelpunkt der angeblich biblischen Lehre. Und doch bedient man sich „heiliger Waffen" als Transportmittel für seine subjektive Erkenntnis.

Das zweite Beispiel zeigt, wie sich Macht ausdrücken und andere erdrücken kann, ohne daß der Betreffende ein Amt und damit eine bestimmte Position innehat. Auf gleicher Ebene, von Christ zu Christ, diktiert einer dem anderen, was zu glauben und zu tun ist. Und zwar durch die schlichte, aber auch starre Behauptung, er handle von Gott her. So kann mit einem ursächlich guten geistlichen Phänomen, das kaum zu überprüfen ist, Druck ausgeübt werden. Und zwar bewußt oder unbewußt.

5.1.5 Keiner ist besser

Was verbindet alle Menschen, also die ganz Frommen und die nicht ganz so Frommen und die gar nicht Frommen? Sie alle brauchen Gottes Gnade, ob sie es wahrhaben wollen oder nicht, denn immer wieder neu kommt es dazu, daß wir Schuld auf uns laden. Mal eine Lüge. Dann schlechtes Reden über andere. Oder Unzuverlässigkeit. Oder Unwahrheit bei der Steuererklärung. Egoismus in der Ehe. Unterlassene Hilfeleistung. Neid. Zorn. Maßlosigkeit.

Der Apostel Johannes sagt dazu: „Wenn wir sagen, wir haben keine Sünde, so betrügen wir uns selbst, und die Wahrheit ist nicht in uns" (1. Joh. 1,8).

Wer in der Gemeinde sein sündiges Wesen leugnet und sich nicht dazu stellt, daß er auch ein Versager ist, leugnet im Grunde, daß er Gnade braucht. Wozu auch? Es scheint ja doch alles zu stimmen. Aber es scheint nur so. Eine fromme Schau ist selbst Lüge und übt massiven Druck auf andere aus.

5.1.6 Erdrückende Gottesbilder

Welche Vorstellung haben Sie von Gott? Manche Menschen stellen sich Gott wie einen Buchhalter vor, gründlich, pingelig, dem nichts entgeht. Er sieht alles, hört alles, weiß alles und registriert alle unsere Dummheiten für die große Endabrechnung der Sünden. Man kann ihm nie alles recht machen. Er fordert immer Leistung und gute Taten und Gehorsam. Und schaffen wir das nicht, droht er mit Strafe. Also bemühen wir uns weiter, schaffen mit Furcht und Zittern, daß wir selig werden. Irgendwie muß es uns doch gelingen, Gott gnädig zu stimmen, damit er mit uns zufrieden ist. Und so wird fromm durchs Land gehetzt. Von einer Aktivität zur anderen. Oder man lebt ständig mit einem schlechten Gewissen, weil man die Forderungen Gottes nicht erfüllen kann. Solcher Glaube ist Glaube unter der Überwachungskamera. Wer glaubt, er könne oder müsse Gott gnädig stimmen und zufriedenstellen, hat nicht begriffen, wie verloren er ist und wozu Jesus Christus in diese Welt kam. Sehr deutlich beschreibt der Apostel Paulus das in Röm 3, 23 + 24.

Jetzt mag mancher einwenden, es gehe doch darum, als Christ so zu leben, daß wir ein Wohlgeruch Gottes sind, seine Werke tun und das Böse meiden. Richtig. Das sagt die Bibel. Es tut gut, sich selbst zu prüfen, was die Motive frommer Geschäftigkeit sind.

Wer andere Menschen so prägt, daß sie Gottes Gnade nicht fassen können, betreibt geistlichen Mißbrauch.

Die Autoren Johnson & VanVonderen sagen dazu: „Gesetzliches Denken tauscht das Ruhen in Gott gegen Forderungen nach einem bestimmten geistlichen Verhalten ein" (Geistlicher Mißbrauch, S. 37). Und an anderer Stelle heißt es: „Das christliche Leben beginnt mit der Freiheit von toten Werken, von religiösen Systemen und von allen menschlichen Versuchen, ‚Gott zu gefallen‘ " (S. 31).

Es liegt auf der Hand, daß durch solche Lehre, die Leistung fordert, damit der Mensch Gnade findet, der einzelne von Anfang an auf eine falsche Spur gebracht werden kann und vielleicht sein Leben lang kaum begreift, daß er ein geliebter und begnadigter Sünder ist. Das macht innerlich kaputt. Ich habe jemanden vor Augen, der eine Strickjacke anzieht und den ersten Knopf aus Versehen ins zweite Knopfloch steckt. Den zweiten Knopf ins dritte Loch usw. Bis er oben am Hals merkt, daß die Zählung nicht aufgeht. Wenn's am Anfang falsch gemacht wird, kann am Ende nichts Richtiges dabei herauskommen.

Solchen Menschen in der Seelsorge zu begegnen, bei denen der Glaube schon am Anfang gesetzlich geprägt wurde, macht uns fast hilflos, weil die Prägung unter geistlichen Vorzeichen geschah: alles im Namen des Herrn. Und doch irreführend.

In dem erwähnten Buch wird das auf die kurze Definition gebracht:

„Geistlicher Mißbrauch ist, wenn jemand durch den Umgang mit einem anderen geistlichen Schaden nimmt. Die weitreichende Folge davon ist eine Störung seiner Beziehung zu Gott – sofern er überhaupt in der Lage ist, eine Beziehung zu Gott aufzubauen" (S. 16) … „Menschen, die geistlich mißbraucht worden sind, fühlen sich müde und klein, weil sie die geistlichen Erwartungen anderer nicht erfüllen können, und darum haben sie das Gespür für das Gesegnetsein verloren" (S. 44).

5.1.7 Kranker Glaube in kranken Strukturen

Ob Sie nach solchen Aussagen die schreckliche Dimension erahnen, die sich hinter solchem Mißbrauch auftut? Statt Menschen zu einem frohen Glauben an die Erlösung durch Jesus zu verhelfen, werden sie in permanente Angst vor Gott geführt. Wo diese Prägung, geistlich getarnt, über Jahre anhält, hinterläßt sie Christen, die ihren Glauben als andauernden Krampf erleben. Sie gleichen dem Esel, der einen Karren zieht und als Ansporn vor sich eine Möhre hat, die er aber nie erreicht, da diese mit einem langen Stock an seinem Karren angebunden ist. Hetzen und unbefriedigt sein. Sich abstrampeln, aber das Ziel nicht erreichen. Unfriede statt Friede.

So liegt manches im argen, und längst nicht alles, was angeblich „im Namen des Herrn" geschieht, trägt diesen Anspruch zu Recht.

Verkündigung kann eben nicht nur durch den Geist Gottes gewirkt werden. Es redet auch das eigene Ich mit, die eigene Biographie, die eigenen theologischen Gedanken oder Steckenpferde. Und Verkündigung geschieht nicht nur sonntags von der Kanzel, sondern oft zwischen Tür und Angel; bis in die Gebetsgemeinschaft hinein. Manche Gebete sind weniger ein Gespräch mit Gott als ein eindringliches Wort an die Mitbeter links und rechts. Die Länge der Gebete mancher Geschwister erinnert manchmal auch an eine Predigt. Und noch etwas haben Predigt und lautes Gebet in der Gruppe gemeinsam: Bei beidem wird normalerweise nicht widersprochen.

Kennen Sie den Eindruck, daß das Gebet eines anderen eigentlich Ihnen galt? Oft geschieht das so unterschwellig und versteckt, daß die Sache kaum als Problem zu erkennen ist, in diesem Fall als Mißbrauch des Gespräches mit Gott. Wie fühlten Sie sich dabei, wenn Sie auch schon auf diese Art „angepredigt" wurden und jemand das Gespräch mit Gott mißbraucht hat?

Auffällig ist auch, daß bei pietistisch geprägten Evangelikalen leichter mit der Heiligen Schrift Druck gemacht werden kann. Bei den sogenannten Charismatikern, so drückte es jemand aus, muß oft der Heilige Geist für menschliche Eigenarten herhalten.

In kranken Strukturen werden gerade schwache bzw. labile Christen mit entsprechender biographischer Prägung nicht selten durch „ihren Glauben" krank. Nicht durch den Glauben, den Gott in Menschen wirkt, sondern durch das, was Menschen daraus machen. Sie werden körperlich krank (Schlafstörungen, Herzrasen, Verdauungsprobleme...), weil ihre Seele leidet. Sie sind auch seelisch ständig in Angst. Und selbst die zwischenmenschlichen Beziehungen „kranken", weil die Betroffenen sich immer mehr isolieren. Das ist das krasse Gegenteil der guten Nachricht, die uns Menschen befreien soll. Wie wohltuend ist es da, von Jesus selbst zu hören:

„Kommet her zu mir alle, die ihr mühselig und beladen seid, ich will euch erquicken. Nehmet auf euch mein Joch und lernet von mir, denn ich bin sanftmütig und von Herzen demütig; so werdet ihr Ruhe finden für eure Seelen" (Mt 11, 28 + 29).

5.1.8 Die liberale Gefahr

Ich sehe die Problematik aber keineswegs allein bei pietistisch geprägten Christen im evangelikalen oder charismatischen Lager, sondern auch in liberalen Kreisen, in denen Sünde nicht mehr als Trennung von Gott verstanden wird. Oder wo man sich dem allgemeinen Sprachgebrauch angepaßt hat und durch Umbenennung die Sünde verharmlost. Da wird aus Lüge die Notlüge, üble Nachrede ist eben Tratsch, ein Ehebruch klingt als Seitensprung auch nicht mehr so schlimm, und bei der Abtreibung wird ja nur ein Zellklumpen entfernt. Wenn alles so harmlos ist, braucht die Welt keinen Christus mehr. Auch hier geschieht durch falsche Lehre geistlicher Mißbrauch, der die Notwendigkeit einer Glaubensentscheidung für Jesus Christus als pietistische Sonderlehre abtut und die entsprechenden Bibelstellen großzügig übersieht.

5.1.9 Wenn Menschen Gott mißbrauchen

Das Gemeinsame in diesen Beispielen, also auch dem des mißbrauchten Gebets, ist die fragwürdige Einbeziehung Gottes. Dem getarnten Gebet wird kaum jemand widersprechen, und wenn die Bibel oder der Heilige Geist als Autorität herangezogen wird, kann man eigentlich auch nichts mehr entgegnen.

Wer in geistlichen Fragen Gott so einsetzt, wie es in sein Konzept paßt, wird an Menschen und an Gott schuldig. Die Bibel spricht in bezug auf Irrlehrer aus den eigenen Reihen diese Nöte an. Und bezeichnet sie als besondere Gefahr, weil Angriffe von außen leicht zu erkennen sind. Aber von innen, von Vertrauenspersonen, erwartet man doch nichts Falsches – oder? Doch die Warnung der Bibel gilt. So z. B. bei Paulus im Kolosserbrief, Kap. 2, in den Versen 16–23.

5.2 Geistlicher Mißbrauch durch Leitung

Wenn geistlicher Mißbrauch durch Amtsinhaber ausgeübt wird, sind es z. B. Pastoren oder Älteste bzw. Mitglieder einer Gemeindeleitung oder des Kirchenvorstandes, die sich nicht kritisieren lassen. Oder die so leben, daß man sich nicht traut, sie zu hinterfragen. Eine betroffene Frau sagt dazu: „Unsere Autoritätsgläubigkeit allein gibt solchem Mißbrauch den nötigen Raum."

Aber auch Laien haben manchmal „die Hosen an" und können geistlichen Druck ausüben, bei dem Mitchristen auf der Strecke bleiben. Die Unterlegenen haben nichts mehr entgegenzuhalten, wenn der andere mit dem Anspruch auftritt, nur zu tun, was der Herr will. Wer will dieser angeblichen Bindung an die höchste Autorität schon widersprechen? Manch selbsternannte Autorität treibt ihr geistliches Unwesen.

5.2.1 Zwei Beispiele

Pfarrer X ist sich seiner Möglichkeiten (Macht) auf der Kanzel bewußt. Dort kann er seine Ideologie, sein geistliches Steckenpferd, vertreten. Niemand ruft dazwischen. Predigtnachgespräche sind nicht erwünscht. Auf diese Weise werden Fragen und Sichtweisen anderer Gemeindeglieder immer wieder unter dem Tisch gehalten. Sonntag für Sonntag. Er predigt, um seine Position zu festigen, nicht um durch das Wort Gottes Menschen wohlzutun.

Herr Y leitet den Besuchsdienst. Er kommt reihum in die Häuser, nicht nur auf Einladung. Und dann „predigt" er die Geschwister an. Und er macht Meinung gegen andere und stiftet Unfrieden. Zum Schluß wird gebetet, der Schein wird gewahrt. Warum kam er zu Besuch? Was war sein wirkliches Motiv?

5.2.2 Leitung gibt Macht

Macht – auch geistliche Macht – kann ein gefährliches Instrument sein, denn wir reden nicht vom Vorstand eines Taubenzüchtervereins, sondern von der Verantwortung in der Gemeinde Jesu und von der Weitergabe der unverfälschten guten Nachricht Gottes, die Menschen befreien soll.

Dr. Rolf Senst definiert das Problem folgendermaßen:

„Mißbrauch geschieht immer dann, wenn ein Mensch einen anderen Menschen dazu benutzt, eigene Bedürfnisse zu befriedigen, ohne dafür das bewußte, freie und entwicklungsangemessene Einverständnis des anderen zu haben. Er bedient sich dabei eines vorhandenen Machtgefälles und vernachlässigt damit verbundene Fürsorgepflichten gegenüber dem anderen."

Im säkularen Bereich ist das bekannt. Da haut man andere zum eigenen Vorteil über die Ohren. Oder manche sogenannte Künstler ziehen eine Show auf der Bühne ab. Sie nehmen das Publikum nicht ernst, aber deren Geld. Und sie brauchen es, bejubelt zu werden. Das Selbstwertgefühl wird dadurch aufpoliert.

Damit sind wir durchaus auch im Bereich geistlichen Mißbrauchs. Ämter geben Macht. Und wer Macht hat, hat meist Ansehen. Er kann Menschen beeinflussen. Er kann sie für sich einsetzen. Und das alles zur eigenen Ehre. Das alles, um vielleicht durch den scheinbaren Erfolg von Mißerfolg und Lebenspleiten auf anderer, privater Ebene abzulenken. Solche geistlichen Leiter können in ihrer Gemeinde hohes Ansehen genießen, aber zu Hause leben sie vielfach unverantwortlich und inkonsequent. Diese Mißstände werden durch Amtsmißbrauch kompensiert, der heilige Schein wird gewahrt.

Wer scheinheilig lebt, muß irgendwo seine Bestätigung bekommen, denn von Gott gibt es die in einem solchen Fall wohl nicht, und von der Familie bekommt man sie auch nicht immer. Also holt man sie sich im Beruf oder in der christlichen Gemeinde. Man spielt vor anderen Menschen und manchmal eben auch mit anderen Menschen. Das ist der Mißbrauch. Mitmenschen werden benutzt, um eigene Bedürfnisse zu befriedigen.

5.2.3 Alles mit sich machen lassen?

In der Definition heißt es dazu:
> „… ohne dafür das bewußte, freie und entwicklungsangemessene Einverständnis des anderen zu haben."

Zur Kommunikation gehören immer mindestens zwei Menschen. Einer, der agiert und einer, der reagiert. Wenn der, der reagiert, frei ist, kann er auch nein sagen. Dann darf er eine andere Meinung haben. Es wird keine Angst vor dem anderen auftreten. Klar ist, daß es einen Unterschied macht, ob man mit Kindern, Jugendlichen oder Erwachsenen zu tun hat. Auch die Frage der psychischen Labilität oder Stabilität spielt eine Rolle, ob jemand sich alles gefallen läßt, zu allem ja und amen sagt, Angst entwickelt, kaum zu eigenen Entscheidungen fähig ist, sich gern führen läßt usw. Und ob jemand autoritätsgläubig ist. Dann kann der geistliche Leiter sagen, was er will, es wird ihm alles geglaubt. Schrecklich. Und unbiblisch ist das.

5.2.4 Nur vor Gott sind alle gleich

Bei uns Menschen ist das leider oft nicht so. Dies ist in der Definition so beschrieben:
> „Er bedient sich dabei eines vorhandenen Machtgefälles."

Man sollte meinen, in der Gemeinde Jesu gäbe es nur gleichwertige Schwestern und Brüder, so wie es Paulus im Bild des Leibes darstellt. Einer ist Ohr, einer ist Hand, einer ist Bein oder Fuß. Sie alle funktionieren miteinander und werden durch das Haupt gesteuert. Christus ist das Haupt.
Aber in der Praxis sieht die Gleichwertigkeit anders aus. Darum ermahnt Paulus in 1. Kor 12 die Glieder, einander wertzuschätzen, damit es eben nicht dazu kommt, daß sich einer auf Kosten anderer profiliert oder ausruht. In der Praxis gibt es das Gefälle von der Leitung zu den einzelnen Mitgliedern. Und jeder bringt in seine Art zu leiten auch seine Persönlichkeit, seinen Charakter ein.
Gerade von geistlichen Leitern wird eine hohe Verantwortung erwartet. Darum ist auch das sogenannte Anforderungsprofil, z.B. für Älteste, ein fest abgesteckter biblischer Rahmen. Gottes Wort schiebt einen Riegel vor, damit nicht jeder, der gerade Spaß dran hätte, ein solches Amt übernehmen kann.
Aber der Start in ein Amt ist das eine, wie sich jemand darin bewährt und in seinem Verhalten entwickelt, ist das andere. Da bleibt Spielraum. Auch Amtsträger sind und bleiben Menschen, die sündigen, selbst wenn sie das nie durchblicken lassen. Und darum kann es auch zu Mißbrauch durch Leiter oder Leiterinnen kommen.

5.2.5 Geistliche „Volksfürsorge"

Die Definition sagt aber:
> „… und vernachlässigt damit verbundene Fürsorgepflichten gegenüber dem anderen."

Fürsorgepflicht – das ist für geistliche Leiter wesentlich. Die anderen sind ihnen anvertraut, damit sie sie geistlich voranbringen. Das setzt voraus, daß ein Leiter seine Leute kennt. Daß er sich in sie hineindenkt. Daß er – wie Martin Luther einmal sagte – sein Ohr am Volk hat. Er muß die Nöte sehen, geistlichen Mangel feststellen und Abhilfe schaffen. Es ist seine Aufgabe, für ein gutes Miteinander in der Gemeinde zu sorgen und die Schwachen vor den Starken zu schützen, damit sie nicht untergebuttert oder abgewertet werden. Der Leiter soll seine Gemeinde lieben, wie und weil er selbst von Jesus Christus geliebt ist. Fürsorgepflicht – der Leib soll auferbaut werden zur Ehre Gottes. Nicht zu eigenen Ehre. Die Rollen sind vertauscht, wenn nicht mehr der Leiter für das Wohlergehen der Gemeinde, sondern die Gemeinde für das Wohlergehen des Leiters da ist (s. Eph 4,11–13).

5.2.6 Das Redeverbot

In Verbindung mit geistlichem Mißbrauch durch Amts- oder Verantwortungsträger ist von der sogenannten „Darf-nicht-sprechen-Regel" die Rede. Und damit rückt dieses geistliche Problem in unmittelbare Nähe zum Täterverhalten beim sexuellen Mißbrauch. Auch dort wird Druck ausgeübt, damit das Opfer schweigt und nie etwas an die Öffentlichkeit gelangt. Wer das Problem anspricht, wird selber zum Problem und bekommt das zu spüren; das kann bedeuten, der Mißbrauch verschärft sich und weitet sich aus. Was bisher vielleicht ausschließlich Lehrfragen betrifft, kann plötzlich massiven Druck durch geistliche Amtsträger nach sich ziehen. Amtsträger, die sich nicht gern hinterfragen lassen. Amtsträger, die Angst haben, Fehler eingestehen zu müssen. Amtsträger, die befürchten, daß ihr Lehrgebäude einstürzt.

6. Typische Folgen geistlichen Mißbrauchs

- Fehlende Freude am Gemeindeleben; man beteiligt sich, um gesehen zu werden
- Isolation aus Angst oder auf Anordnung
- Mangelnde Heilsgewißheit durch Leistungsevangelium
- Erschöpfung durch das Bemühen, den Anforderungen einer christlichen Gruppe gerecht zu werden
- Glaubensnöte durch falsche Verkündigung über Gott und geistliche Dinge
- Angst vor anderen, denen man unterlegen ist
- Kein Selbstwertgefühl, nicht einmal als begnadigter Sünder – Psychosomatische Symptome

7. Warum bleiben Menschen trotz solcher Schwierigkeiten in ihrer Gemeinde?

- Sie sind autoritätsgläubig bzw. abhängig
- Sie sind „betriebsblind" und erkennen geistliche Mißstände nicht
- Sie wollen bestehende Mißstände nicht wahrhaben
- Sie haben Angst, von Gott bestraft zu werden, wenn sie kritisieren oder die Gemeinschaft verlassen
- Sie trauen sich nicht zu, nötige Auseinandersetzungen zu führen
- Sie haben Angst vor den anderen

– Sie wollen niemandem wehtun
– Sie haben Angst vor den Konsequenzen, denn es steht viel auf dem Spiel (Kontakte, Freundschaften, der „gute Ruf", die investierten Jahre ...)

Wer nichts tut, verhält sich wie ein Co-Abhängiger beim Alkoholismus. Dazu schreiben die Autoren in ihrem Buch über geistlichen Mißbrauch:
„Manchmal trägt das Ausharren in einem mißbrauchenden System nur dazu bei, dessen Fassade als gesundes, nicht mißbrauchendes System aufrechtzuerhalten. So werden die falschen Leiter davor geschützt, zur Rechenschaft gezogen zu werden."
Nun geht es ja zunächst gar nicht um eine öffentliche Diskussion dieses heißen Themas. Würde man wenigstens innerbetrieblich, also in der Gruppe, oder mit einer Vertrauensperson von außen sprechen! Aber das geht ja oft nicht. Wegen des Drucks. Oder weil man betriebsblind geworden ist und einen ersten Anstoß von außen braucht, also von Gott oder von Menschen, die noch eine andere Sicht haben.
Leider wird der, der mutig Probleme anspricht, oft als Nestbeschmutzer klassifiziert oder ausgegrenzt. In keinem anderen Bereich ist Offenheit, Einsicht und Aufarbeitung so schwer wie im geistlichen Bereich. Das hängt damit zusammen, daß manche wie erwähnt die höchste Autorität, Gott selbst, ganz für sich und ihr Verhalten beanspruchen. Außerdem entziehen sich geistliche Belange vielfach einer Überprüfung durch andere.
Die, die den Mut und die Kraft nicht (mehr) haben, Druck durch Lehraussagen als ungesunde Lehre zu entlarven, sind vielleicht schon Opfer, die verängstigt sind und gelernt haben, sich zu fügen und ihre Meinung zurückzuhalten.
Dies alles sind häufige Verhaltens- und Denkmuster der Betroffenen. Sie führen dazu, daß Menschen nur schwer einen Ausweg finden und die eigene Gemeinde bzw. einzelne Geschwister mit ihrem Lehrgebäude kaum hinterfragen.

8. Hilfen in der seelsorgerlichen Begleitung

8.1 Zuhören

Nur durch Zuhören können Sie verstehen. Zuhören schließt auch gezielte Rückfragen ein, um Mißverständnisse sowie Verletzungen zu vermeiden.

8.2 Nachfragen

Der biblische Rat lautet: „Prüfet aber alles, und das Gute behaltet" (1. Thess 5,21). Prüft an der Heiligen Schrift, ob Lehre und Leitung mit der Bibel als Ganzer übereinstimmen, nicht nur mit einzelnen Versen, die aus dem Sinnzusammenhang gerissen werden. Denn gerade diese Methode kommt Irrlehrern zugute, deren Behauptungen dadurch auch biblisch klingen. Aber wichtig sind nicht einzelne Worte oder isolierte Aussagen, sondern die ganze Offenbarung Gottes im Alten und Neuen Testament! Gottes Wort ist die Grundlage jeder seelsorgerlichen Hilfe, gerade wenn es um geistliche Mißstände geht.

8.3 Beten / Segnen

Beten Sie. Allein. Oder mit dem anderen, gegebenenfalls auch in einer Gruppe. Gewähren Sie längere Zeit solche Gebetsunterstützung, denn die Folgen geistlichen Mißbrauchs können gravierend sein (s. Punkt 7).

Vergessen Sie nicht, daß Sie auch im Namen Jesu segnen dürfen und können. Das wird allen Beteiligten wohltun.

8.4   Informieren

Sie können dem, der etwas ansprechen will, ein gutes Korrektiv sein. Sie können ihn beraten über die Art und Weise einer offenen Aussprache und über einen günstigen Zeitpunkt. Sie können Zusammenhänge verdeutlichen, z. B. zwischen psychosomatischen Leiden und der Glaubenspraxis (s. Kap. 3: „Psychosomatische Krankheit") und so zu umfassender Hilfe beitragen.

8.5   Trösten

Trösten Sie den, der Gottes Gnade aufgrund falscher oder einseitiger Verkündigung nicht glauben kann, denn das ist immerhin das Schlimmste, was einem Menschen passieren kann. Die Grundlage allen Trostes ist die Bibel und nicht unsere „Theologie".

8.6   Korrigieren

Falsche Vorstellungen von Gott müssen korrigiert werden. Niemand, der das Heil in Jesus angenommen hat, muß sich vor dem Heiligen Gott fürchten. Weil nicht unsere Leistung, sondern das stellvertrende Leiden und Sterben Christi ausschlaggebend ist. Weil Jesus sich für unser Heil „aufs Kreuz legen" ließ, müssen wir dafür nicht „buckeln". Bearbeiten Sie, vielleicht mit Hilfe von Kommentaren, die angebliche Spannung zwischen Paulus und Jakobus, wenn es um das Verhältnis von Glauben und Werken geht!

8.7   Ermutigen

Ermutigen Sie Ihren Gesprächspartner, etwas zu unternehmen und nicht resignierend alles beim alten zu belassen. Helfen Sie, Angst vor Menschen abzubauen.
Ausharren, wenn geistlicher Mißbrauch geschieht, wäre falsch. Für sich selbst und andere lohnt es sich zu kämpfen und mit Gottes Hilfe den guten Kern einer lebendigen, geisterfüllten Gemeinde wieder freizulegen. Gott will (wieder) segnen, wo ihm bisher Menschen im Weg standen.

8.8   Orientieren

Die Frage steht im Raum: Was ist zu tun? Dabei kommt es wesentlich darauf an, was der Betroffene selbst tun möchte und wozu er sich in der Lage sieht. Er muß für sich Ziele haben und Schritte planen, um aus falschen Strukturen (sowohl der Gemeinde als auch seiner Gedanken) herauszufinden.

8.9   Nicht (ver)schweigen

Martin Luther King sagte einmal: „Wer zum Bösen schweigt, wird ebenso schuldig wie der, der es tut." Das erinnert an die Worte aus Jakobus 4,17: „Wer da weiß, Gutes zu tun, und tut's nicht, dem ist's Sünde".

Gutes tun ist mehr, als einer alten Frau über die Straße zu helfen oder Traktate zu verteilen. Gutes tun schließt ein, geistliche Mißstände nicht länger zu verschweigen, sondern sie offen anzusprechen, so daß Veränderung geschehen kann und die Gefahr geistlichen Mißbrauchs abnimmt. Auch zum Wohl anderer.

8.10 Klären / Vergeben

Ich erinnere an eine überraschende Anweisung Jesu, nach der wir erst zu klären haben, was zwischen uns steht, und dann am Altar unsere Gabe opfern sollen (Mt 5, 23 + 24). Viele Christen glauben, das Geistliche habe immer Vorrang. Nein, sagt Jesus, das Geistliche kann unnütz und irreführend sein, wenn das Menschliche nicht stimmt. Wie bei Kain, dessen Opfer von Gott nicht angenommen wurde. Das Böse in diesem Mann siegte, bis zum Brudermord.
Wenn jemand in der Gemeinde in gestörten Beziehungen lebt, werden solche Schritte vonnöten sein. Ob Schuldeinsicht bei dem vorhanden ist, der mit Amt oder Lehre falsch umging, muß im Einzelfall herausgefunden werden.

8.11 Begleiten / Vertreten

Die Reihenfolge in der Bibel lautet: Erst unter vier Augen reden, dann Zeugen hinzuziehen und zuletzt, wenn nichts hilft, die Gemeinde informieren (Mt 18, 15 ff). Unter vier Augen reden – das wird als Gespräch zwischen „Täter und Opfer" beim geistlichen Mißbrauch ebensowenig gelingen wie bei anderen Formen des Mißbrauchs.
Wenn Sie den anderen in schwierigen Begegnungen und Gesprächen begleiten, können Sie ihm den Rücken stärken, so daß er oder sie ermutigt wird, seine kritischen Anfragen vortragen zu können. In manchen Gemeinden ist das sehr schwer, wenn Kritik als böse, unbiblisch oder Werk des Teufels bezeichnet wird.
Vielleicht erfordern andere Begegnungen über den direkt betroffenen Personenkreis hinaus Ihre Anwesenheit, wenn alle Gesprächsversuche nichts bewirken und evtl. ein Vorstand oder eine nächst höhere Instanz informiert werden muß. Eventuell sind dazu auch Gespräche erforderlich, an denen der, der geistlich Schaden genommen hat, selbst nicht teilnimmt.

8.12 Ablösen

Der Wechsel der Gemeinde ist eine letzte Möglichkeit, wenn Gespräche nichts verändern und keine Chance besteht, daß emotionale, soziale und geistliche Wunden heilen können. Wo eine gesunde Glaubensentwicklung, die zu mündigen Christsein und einer frohen Heilsgewißheit führt, verhindert wird, kann man auf Dauer nicht bleiben, ohne weiteren Schaden zu nehmen. Letztlich ist nicht die einzelne Denomination entscheidend, sondern daß man Glied am Leib Jesu Christi bleibt. Und das kann auch in einer anderen Gemeinde der Fall sein, die sich an der Bibel orientiert und bekennt, daß Jesus Christus der Herr ist, zur Ehre Gottes, des Vaters.
Dem Betroffenen darf gesagt werden, daß ein Gemeindewechsel keine Sünde sein muß und kein Urteil Gottes nach sich zieht.
Dort, wo man ein Gemeindemitglied nicht mit dem Wunsch um Gottes Segen in eine andere bibelorientierte Gemeinde ziehen lassen kann, ist man zumindest einer Gefahr geistlichen Mißbrauchs bedenklich nahegekommen.
(An dieser Stelle weisen wir ergänzend auf den ERF-Seelsorgekurs 1 hin, in dem die

Grundlagen der Seelsorge in 14 Kapiteln behandelt werden: „Seelsorge – Lebensäußerung der Gemeinde".)

9. In Wort und Tat Botschafter an Christi Statt

In jeder christlichen Gemeinde sollte soviel Vertrauen zueinander gegeben sein, daß man sich untereinander angstfrei und ehrlich begegnen kann (s. Kurs 1: „Vertrauen können und ehrlich werden").

Helfen Sie mit, daß dort, wo Sie von geistlichen Mißständen hören oder diese selbst wahrnehmen, die Anbindung der Betroffenen an Christus neu gefestigt wird. Dann werden Wort und Tat der Christen (wieder) zu verantworten sein.

Literaturempfehlungen

Speziell zum Thema:

Lövas, Edin, Wölfe in Schafspelzen,
  Brendow Verlag, Moers
Johnson, David und Jeff VanVonderen, Geistlicher Mißbrauch
  Projektion J, Aßlar
VanVonderen, Jeff, Sie wollen nur dein Bestes,
  Projektion J, Aßlar

Ebenfalls hilfreich für Verantwortungsträger und für Geschädigte:

Dünnebeil, Wolfgang, Gemeinde am Puls der Zeit,
  Hänssler-Verlag, Neuhausen
Eckstein, Hans-Joachim, Erfreuliche Nachricht – traurige Hörer?
  Hänssler-Verlag, Neuhausen
Malm, Magnus, Gott braucht keine Helden, Edition Aufatmen
  Bundes-Verlag, Witten und Brockhaus Verlag, Wuppertal
Ott, Craig, Das Trainingsprogramm für Mitarbeiter
  Brunnen-Verlag, Gießen und Basel
Smith, James / Richard Foster, Daß Gott mich wirklich liebt, Edition Aufatmen
  Bundes-Verlag, Witten und R. Brockhaus Verlag, Wuppertal
Thurman, Chris, Lügen, die wir glauben
  Verlag Schulte & Gerth, Aßlar
Thurman, Chris, Noch mehr Lügen, die wir glauben
  Verlag Schulte & Gerth, Aßlar

Außerdem:

Literatur verschiedener „Aussteiger" aus mißbrauchenden Systemen

Didaktische Hinweise zu den Arbeitsblättern

Anlage 1: Arbeitsfragen
Als Einstieg ins Thema geeignet – ein Austausch in der Gruppe
ist nicht immer sinnvoll!

Anlage 2: Bibelzeit
Beide Fragen können einzeln oder in kleinen Gruppen erarbeitet
werden.
Für den 2. Teil sollte mindestens eine Konkordanz zur Verfügung
stehen.

Anlage 3: Kernaussagen
Das Bedenken der Zitate erfordert genügend Zeit, um sich
mit dem Inhalt wirklich vertraut zu machen. Jeder notiert,
wo er einer Aussage zustimmt und wo (warum) sich Widerstand
in ihm regt.
Der Gesprächsleiter achtet darauf, daß die einzelnen Aussagen
nicht wertend kommentiert werden, und gibt dies voher
als Gesprächsregel bekannt.

Anlage 4: Formen und Folgen
Eine Übersicht als Hilfe für die Zuhörer beim Vortrag.

Anlage 5: Schritte seelsorgerlicher Hilfe
Auf dieser Tischvorlage kann sich jeder Teilnehmer weitere
Stichpunkte notieren.
Außerdem können die Teilnehmer den Aspekt unterstreichen
und nennen, der ihnen am schwierigsten erscheint, um darüber
miteinander (oder unter vier Augen) im Gespräch zu bleiben.

Arbeitsfragen

1. Was stelle ich mir unter geistlichem Mißbrauch vor?

....

....

....

....

....

2. Wie habe ich Christen erlebt, die Druck auf mich (oder andere) ausgeübt haben?

....

....

....

....

....

3. Wo liegen Gefahren für geistliche Amtsträger bzw. für verantwortliche Mitarbeiter?

....

....

....

....

....

4. Wie wirkt sich bei mir aus, daß Evangelium „*gute*" Nachricht heißt?

....

....

....

....

....

Bibelzeit

1. Was sagen die folgenden Bibelstellen über geistliche Gefahren?

Mt 16, 6 + 12 ....

....

Mt 21,12–16 ....

....

Mt 23,3 ff. ....

....

Gal 1,6–8 ....

....

Gal 5,1 ....

....

Kol 2, 16–23 ....

....

2. Tim 3,1–5 ....

....

**2. Welche Aussagen der Bibel würden Sie auswählen,
um einen geistlich Geschädigten**

– in seinem Gottvertrauen zu stärken:

....

....

– von Leistungsfrömmigkeit zu lösen:

....

....

– von Angst vor Menschen zu befreien:

....

....

– in seinem Selbstwert zu stärken:

....

....

Kernaussagen

„Mißbrauch geschieht immer dann, wenn ein Mensch einen anderen dazu benutzt, eigene Bedürfnisse zu befriedigen, ohne dafür das bewußte, freie und entwicklungsangemessene Einverständnis des anderen zu haben.
Er bedient sich dabei eines vorhandenen Machtgefälles und vernachlässigt damit verbundene Fürsorgepflichten gegenüber dem anderen."

Dr. Rolf Senst

„Geistlicher Mißbrauch ist, wenn jemand durch den Umgang mit einem anderen geistlichen Schaden nimmt. – Die weitreichende Folge davon ist eine Störung seiner Beziehung zu Gott, sofern er überhaupt in der Lage ist, eine Beziehung zu Gott aufzubauen."

Jeff VanVonderen

„Oft geschieht Mißbrauch so subtil und dazu ‚im Namen Gottes', daß es für die Opfer schwer ist, den Mißbrauch überhaupt als solchen zu erkennen. Dasselbe gilt auch für die Täter. In manchen Fällen bemerken sie gar nicht, daß das, was sie für „normal" oder „besonders geistlich" halten, in Wirklichkeit Mißbrauch an anderen Christen ist."

Anne K. Strauch

„In einem geistlichen Mißbrauch betreibenden System tragen Menschen die Verantwortung für eine bestimmte Arbeit, für die sie jedoch nicht autorisiert sind."

Van Vonderen/Johnson

„Es gibt geistliche Systeme, in denen die Meinungen, Gefühle und Bedürfnisse eines Menschen nicht zählen. Sie bleiben unbeachtet. In diesen Systemen sollen die Mitglieder die Bedürfnisse ihrer Leiter befriedigen – das Bedürfnis nach Macht, Ansehen, Nähe, Wert – also sehr egozentrische Bedürfnisse. Diese Leiter versuchen, im religiösen Wohlverhalten der Menschen, denen sie eigentlich dienen und weiterhelfen sollten, Erfüllung zu finden."

VanVonderen/Johnson

„Gesetzliches Denken tauscht das Ruhen in Gott gegen Forderungen nach einem bestimmten geistlichen Verhalten ein."

VanVonderen/Johnson

Formen und Folgen geistlichen Mißbrauchs

Formen

1. Geistlicher Mißbrauch durch Leitung

1.1 Amtsmißbrauch

1.2 Mißbrauch durch Laien

2. Geistlicher Mißbrauch durch Lehre

2.1 Kein Zugang zur Gnade durch Gesetzlichkeit / Leistung

2.2 Kein Zugang zur Gnade durch Leugnung des sündigen Wesens

Folgen

– Fehlende Freude am Gemeindeleben

– Isolation durch Angst oder auf Anordnung

– Mangelnde Heilsgewißheit

– Geistliche Erschöpfung durch permanenten Druck

– Betriebsblindheit

– Leugnen des Mißbrauchs

– Angst vor Gott

– Mangelndes Selbstwertgefühl

– Angst vor Menschen bzw. Abhängigkeit von ihnen

– Psychosomatische Symptome

Möglichkeiten seelsorgerlicher Hilfe

1. Zuhören

....

....

2. Nachfragen

....

....

3. Beten / Segnen

....

....

4. Informieren

....

....

5. Trösten

....

....

6. Korrigieren

....

....

7. Ermutigen

....

....

8. Orientieren

....

....

9. Nicht (ver)schweigen

....

....

10. Klären / Vergeben

....

....

11. Begleiten / Vertreten

....

....

12. Ablösen

....

....

Ernst Bai

Heiligung – Im Glauben wachsen und reifen

„Das größte Hindernis für unsere Heiligung: Unsere Unwilligkeit, uns so zu sehen, wie wir wirklich sind" (Billy Graham).

Für einen Landwirt ist es ganz selbstverständlich, daß er Jahr für Jahr sein Land bestellt. Er pflügt, eggt, sät und düngt ganz im Vertrauen darauf, daß eines Tages die Saat aufgeht und Frucht bringt. Er rechnet also mit Kräften, die er in keiner Weise beeinflussen kann. Er kann die Saat nicht zum Keimen bringen. Er kann der Sonne, dem Regen und dem Wind nicht befehlen. Er kann das Wachstum nicht erzeugen. Er ist ganz und gar abhängig von Gott, dem Schöpfer. Und es ist ihm bewußt: Gott allein kann eine gute Ernte schenken. Anderseits weiß der Landwirt um seine Verpflichtungen. Sorgfältig muß er den Boden bearbeiten. Zudem muß er säen, pflanzen, düngen, Unkraut vernichten etc. Will er eine gute Ernte bekommen, so muß er die dazu nötigen Rahmenbedingungen schaffen. Genau betrachtet, arbeitet der Landwirt in einer Art Koproduktion mit Gott. Der Landwirt kann nicht tun, was Gott tun muß, und Gott wird nicht tun, was der Bauer tun sollte. Dieses Bild kann ein hilfreicher Hinweis sein für das, was die Bibel mit Heiligung bezeichnet. Heiligung gelingt nur in der engen Zusammenarbeit mit Gott. Heiligung ist ein Wachstumsprozeß, bei dem Gott wirkt – und der Christ mit-wirkt.

1. Heiligung – ein vernachlässigtes Thema

Es gibt gleich mehrere Gründe, weshalb das Thema „Heiligung" für manche Christen eine untergeordnete Rolle spielt.
- Manche sind enttäuscht von dem, was ihnen als „Lehre von der Heiligung" angeboten wurde: höheres Leben, siegreiches Leben - und damit verbunden Gesetzlichkeit und Perfektionismus.
- Manche leben dermaßen im Trend des Zeitgeistes, daß sie nur noch darauf aus sind, ihre „Freiheit in Christus" am besten auszuschöpfen. Sie leben ein bequemes und angepaßtes Christsein.
- Manche fürchten den Kampf, der mit einem Leben der Heiligung verbunden ist; Wachstumsprozesse provozieren Konflikte.
- Manchen fehlt die Motivation zur Heiligung, weil die biblischen Perspektiven zur Heiligung fehlen. Heiligung ist zunächst Gottes Tat an uns; ihr Ziel ist die Umgestaltung unseres Lebens in das Bild Jesu Christi.

All diese Gründe machen deutlich, wie komplex das Thema Heiligung ist. Es umfaßt das ganze Leben eines Christen.

2. Heiligung – Gottes Gabe

2.1 Was Gott aussondert, ist heilig

Der Begriff „Heiligung" kommt in unserer Umgangssprache nicht vor, auch im Duden finden wir nichts dazu. „Heiligung" ist ein Wort der Bibel. Und dort gehört es zur Wortfamilie „heilig" und „Heiligkeit". Gott ist heilig. Und was er für sich beansprucht oder in seinen Dienst nimmt, heiligt er. Das Alte Testament kennt heilige Stätten, die Stiftshütte etwa, und später den Tempel, Gottes heiliges Haus mit seinen Altären; es kennt heilige Ämter, Ordnungen und Geräte für den Gottesdienst und das Leben. Alles, was Gott zur Verfügung steht, was er zu seinem Dienst ausgesondert und dadurch dem normalen Gebrauch entnommen hat, wurde als heilig bezeichnet. Aber nicht nur für Gegenstände, auch für Menschen gilt diese Bezeichnung. Gott beruft sich ein Volk zum Eigentum: „Werdet ihr nun meiner Stimme gehorchen und meinen Bund halten, so sollt ihr mein Eigentum sein vor allen Völkern; denn die ganze Erde ist mein. Und ihr sollt mir ein Königreich von Priestern und ein heiliges Volk sein" (2. Mose 19,5–6). Nicht weil das Volk Israel besondere Verdienste aufzuweisen gehabt hätte, wurde es von Gott heilig genannt, sondern weil Gott sich in Barmherzigkeit diesem Volk zugewandt hat. Dasselbe gilt für das neutestamentliche Gottesvolk.

2.2 Christen sind Heilige

So ist es nur folgerichtig, daß auch im Neuen Testament alle Menschen, die zu Jesus gefunden haben, als geheiligt gelten. Sie werden ausdrücklich als Heilige bezeichnet. Fast alle Briefempfänger werden vom Apostel Paulus als „Heilige" angesprochen (1. Kor 1,2). Manche Christen wehren sich gegen diese Bezeichnung. „Wir wollen keine Heiligen sein!" sagen sie. Vermutlich steckt dahinter die Angst, den Ansprüchen eines christlichen Lebens nicht genügen zu können. Aber darum geht es nicht, denn unsere Heiligkeit beruht nicht auf einem moralisch untadeligen Leben. Sie beruht vielmehr auf der Tatsache, daß wir ganz und gar zu Jesus gehören und von ihm ausgesondert wurden, trotz unserer menschlichen Fehler und Schwächen.

2.3 Christen sind gerechtfertigt und geheiligt durch Christus

Heiligung ist zunächst Gottes Tat an uns und nicht eine Leistung von uns. Gott gibt, bevor er etwas von uns fordert. Was uns von Gott geschenkt ist, beinhaltet unermeßlich viel. Dazu gehört an erster Stelle die Vergebung unserer Schuld bei der Umkehr zu Gott. Der theologische Begriff dafür heißt Rechtfertigung. Zu dem, was uns ebenfalls von Gott geschenkt ist, gehört die Heiligung. Deshalb kann Paulus sagen: „Ihr seid in Christus Jesus, der uns von Gott her zur Weisheit und zur Gerechtigkeit und zur Heiligung und zur Erlösung geworden ist" (1. Kor 1,30). In die gleiche Richtung zielt 1. Kor 6,11, wo es heißt: „Ihr seid reingewaschen, ihr seid geheiligt, ihr seid gerecht geworden durch den Namen des Herrn Jesus Christus und durch den Geist unseres Gottes." Rechtfertigung und Heiligung bezeichnen in gleichem Maß das erlösende Werk Gottes am Menschen. Es ist demnach Gott, der unser Leben heiligt, und nicht wir selbst. Ohne diese göttliche Vorgabe verkommen unsere menschlichen Bemühungen um ein geheiligtes Leben zur elenden Quälerei. Es steht dann der Befehl mit seinem zwingenden „Ich muß" im Vordergrund. Dadurch besteht die Gefahr, daß die

Heiligung auf die eigene religiösen Leistung reduziert wird. Heiligung ist also zunächst Gottes Tat an uns; ihr Ziel ist die Umgestaltung unseres Lebens.

3. Heiligung – Wachstum im Glauben

3.1   Spannungsfelder des Wachstums

3.1.1 Gottes Verheißung und unsere Verantwortung

Christliches Leben steht unter der Verheißung, im Glauben wachsen und reifen zu können. Alle Kräfte des Wachstums sind durch den Heiligen Geist bereits in uns. „Denn die Liebe Gottes ist ausgegossen in unser Herz durch den Heiligen Geist, welcher uns gegeben ist" (Röm 5,5). Es geht nun darum, diesem Geist Raum zu verschaffen und ihm zur Entfaltung zu verhelfen. Was damit gemeint ist, will ich an einem Beispiel aus der Natur deutlich machen. Vielleicht kennen Sie die Buchecker, das ist die Frucht der Buche. In diesem kleinen Kern stecken alle Informationen und Kräfte, die es braucht, damit ein großer Baum daraus wird. Nichts fehlt, es ist alles drin, damit eine ganze Buche entstehen kann. Aber dennoch ist so eine Buchecker noch keine Buche. So ist es mit uns Christen auch: Gott hat alles in uns hineingelegt, als wir seine Kinder wurden. Da können und müssen wir nichts ergänzen. Was es jedoch braucht, ist Wachstum. Wir sollen immer mehr zu dem werden, was anlagemäßig schon in uns ist. „Werde, was Du bist!" lautet demnach die Devise. Bezogen auf Epheser, Kapitel 5, Vers 8 ff. bedeutet dies: Ihr seid Kinder des Lichts geworden – aber werdet es immer mehr, indem ihr entsprechend lebt. Angesprochen ist unsere Lebenspraxis, unser Verhalten als Christen. Und da befinden wir uns leider allzuoft in einem Dilemma. Wir leben nicht aus, was wir aufgrund unserer Berufung sind. Watchmann Nee drückt dieses Dilemma sehr hart, aber auch sehr deutlich aus, wenn er sagt: „Leider kennen zu viele Christen wohl die Lehre, aber sie leben in krassem Gegensatz dazu. Sie kennen die ersten drei Kapitel im Epheserbrief gut, aber sie leben die Kapitel 4–6 nicht aus. Es wäre besser, sie hätten keine Erkenntnis, als im Widerspruch dazu zu leben."
Spätestens hier wird klar, daß Heiligung sowohl Gabe als auch Befehl ist. Neben dem „Ihr seid" steht an zweiter Stelle „Ihr sollt": „Das ist es, was Gott von euch will: Eure Heiligung" (1.Thess 4,3). „Denn Gott hat uns nicht berufen zu einem Leben in Unreinheit, sondern in der Heiligung" (1.Thess 4,7). „Leget von euch ab den alten Menschen mit seinem vorigen Wandel, der durch trügerische Lüste sich verderbt. Erneuert euch aber im Geist eures Gemüts und ziehet den neuen Menschen an, der nach Gott geschaffen ist in rechtschaffener Gerechtigkeit und Heiligkeit" (Eph 4,22–24). Alle diese Stellen machen das Miteinander von Gottes Tat und menschlicher Verantwortung deutlich. Wir sollen streben nach einem heiligen Leben. Aber nicht, um uns dadurch einen Platz im Himmel zu sichern, sondern aus Liebe zu Jesus, der am Kreuz stellvertretend für uns gestorben ist.

3.1.2 Gottes Bestreben und unser Widerstreben

Weil wir als Christen von innen und außen angegriffen werden, ist unser Bemühen um ein geheiligtes Leben von manchen Spannungen und Konflikten geprägt. „Denn, selbstsüchtig wie wir sind, wollen wir immer das Gegenteil von dem, was Gottes Geist will" (Gal 5,17). Dem Streben des Geistes steht unsere Selbstsucht gegenüber. Diese gegen Gott gerichtete Energie hält uns davon ab, unser Leben ganz in der Ausrichtung auf Gott leben zu können. Immer wieder unterliegen wir Versuchungen, Täuschungen und sündhaften Verhaltensweisen. Der alte Adam, die alte Eva rührt sich hin und wieder kräftig in uns. Obwohl wir ein Leben anstreben, das Gott gefällt, stoßen wir immer wieder an unser Unvermögen. Diese Konfliktsituation gilt es aus- und durchzuhalten. Sie macht uns vor allem bewußt, daß uns Vollkommenheit erst für den Himmel verheißen ist. Ein Leben der Heiligung bedeutet immer auch Kampf. Jede echte Heiligung ist ständig unter feindlichem Beschuß. Der Christ kämpft somit gegen die Opposition von außen und gegen die Auflehnung von innen. Deshalb lautet die Anweisung des Paulus an Timotheus: „Kämpfe den guten Kampf des Glaubens" (1. Tim 6,12). Und Jesus lehrt seine Jünger kämpfen, indem er sie auf das Gebet verweist: „Wachet und betet, daß ihr nicht in Anfechtung fallet. Der Geist ist willig; aber das Fleisch" – durch die immer noch in uns wohnende Sünde – „ist schwach" (Mt 26,41). Ohne wachsames Gebet werden wir dem Bösen und der in uns wohnenden Sünde nicht standhalten können.

3.2 Blockaden des Wachstums

3.2.1 Niederlagen verheimlichen

Manche Christen blockieren das Wachstum im Glauben, indem sie ihre Schwierigkeiten verheimlichen. Niemals würden sie zugeben, daß sie vielleicht Ehe- oder Erziehungsprobleme haben, nicht mit Geld umgehen können, einer Sucht verfallen sind oder mit anderen Gemeindegliedern im Streit leben. Sie heucheln und ziehen eine „fromme" Schau ab. Aber wer sich und anderen dauernd etwas vormacht, zerstört jede feine Knospe, die der Glaube hervorzubringen beginnt. Also wird dadurch der Wachstumsprozeß verhindert.

3.2.2 Gleichgültigkeit und Trägheit

Lauheit, Trägheit und Leichtfertigkeit sind seit jeher die Todfeinde des christlichen Lebens. In unserer Zeit sind manche Christen dermaßen von den Trends des Zeitgeistes erfaßt, daß sie ein völlig angepaßtes Leben führen. Im Zentrum steht die Selbstverwirklichung, der Lebensgenuß, das eigene Wohlergehen und Wohlfühlen. Heiligung im Sinn von Verzicht und einfacher Lebensführung, zugunsten einer größeren Verfügbarkeit für Gott, sind für viele Christen außerhalb des Blickfeldes. Das zeigt sich zum Beispiel daran, daß manche Christen sich von den Konsumangeboten haben lahmlegen lassen. Ihr Lebenshorizont ist verstellt durch Schrankwände, Ferienhaus und Fernsehen. Da muß die Frage nach dem christlichen Lebensstil ganz neu gestellt werden. Wie steht es denn mit unserem Konsumverhalten? Wohin führt der hemmungslose Verbrauch von Rohstoffen und Energie? Ist uns bewußt, daß dabei die ganze Schöpfung auf dem Spiel steht? Und wie halten wir es im Umgang mit den elektronischen Medien wie Video, Computer und Internet? Wieviele Stunden werden dabei vertan, die besser hätten eingesetzt werden können! Wie hat Paulus gesagt? „Es ist mir alles erlaubt, es soll mich aber nichts gefangennehmen" (1. Kor 6,12). Wir haben dauernd zu prüfen, wie sich der Prozeß der Heiligung in einer sich ständig verändernden Situation der Welt fortzusetzen hat. Darin eingeschlossen sind alle Lebensgebiete wie Liebe und Ehe, Familie und Erziehung, Arbeit und Beruf, Politik und Öffentlichkeit, aber auch die großen Probleme, die unsere Welt heute bewegen, wie Mangel und Überfluß, Krieg und Frieden.

3.2.3 Einseitige Vermeidungsstrategie – „Was darf ein Christ?"

Für manche Christen zeigt sich Heiligung in einer Art Vermeidungsstrategie. Die Betonung liegt auf dem, was der Christ angeblich alles nicht darf. Er darf nicht rauchen, nicht tanzen, keinen Alkohol trinken, nicht Karten spielen, nicht ins Kino gehen etc. Mit dem Hinweis auf gewisse Bibelstellen werden zudem strikte Vorschriften erlassen. Sie betreffen zum Beispiel Kleidung, Haartracht und das Eßverhalten der Glaubenden, so ganz nach dem Motto: „Ein wahrer Christ ißt keine Blutwurst." Und in seltsamen Diskussionen wird darüber gestritten, ob Mädchen und Frauen Hosen tragen dürfen oder nicht. Als wahrer Christ wird nur bezeichnet, wer sich an einen bestimmten Verhaltenskodex hält. Es sind die sogenannten Mitteldinge, also zweit- und drittrangige Regeln, die im Zentrum des Interesses stehen. Bei dieser Art von Heiligung besteht die Gefahr, daß sie im Negativen steckenbleibt. Oft führt sie zu einer lebensverneinenden, miesmacherischen, freudlos-asketischen Haltung. Und das wiederum kann zu einer religiösen Ichbezogenheit führen, bei der man ständig sich selbst überprüft. Statt positiv zu fragen: „Herr, was soll ich tun?" erstickt die Vermeidungsmoral den Auftrag, den wir als Christen in dieser Welt haben. Problematisch wird es immer dann, wenn die Mitteldinge zu allgemeinen Gesetzen erhoben werden. Obwohl es beim Bemühen um Heiligung immer wieder zu Mißständen gekommen ist, sollten wir nicht außer acht lassen, daß sie ein biblisches Grundanliegen aufgreift. Die Verheißung zielt ja darauf ab, daß Gottes Liebe unser Leben ständig erneuert und zum Guten verändert (Röm 12,1 f.).

Selbstverständlich kann es sinnvoll sein, auf Erlaubtes, also auf die sogenannten Mitteldinge zu verzichten. Ein eindrückliches Beispiel dazu liefert die China-Missionarin Isobel Kuhn. Sie war eine leidenschaftliche Leserin jeglicher Romanliteratur. „Novellen nahmen mich gefangen, und in diese hinein flüchtete ich am liebsten vor all meinen Nöten und Schwierigkeiten oder vor einem einsamen Abend. Eine gute Liebesgeschichte vermochte mich völlig in eine andere Welt heineinzuziehen, und wenn es sich um eine wirklich interessante Geschichte handelte, vermochte ich das Buch nicht eher aus der Hand zu legen, als bis es zu Ende gelesen war" (Die mich suchen, S. 50). Eines Tages stellte diese Missionarin fest, daß sie die Bibel als fade, trocken und langweilig empfand. Und beim Beten schien Gott unendlich weit entfernt von ihr. Sie überprüfte ihr Leben und erkannte, daß die Novellen die Ursache für ihre geistlichen Probleme waren. Daraufhin wurde sie konsequent: „Etwa fünfzehn Jahre hindurch erlaubte ich mir nie mehr, eine Liebesgeschichte zu lesen. Ich wurde reichlich belohnt für diese Selbstdisziplin" (S. 52).

Fazit: Wer im Glauben wachsen und reifen will, kommt ohne Verzicht und Disziplin nicht aus. Dieser Verzicht darf aber niemals aus Resignation oder Enttäuschung kommen. Er darf auch nicht die guten Schöpfergaben Gottes entwerten, sondern muß um eines höheren Zieles willen geübt werden, z. B. um für Gottes Anliegen besser verfügbar zu sein. Wo diese übergeordnete Zielsetzung fehlt, entartet die Heiligung leicht zu Pharisäismus und Gesetzlichkeit. Als gesetzlich werden Menschen bezeichnet, die unbeweglich, starr, eng und streng darauf aus sind, gewisse Normen einzuhalten. Sie sind oft übertrieben ängstlich, kleinlich und zwanghaft. Sie wirken bedrückt und bedrückend. Meist werden sie als lebensfern und sogar als herzlos empfunden.

3.3   Schritte des Wachstums

3.3.1 Gottes Annahme und Liebe als Basis

Wachstum geschieht dort am besten, wo es sich auf den Grundlagen von Liebe und Vertrauen entwickeln kann. Die Gewißheit, daß Sie trotz Niederlagen und Fehler von Gott angenommen sind, soll Sie zu konkreten Wachstumsschritten motivieren.

3.3.2 Verantwortung übernehmen

Übernehmen Sie Verantwortung für Ihr Leben. Machen Sie für Ihre Fehler nicht andere Menschen oder besondere Lebensumstände verantwortlich. Wenn Vergangenes Sie allzusehr belastet, sollten Sie seelsorgerliche Hilfe in Anspruch nehmen, um den „Schutt" aus der Vergangenheit aufzuarbeiten. Mündiger Glaube zeigt sich darin, wie Sie Ihre Lebensaufgaben anpacken und konkret für andere Menschen Verantwortung übernehmen. Klagen Sie nicht über die Defizite der christlichen Gemeinde. Übernehmen Sie Verantwortung, indem Sie mit gutem Beispiel vorangehen.

3.3.3 Veränderungsprozesse anstreben

Gott nimmt uns an, wie wir sind; aber er läßt uns nicht, wie wir sind! Veränderungsprozesse beginnen oft mit der Einsicht, daß es mit einem selbst nicht zum besten bestellt ist. Um konkrete Veränderungsschritte einzuleiten, ist es oft nötig, daß wir einen seelsorgerlichen Menschen ins Vertrauen einbeziehen. Er kann ermutigen, motivieren und wo nötig korrigieren. Immer aber geht es darum, alte, gottlose Verhaltensweisen durch neue, gottgewollte zu ersetzen (Eph 4,22–32). Dazu braucht es Ausdauer und Disziplin.

3.3.4 Die Mitmenschen achten

Akzeptieren Sie Mitmenschen und Mitchristen, auch wenn diese andere Ansichten vertreten (Röm 15,7). Praktizierte Nächstenliebe zeigt sich darin, daß Sie auch jene lieben können, die eine andere Wellenlänge haben und einen anderen Frömmigkeitsstil pflegen als Sie. Begegnen Sie allen Menschen mit Achtung und Respekt (Phil 2,3b). Und verzichten Sie darauf, andere überzeugen zu wollen von Mitteldingen, die Ihnen persönlich wichtig geworden sind.

3.4   Ziele des Wachstums

3.4.1 (Neue) Hingabe an Gott und Menschen

Heiligung bedeutet: mit dem ganzen Leben sich Gott zur Verfügung stellen, Leib und Seele, dazu auch unser Denken, Fühlen, Reden und Tun, die ganze Lebensgestaltung Gott unterstellen. Es bedeutet ein Leben gemäß seinen Geboten, nach seinem Willen, und zwar auf allen Gebieten des Lebens. Davon betroffen sind der Sonntag und der Alltag, der persönliche Lebensraum ebenso wie unser Leben in der Öffentlichkeit. Wo Gottes Heiligkeit unser Leben bestimmt und prägt, stellt sich nicht nur Friede und Freude ein, sondern auch das Tun all der guten Werke, „welche Gott zuvor bereitet hat, daß wir darin wandeln sollen" (Eph 2,10). Es geht dabei um den Glauben, „der durch die Liebe tätig ist" (Gal 5,6b). Diese Liebe wird dort konkret, wo wir uns für Menschen einsetzen, die in Not geraten sind und deshalb unsere Hilfe brauchen.

3.4.2 Umgestaltung in das Bild Jesu

Heiligung zielt auf die Umgestaltung unseres Lebens in das Bild Jesu (Gal 4,19). Wir sollen Jesus immer ähnlicher werden. Diese Veränderung ist deshalb möglich, weil Jesus durch den Heiligen Geist in uns wohnt (Eph 3,17a). Auf diese Erfahrung nimmt Paulus Bezug, wenn er schreibt: „Darum lebe nun nicht mehr ich, sondern Christus lebt in mir. Sofern ich noch in dieser Welt lebe, lebe ich im Vertrauen auf den Sohn Gottes, der mir seine Liebe erwiesen und sein Leben für mich gegeben hat" (Gal 2,20). Jesus hat uns bereits vor Grundlegung der Welt dazu erwählt, heilig und untadelig vor ihm zu sein (Eph 1,4). Ja, er hat uns dazu bestimmt, „seinem Sohn gleich zu werden" (Röm 8,29). Und es ist bezeichnend, daß alles dazu beitragen muß, daß wir in diesem Prozeß der Umgestaltung Fortschritte machen. Auch die uns oft unverständlichen Erziehungswege Gottes mit uns sind darin eingeschlossen (Röm 8,28). Darum gilt: „Haltet standhaft aus, um euch erziehen und umgestalten zu lassen!" (Hebr 12,7–10) Denn „ohne Heiligung wird niemand den Herrn sehen" (Hebr 12,14), also an der verheißenen Herrlichkeit teilhaben.

Literaturempfehlungen

Christen, René, Erneuerung von innen nach außen
    Brunnen-Verlag, Gießen und Basel
Crabb, Lawrence J., Glück suchen oder Gott finden?
    Brunnen-Verlag, Gießen und Basel
Kuhn, Isobel, Die mich suchen
    Brunnen-Verlag, Gießen und Basel
Ortberg, John, Das Leben, nach dem du dich sehnst
    Projektion J, Aßlar
Wilkerson, David, Hungrig nach mehr von Jesus
    Fliß Verlag, Hamburg

Didaktische Hinweise zu den Arbeitsblättern

Anlage 1:   Vorschlag zur Gestaltung von zwei Themenabenden
im Hauskreis.

Zielvorgabe für den ersten Abend: Möglichst alles durcharbeiten
bis Punkt 4 oder 5. Je nach Bedürfnis und Interesse der
Teilnehmenden können die einzelnen Themen verschieden
ausführlich besprochen werden.

Zu den Hausaufgaben gehört, daß alle Anwesenden den Vortrag
gründlich durchlesen und dazu Beobachtungen und Fragen
notieren, die sie in den Hauskreis mitbringen.

Anlage 2:   Anspiel zu Punkt 3.2.3. „Einseitige Vermeidungsstrategie –
„Was darf ein Christ?"
Eignet sich besonders gut als Einstieg für den
zweiten Themenabend.
Zwei oder drei Teilnehmer bereiten etwa drei verschiedene Szenen
vor, die sie dann im Hauskreis vorspielen. Das Anspiel dient als
Vorbereitung für die folgende Gesprächsrunde. Es soll der allzu
ernsten Diskussion zu diesem Thema die Spitze brechen.

Anlage 3:   Bibelzeit
Zur persönlichen Stille ebenso einsetzbar wie in der Gruppe.
Eine Zuweisung einzelner Blöcke auf Gruppen ist hilfreich.
Anschließend das Wesentliche zusammentragen.
Haben Sie den Mut, evtl. eine Auswahl zu treffen, um intensiver
auf einzelne Verse eingehen zu können.

Vorschlag zur Gestaltung von zwei Themenabenden im Hauskreis

1. Fragen zum Einstieg

Welche Gedanken und Gefühle kommen Ihnen ganz spontan beim Begriff Heiligung? *(Ergebnisse für alle sichtbar auf einem großen Blatt notieren, dann kurz darüber austauschen.)*

Weshalb ist Heiligung für manche Christen kein Thema?

Was motiviert Sie zur Auseinandersetzung mit diesem Thema?

2. *Vortrag von Punkt 2 „Heiligung – Gottes Gabe"*

Austausch: Weshalb wollen sich manche Christen nicht als Heilige bezeichnen lassen?

Was spricht dagegen? Warum sollten sich Christen auf keinen Fall als Heilige bezeichnen lassen?

Was spricht dafür? Warum sollten es Christen akzeptieren, daß sie sich als Heilige verstehen?

Austausch: Als Christen sind wir gerechtfertigt und geheiligt. Welche Gefahren ergeben sich für die Lehre von der Heiligung, wenn dieser Zusammenhang nicht beachtet wird?

3. Vortrag von Punkt 3.1.1: „Gottes Verheißung und unsere Verantwortung" und 3.1.2: „Gottes Bestreben und unser Widerstreben"

Austausch: Unter 3.1.1 ist das Beispiel von der Buchecker aufgeführt. Warum müssen im Heiligungsprozeß beide Seiten betont werden, Gottes Tat und unsere Verantwortung?

Austausch: In 3.1.2 wird erklärt, daß Heiligung auch Kampf mit sich bringen kann. Wo haben Sie diesen Kampf vielleicht gerade heute erlebt? Wie haben Sie sich in der aktuellen Situation verhalten?

4. Jemand in der Gruppe liest laut Punkt 3.2.1 aus dem Vortrag „Niederlagen verheimlichen"

Austausch: Wie kann die Offenheit untereinander gefördert werden? Wieviel Offenheit ist im Hauskreis erwünscht? Wo sind die Grenzen und die Gefahren der Offenheit?

Projektarbeit: Wir entwickeln ein Sechs-Punkte-Programm, das die Offenheit unseres Hauskreises beschreibt. Beispiel: Wir respektieren, wenn jemand im Hauskreis über Ereignisse oder Gefühle nicht sprechen will.

5. Vortrag von Punkt 3.2.2 „Gleichgültigkeit und Trägheit"

Austausch: Auch Christen sind vom Trend des Zeitgeistes erfaßt. Woran läßt sich das ablesen? An welchem Punkt sind Sie vielleicht besonders gefährdet? *(In persönlicher Offenheit, gemäß besprochenem „Punkte-Programm" von vorhin, geben wir einander Anteil an unserem Erleben.)*

6. Vortrag von Punkt 3.3 „Schritte des Wachstums"

Austausch: Welcher Wachstumsschritt scheint Ihnen besonders wichtig? Weshalb?

Austausch: Welche Schritte des Wachstums sind für Sie jetzt dran? Welcher Person wollen Sie Ihre Vorsätze mitteilen, damit sie Ihnen hilft, diese Schritt für Schritt zu realisieren?

7. Vortrag von Punkt 3.4: „Ziele des Wachstums"

Austausch: Bei manchen Christen hat man den Eindruck, ihr eigentliches Ziel bestehe nur darin, einmal in den Himmel zu kommen. Was sind die Gefahren einer solchen Zielvorgabe?

Ermutigung: Heiligung zielt auf die Umgestaltung unseres Lebens. Dieser Prozeß erfordert Geduld und Ermutigung. Damit die gegenseitige Ermutigung konkret wird, beschenken wir uns gegenseitig mit einem Bibelwort und einigen persönlichen Worten, die wir einander im Verlauf der nächsten Woche zustellen. *(Das Los entscheidet, wer wen beschenkt).*

8. Zum Nachdenken:

Heilige sollen wir sein, das sind Menschen, durch die es andern leichter wird, an Gott zu glauben.

Anspiel zu Punkt 3.2.3
„Einseitige Vermeidungsstrategie – Was darf ein Christ?":

„Was darf ein Christ?" Unter diesem Aspekt könnten etwa drei Szenen gespielt werden. Vorschläge: Wer als Christ raucht, ist ein unglaubwürdiges Zeugnis für Jesus. Wer als Christ tanzt, weckt bei sich und anderen erotische Gefühle. Wer als Christ Blutwurst ißt, handelt gegen klare biblische Normen.

Im anschließenden Gespräch können folgende Fragen diskutiert werden:

1. **Gibt es bei Ihnen bestimmte Mitteldinge, die Sie zur Hauptsache erklären oder die Ihnen besonders wichtig sind?**

2. **Welche gesetzlichen Tendenzen gibt es in Ihrer Gemeinde?**

3. **Was haben gesetzliche Tendenzen mit der eigenen Biographie zu tun?**

4. **Wie kann gesetzlichen Christen geholfen werden?**

Bibelzeit

Wichtige Bibelstellen zum Thema „Heiligung":

2. Mose 19,5–6	*Was zu Gott gehört, gilt als heilig*
Matthäus 16,41	*Der Geist ist willig; aber das Fleisch ist schwach*
Römer 5,5	*Gottes Liebe wohnt durch den Heiligen Geist in uns*
Römer 8,29	*Wir sollen Jesus immer ähnlicher werden*
Römer 12,1	*Gebt eure Leiber zum Opfer, das lebendig und heilig ist*
Römer 15,7	*Nehmt einander an, wie Christus euch angenommen hat*
1. Korinther 1,2	*Alle Christen sind Heilige*
1. Korinther 1,30	*Jesus ist uns gemacht zur Heiligung*
1. Korinther 6,11	*Ihr seid abgewaschen, ihr seid geheiligt*
1. Korinther 6,12	*Es ist mir alles erlaubt, aber nichts soll mich gefangennehmen*
Galater 4,19	*Christus soll in uns Gestalt gewinnen*
Galater 5,6	*Der Glaube ist durch die Liebe tätig*
Galater 5,17	*Wir wollen oft das Gegenteil von dem, was Gott will*
Epheser 1,4	*Vor Grundlegung der Welt zu einem heiligen Leben berufen*
Epheser 2,10	*Wir sind geschaffen zu guten Werken*
Epheser 4,22–24	*Legt den alten Menschen ab und zieht den neuen an*
Philipper 2,3	*In Demut achte einer den andern höher als sich selbst*
Philipper 2,12 f.	*Schaffet, daß ihr selig werdet, mit Furcht und Zittern*
1. Thessalonicher 4,3	*Gott will unsere Heiligung*
1. Thessalonicher 4,7	*Gott hat uns berufen zu einem Leben der Heiligung*
1. Timotheus 6,12	*Kämpfe den guten Kampf des Glaubens*
Hebräer 12,7 ff.	*Gott erzieht uns zu einem heiligen Leben*
Hebräer 12,14	*Ohne Heiligung wird niemand den Herrn sehen*

Richard Hasenöder

Süchte – Sehnsucht nach Leben

1. Zum Beispiel

„Meine Alkoholzeit hat nicht erst angefangen, als ich massiv Alkohol getrunken habe, sondern ich hab' eigentlich immer so das Gefühl gehabt, nie zufrieden zu sein mit mir. Ich hab' mich nie leiden mögen, wie ich bin. Ich bin dann in der Pubertät in die Punker- und Rock-Szene geraten, war dann Punkerin und Rockerin, später war ich dann so in der Öko-Szene sehr massiv und sehr weit vorne, wie bei Greenpeace tätig, und es waren lauter so Sachen, wo ich eigentlich mein Selbstwertgefühl aufbessern wollte. In die Sucht massiv bin ich geraten, nachdem ich dann mein Abitur nachgeholt habe, schwanger geworden bin, dann zwei Kinder fast hintereinander bekommen habe, und dann habe ich zu trinken angefangen, weil ich mir mein Leben anders vorgestellt habe, als es jetzt gewesen ist, zu dem Zeitpunkt.
Am Anfang hatte ich eigentlich den Alkohol eingesetzt, um meine Langeweile, meine Unzufriedenheit zu kompensieren. Das ist auch dann weniger aufgefallen, weil ich hab' mich dann am Anfang mit einer kleinen Menge Alkohol sehr wohlgefühlt, ich hab' mich beschwingter gefühlt, mir ist alles, was mich sonst geärgert hat, nicht so nahegegangen, ich war am Anfang eigentlich erleichtert gewesen durch den Alkohol. Mit der Zeit hab ich das Gefühl immer wieder gesucht, eben durch den Alkohol auch die Erleichterung zu erhalten, und hab' immer mehr Alkohol gebraucht. Das ist dann auch meinem Mann aufgefallen, meinen Freunden. Und meine Bekannten sagten dann immer, ich hätte mich verändert. Ich selber hab' das nicht so erlebt. Ganz am Schluß, nach vier Jahren, war's wohl so, daß ich nicht mehr in der Lage war, meinen Haushalt zu erledigen, meine Kinder, die ja noch sehr klein waren - die waren zu dem Zeitpunkt vier und zwei Jahre alt -, die konnte ich überhaupt nicht mehr versorgen, das hat meine Schwiegermutter mir abgenommen, und alle haben sich sehr geschämt, weil ich immer so auffällig gewesen bin. Ich bin von Leuten beim Einkaufen angesprochen worden, was mit mir los sei. Ich hab' das dann auch immer gesagt, daß ich krank sei, daß ich mit dem Kreislauf was hätte, und ich hab' mich eigentlich immer mehr in mich zurückgezogen.“

So erzählt eine junge Hausfrau und Mutter zweier Kinder. Sucht hat viele Gesichter. Da sind junge Menschen, die mit Ecstasy experimentieren, weil das „in“ ist. Da sind ältere Menschen, die ohne ihre Beruhigungsmittel nicht mehr leben können. Da ist der erfolgreiche Geschäftsmann, der im Urlaub in ein tiefes Loch fällt, weil er nichts zu tun hat: Entzugserscheinungen, weil die Arbeit zur Droge geworden ist. Da ist der Student, der Hunderte von Mark für seine Telefonrechnung bezahlen muß, weil er stundenlang im Internet surft und nicht davon loskommt. Und keiner kann sich freisprechen und sagen: „Mich wird es nie treffen.“
Patrick Carnes hat in seinem Buch „Wenn Sex zur Sucht wird“ unsere Gesellschaft als „Suchtgesellschaft“ bezeichnet. Die Kehrseite unserer Zivilisation und der technischen Errungenschaften ist zum einen, daß viele Menschen mit dem Tempo und dem Anpassungsdruck, auch mit der zunehmenden Anonymität und Isolierung nicht mehr mitkommen. Und zum anderen, daß Menschen überhöhte Erwartungen an sich,

an andere, an das Leben überhaupt stellen. Sie sind nicht mehr gewillt oder in der Lage, Spannungen durchzustehen oder die Geduld aufzubringen, die nötig ist, um komplizierte Probleme zu lösen. Wird es doch im Fernsehen täglich vorexerziert, daß Probleme sich im „Spielfilmlängen-Zeittakt" (Ursula Nuber) lösen lassen. Und der Griff zur Schmerztablette ist allemal bequemer, als sich nach der Ursache des Schmerzes zu fragen und eventuell am persönlichen Lebensstil etwas zu ändern.

Auch die christliche Gemeinde bildet in dieser Gesellschaft keine „Insel der Seligen", auf der das alles nicht vorkommt. Auch Christen können abhängig werden. Auch Christen leben in dieser Welt und sind Kinder ihrer Zeit.

Wer Suchtkranken in der rechten Weise begegnen will, muß Bescheid wissen über die Hintergründe der Sucht und ihren Verlauf.

2. Hintergrund einer Sucht

2.1 Jede Sucht ist Ausdruck einer tiefliegenden Sehnsucht des Menschen nach Ganzheit.

Der Mensch sehnt sich nach heilen, harmonischen Verhältnissen. Letztlich ist es die Sehnsucht nach dem Paradies selbst, in dem der Mensch mit Gott, den Mitmenschen und sich selbst in Frieden und Harmonie lebte. Nur ruft der Abhängige nicht wie die Beter des 42. Psalms: „Wie der Hirsch lechzt nach frischem Wasser, so schreit meine Seele, Gott, zu dir. Meine Seele dürstet nach Gott...", sondern benutzt ein Ersatzmittel, um diesen Durst zu stillen.

Diese Sehnsucht macht aber auch deutlich: Jeder Mensch trägt in sich die Möglichkeit, sich von einem Suchtmittel abhängig zu machen. Denn die Sehnsucht nach dem verlorenen Paradies lebt in jedem Menschen.

2.2 Suchtstruktur

Die Persönlichkeit eines Suchtmittelabhängigen weist – unabhängig vom Mittel, das er gebraucht – meist eine innere bestimmte Struktur auf. Weil er selbst verunsichert ist, weicht er den Problemen aus, statt sich ihnen zu stellen, z. B. im mitmenschlichen Bereich. Er glaubt, den Schwierigkeiten und Konflikten nicht gewachsen zu sein. Er konnte nicht die Erfahrung machen, daß er Schwierigkeiten auch überwinden kann und ist (unbewußt) davon überzeugt, daß er ein Mittel braucht, das ihn entweder betäubt, so daß er die unerträglich gewordene Situation nicht mehr wahrnimmt, oder ein Mittel, das ihm das Gefühl von Stärke und Bedeutung gibt oder das ihn scheinbar leistungsfähig macht.

Solche Strukturen werden bereits in der frühen Kindheit des Menschen gelegt, z. B. durch eine Erziehung, die überbehütend ist. Wenn die Eltern dem Kind alle Schwierigkeiten aus dem Weg räumen – in der guten Absicht: „Unser Kind soll es einmal besser haben" – kann es nicht lernen, wie es selbst Schwierigkeiten angehen und lösen kann. Es wird auch keine rechte Selbsteinschätzung entwickeln können. Entweder wird es sich für „super" halten – und dann entsprechend hart mit der Wirklichkeit zusammenprallen. Oder es wird an der Meinung festhalten: „Ich kann nichts, ich bin zu schwach – andere müssen für mich die unangenehmen Dinge erledigen."

Ebenso kann auch eine demütigende Erziehung im Hintergrund stehen, die einem Kind den Lebensmut nimmt und in ihm die Überzeugung wirkt: „Ich mache sowieso alles falsch, also brauche ich mich erst gar nicht anstrengen."

Beides kann eine derartige innere Verunsicherung in einem Menschen zementieren, daß er für Süchte aller Art offen ist. Daß er versucht, das innere Vakuum mit allen möglichen Ersatzmitteln zu füllen.

Wenn der Helfer diesen Hintergrund nicht beachtet, ist die Gefahr groß, daß er seinem Hilfesuchenden lediglich zu einer Suchtverlagerung verhilft. D. h., der Suchtkranke läßt den Alkohol, „braucht" aber plötzlich Unmengen von Kaffee, um seinen Alltag zu bewältigen. Oder er verlegt sich auf „nicht stoffgebundene" Süchte, die nach außen hin einen „anständigen" Eindruck machen oder die zunächst nicht auffallen (wie Sex-Sucht).

An dieser Stelle möchte ich einfügen, daß ein Mensch praktisch alles als Suchtmittel benutzen kann. Nicht nur bestimmte Stoffe, wie Alkohol und Nikotin oder Haschisch, Heroin, Kokain und Ecstasy. Auch Musik (gleich welcher Stilrichtung), der Computer, das Essen, das Spielen, der Sport, die Sexualität, sogar die Arbeit kann mißbraucht werden. Und während die meisten ziemlich abschätzig auf einen heruntergekommenen Alkohohlkranken schauen, blicken sie oft mit Hochachtung zu dem auf, der sich durch Arbeitssucht zugrunde richtet. Gilt er doch als ein fleißiger Mensch. Doch Arbeit, wenn sie mir zur einzigen Bestätigung meines Wertes wird und mich nicht mehr zur Ruhe kommen läßt, kann auch ein Suchtmittel sein. Selbst der Glaube bzw. bestimmte Äußerungen des Glaubens können mißbraucht werden, um das innere „Loch" zu füllen. Dann steht nicht mehr die Beziehung zu Gott im Mittelpunkt, sondern meine Aktivität, die mir Selbstbestätigung und Sicherheit vermittelt.

Bei einer Sucht spielt nicht nur die seelische Struktur eines Menschen eine Rolle, sondern die starken erleichternden oder betäubenden Wirkungen, die z. B. ein Mittel auslösen kann, prägen sich auch im Gehirn ein. Und was das Gehirn einmal „gelernt" hat, kann es nicht mehr vergessen. In einer entsprechenden Situation und Stimmungslage wird es den einmal „erfolgreichen" Mechanismus immer wieder aktivieren. Das funktioniert auch bei den nicht stoffgebundenen Süchten. Die angenehmen Erlebnisse, die am Anfang stehen, die Entspannung, die Ekstase, das Gefühl der Stärke und Überlegenheit, auch der Nervenkitzel (z. B bei Extremsportarten oder beim Glücksspiel) werden vom Gehirn als „Belohnung" registriert und bringen den Zwang zur Wiederholung mit sich.

3. Sucht-Entwicklung

Die Entwicklung einer Suchtmittel-Abhängigkeit vollzieht sich in der Regel schleichend, nach außen kaum wahrnehmbar. Von daher können Abhängige oft sehr lange Zeit nicht erkennen, daß sie ihren Konsum nicht im Griff haben.

Je nach dem verwendeten Suchtmittel fallen Suchtkranke mehr oder weniger schnell auf, z. B. durch eine veränderte Hautfarbe, durch Veränderungen im Eßverhalten, durch ein abnehmendes Interesse für ihre Umwelt, indem sie ihre bisherigen Freunde und Hobbies vernachlässigen usw. Doch viele fallen zunächst überhaupt nicht auf. Sie leben zwei Leben. Nach außen hin bekommen sie es lange Zeit bestens fertig, ihre Rolle zu spielen. Doch im geheimen läuft etwas anderes ab.

Die derzeitigen Modedrogen wie Ecstasy oder Kokain sind nach Meinung von Suchtexperten keine „Aussteigerdrogen", sondern Drogen für „Angepaßte", die in unserer Leistungs- und Freizeitgesellschaft mithalten wollen: Immer gut drauf, immer aktiv, immer kontaktfreudig.

Am Beispiel der Alkohol-Abhängigkeit soll die Sucht-Entwicklung deutlich gemacht werden.

Diese fängt bei sehr vielen mit dem sogenannten „Erleichterungstrinken" an. Das heißt: Ein Mensch stellt vielleicht in einer geselligen Runde fest: Wenn ich ein Gläschen Wein trinke, dann fühle ich mich irgendwie besser. Dann fühle ich mich nicht mehr so isoliert, kann mitreden, mitlachen. Die Probleme, die mich sonst drücken, belasten mich dann nicht mehr.

Das ist ein schönes Gefühl. Und weil es schön ist, sucht man es immer wieder. Nicht nur in Gesellschaft, sondern auch alleine, einfach, um die Stimmung zu heben, um Mut zu gewinnen. Allerdings muß man (die Zeiträume sind hier unterschiedlich lang) nach und nach die Menge des Alkohols steigern, um die gewünschte Wirkung zu erzielen. Langsam merkt man selbst, daß es zu viel ist, und nimmt sich vor, weniger zu trinken oder mit dem Trinken ganz aufzuhören. Doch man kann immer seltener diese Vorsätze einhalten. Dennoch: Wenn der Betreffende z. B. von Familienangehörigen auf seinen Alkoholkonsum angesprochen wird, wird er in aller Regel beteuern, daß er ihn leicht steuern könne und jederzeit aufhören könne, wenn er es wolle. Aber solange es ihm schmecke, könne er doch etwas trinken.

Mit der Zeit fällt der zunehmende Alkoholkonsum auch anderen auf. Doch diesen gegenüber leugnet man, daß man mit dem Alkohol Probleme hat. Dann treten auch erste Erinnerungslücken auf. D. h., ein solcher Mensch weiß z. B. nicht mehr, wie er von der Gastwirtschaft nach Hause gekommen ist.

Ein einschneidender Punkt ist der sogenannte „Kontrollverlust". Der Alkoholkranke ist ab diesem Stadium nicht mehr in der Lage, seinen Konsum mit Hilfe des Verstandes und Willens zu steuern. Schon die kleinste Menge an Alkohol weckt in ihm ein unwiderstehliches Verlangen nach „mehr". Er **muß** trinken. Damit einher geht, daß er nach und nach alle anderen Interessen verliert. Die Gedanken kreisen mehr und mehr nur noch um eines: um Alkohol. „Wie komme ich unauffällig an Alkohol? Wie lange reicht mein Vorrat?" Alkohol wird zum Lebensinhalt. Solch ein Mensch wird auch immer unzuverlässiger. Das führt auch zunehmend zu Schwierigkeiten im Beruf bis hin zum Verlust des Arbeitsplatzes. Die soziale Isolation schreitet weiter fort, am Ende steht der völlige körperliche und seelische Zusammenbruch.

Leider ist es so, daß ein Alkoholkranker meist erst dann bereit ist, seine Ausflüchte zu lassen und Hilfe anzunehmen, wenn er ganz am Ende ist. Zu einem früheren Zeitpunkt ist ihm oft nicht zu helfen.

4. Seelsorger und Suchtkranker

Sie können und müssen es nicht alleine schaffen, einem Abhängigen zum Ausstieg zu verhelfen. Darum: Verweisen Sie auf kompetente Fachleute, z. B. vom Blauen Kreuz. Besuchen Sie evtl. selbst einmal eine Blau-Kreuz-Gruppe, um mitzuerleben, wie es dort zugeht. Dann können Sie dem Hilfesuchenden auch eher die Angst davor nehmen.

Neben dem Wissen um Hintergründe und Strukturen einer Sucht muß sich der Seelsorger auch über die

4.1 Hindernisse und Gefahren der Hilfe

im klaren sein. Was kann im Wege stehen?

4.1.1 Auf seiten des Helfers

Da kann zunächst einmal die Unsicherheit im Weg stehen: Wie soll ich denn mit einem Suchtkranken umgehen? Diese Unsicherheit ist normal und muß kein Nachteil sein, sondern sie kann vor voreiligen Schritten bewahren.

Dann kann auch die eigene Einstellung zum Suchtkranken hinderlich sein. Suchtkranke Menschen sind – entgegen allem Anschein – sehr sensible Menschen und merken sehr schnell, wenn ihnen jemand überheblich begegnet.

Eine weitere Gefahr besteht in einer falschen Hilfsbereitschaft. Der Helfer nimmt dem Suchtkranken die Verantwortung und die Konsequenzen seines Handelns ab. Er zahlt z. B. eine offene Rechnung oder legt ein gutes Wort für ihn beim Arbeitgeber ein. Doch damit macht sich der Helfer zum „Co-Abhängigen" und verlängert nur die Sucht.

Ein großes Hindernis ist auch die Ungeduld. Der Weg aus der Sucht ist meist schwer und auch immer wieder von Rückschlägen gekennzeichnet. Es ist zwar gut, wenn der Helfer dem Suchtkranken Mut macht. Doch wenn er versucht, ihn zu bedrängen, wird sich sein Gegenüber abschotten. Denn das ist ihm womöglich sattsam bekannt aus seiner Familie.

Ein weiterer Punkt ist das mangelnde Wissen über nachfolgend genannte Abwehrmechanismen des Suchtkranken.

4.1.2 Widerstand beim Betroffenen

Widerstände und Ausflüchte gehören zur Sucht, und sie haben in der Logik der Sucht auch ihren Sinn. Das kann den Helfer irritieren.

Der Widerstand kann sich darin äußern, daß der Abhängige die Menge seines Konsums und die Schwere seiner Abhängigkeit herunterspielt. Er sagt dann etwa, daß er nur zwei Flaschen getrunken hat – und später stellt sich heraus, daß es zwei Kästen waren. Hier darf sich der Helfer nicht verunsichern lassen.

Widerstand kann sich auch in einem übermäßigen Lob äußern. Wenn der Helfer z. B. zu hören bekommt: „Du bist der einzige, der mir wirklich helfen kann, der mich richtig versteht", dann steht dahinter oft der Versuch, den Helfer zu vereinnahmen. Und die unausgesprochene Bitte schwingt mit: „Tu mir nicht weh. Frag mich nicht die unbequemen Fragen."

Hilfreich kann sein, diese Widerstände, z. B. die Angst vor Bloßstellung, vor Versagen oder die Minderwertigkeitsgefühle und die Selbstverachtung anzuerkennen und anzusprechen. Also, dem Suchtkranken gegenüber Verständnis zu zeigen. Z. B.: „Ich kann gut verstehen, daß es für Sie jetzt sehr schwer ist, so offen über Ihre Probleme zu sprechen. Scham kann sehr wehtun." Wenn der Hilfesuchende spürt, daß er nicht verurteilt wird, obwohl er das vielleicht mit sich selbst tut oder immer wieder von anderen erlebt, dann kann es ihm leichter fallen, sich zu öffnen. Vermutlich erwartet er auch, daß andere ihn verurteilen. Wenn dies aber nicht geschieht, sondern er etwas Annahme spürt, dann spürt er einen Funken Hoffnung, so daß er dann auch vielleicht Mut bekommt, ein Stück weiter zu gehen.

Viele Alkoholkranke und auch andere Abhängige haben über Jahre hinweg nicht nur ihren Stoff versteckt, sondern auch gelogen und betrogen – um sich selbst zu schützen oder an „Stoff" zu kommen. Jetzt ist es nicht leicht, dieses Verhalten von heute auf morgen abzulegen. Es ist zur Gewohnheit geworden.

Andererseits: Wer gewohnt ist, zu lügen und zu betrügen, der wird von anderen Menschen ähnliches erwarten. Das heißt, er wird dem Helfer gegenüber mißtrauisch sein und sich fragen: „Ist er denn ehrlich zu mir? Was macht er mit den Dingen, die ich ihm sage? Wird er mir nicht auch schöne Sachen erzählen und ganz anders über mich denken?" Es wird viel Zeit brauchen, bis der Suchtkranke Vertrauen zum Helfer aufbaut. Ein großes Hindernis auf dem Weg zum Vertrauen ist für einen Suchtkranken: Er ist ein Mensch, der seine eigenen Gefühle gar nicht kennt, geschweige denn ausdrücken kann. Wenn jemand in der Sucht lebt, dann wird sein Denken und Empfinden wahrscheinlich von folgenden Regeln bestimmt:

1. Rede nicht über das, was dich bewegt!
2. Vertraue dich keinem an!
3. Unterdrücke deine Gefühle!

Diese „Regeln" hat er sich von klein auf als Schutzmechanismus angewöhnt, um den Schmerz im eigenen Inneren auszuschalten bzw. um Demütigungen und Verletzungen aus dem Weg zu gehen. Und wenn man jetzt als Helfer mit so jemandem spricht, der sich nicht öffnet, obwohl es doch seine Rettung wäre, kann der Helfer den Eindruck gewinnen: „Der will gar nicht."

Doch ein Mensch, der diese Regeln verinnerlicht hat, kann sie auch dem Helfer gegenüber nicht gleich ablegen. Der Helfer erscheint ihm ja nicht nur als Helfer, sondern auch als Feind, als jemand, der ihm das wegnehmen will, worauf er seine ganze Existenz aufgebaut hat, nämlich sein Suchtmittel. Der Suchtkranke will in der Tiefe seiner Seele schon Hilfe. Doch er hat Angst vor dem nächsten Tag ohne sein Mittel.

4.2   Hilfestellungen für das Gespräch mit Abhängigen

Das Entscheidende ist, eine gute Vertrauensbeziehung zu dem Betroffenen aufzubauen. Das heißt:

- Vermitteln Sie ihm: „Sie sind ein wertvoller Mensch, auch wenn Sie in Abhängigkeit geraten sind." Wenn der suchtkranke Mensch merkt, daß er nicht bloßgestellt oder verurteilt werden soll, fällt es ihm leichter, sich zu öffnen.
- Vorhaltungen bringen nichts. Sie verstärken nur die innere Abwehr (und das kennt er ja wahrscheinlich schon zur Genüge, daß andere ihm Vorwürfe machen) und auch die Selbstanklage.
- Sprechen Sie in der Ich-Form. Sagen Sie: „Ich mache mir Sorgen" und nicht: „Sie trinken zu viel." Wenn Sie von sich sprechen, von Ihren Eindrücken, Wünschen und Sorgen, braucht sich Ihr Gegenüber nicht zu verteidigen.
- Lassen Sie sich nicht durch Ausflüchte, Abwehr oder Aggressionen verunsichern.
- Lassen Sie sich nicht vor den Karren der Sucht spannen, und übernehmen Sie nicht die Verantwortung für den Abhängigen. Der Betroffene ist selbst für sich verantwortlich und entscheidet selbst, wie es mit ihm weitergehen soll. Das klingt hart und lieblos – doch alles andere verlängert nur das Leiden. Das ist nicht leicht durchzuhalten. Der Suchtkranke wird immer wieder versuchen, seine Schlupflöcher zu finden und die Verantwortung abzuschieben. Das hat er „gelernt". Bei aller Annahme und Wertschätzung muß er doch immer wieder merken: „Nur wenn ich mich ändere, wird sich auch die Situation ändern."
- Seien Sie klar und durchsichtig in dem, was Sie sagen, geben Sie ihm eindeutige Botschaften. Das macht Sie in einer guten Weise berechenbar und vertrauenswürdig. Seien Sie konsequent. Geben Sie keine leeren Versprechungen oder Drohungen von sich.

- Fragen Sie ihn konkret, welche Hilfe er von Ihnen erwartet. Und klären Sie von vornherein ab, was Sie leisten können und was nicht.
- Nehmen Sie ihm kein Versprechen ab. Suchtkranke neigen dazu, daß sie „ja" sagen zu dem, was von ihnen gefordert wird. Und das tun sie ganz aufrichtig, obwohl sie wissen, daß sie es nicht halten können.
- Machen Sie immer wieder klar: „Sie sind eine erwachsene, eigenverantwortliche Person." Zeigen Sie Verständnis für seinen Widerwillen gegen Hilfe von außen. Aber stellen Sie ihm auch die Konsequenzen seines Verhaltens deutlich vor Augen.
- Bedenken Sie: „Die eigene Bereitschaft des Abhängigen, für sich selbst etwas zu tun und den mühsamen Weg der Gesundung selbst zu beschreiten, kann durch nichts anderes ersetzt werden" (Dr. Eberhard Rieth).
- Haben Sie keine Angst, wenn der Abhängige rückfällig werden sollte. Das gehört mit zum Ausstiegsprozeß. Versuchen Sie vor allem nicht, die Konsequenzen des Rückfalls zu mildern oder abzufedern. Ein Rückfall ist zwar schade, aber nicht die totale Katastrophe. Ermutigen Sie den Betreffenden, aufzustehen und weiterzugehen.
- Rechnen Sie mit der Kraft und Hilfe Jesu. Er ist auch in den aussichtslosen, scheinbar erfolglosen Gesprächen anwesend und kann Sie vor Resignation bewahren.
- Versuchen Sie nicht, die Hilfe im Alleingang zu leisten. Sondern ermutigen Sie den Abhängigen, fachliche Beratung in Anspruch zu nehmen und auch Selbsthilfegruppen aufzusuchen. Gerade letztere haben sich im Suchtbereich als sehr hilfreich erwiesen. Die „Ehemaligen" kennen die Selbstrechtfertigungen und Ausflüchte aus eigener Erfahrung und können ihnen ganz anders begegnen.

5. Seelsorge an Angehörigen

Suchtkrankheit ist in der Regel kein Problem eines einzelnen, sondern es sind immer auch Angehörige oder Freunde mitbetroffen. Oftmals ist es so, daß die Angehörigen als erste das Schweigen brechen und nach Hilfe suchen.

5.1 Co-Abhängigkeit

Wer im engeren Umfeld eines suchtkranken Menschen lebt, steht in der Gefahr, daß er „co-abhängig" wird. Das heißt: „mit-abhängig", zwar nicht vom Suchtmittel, aber z. B.
- von der Persönlichkeit und vom Verhalten des Abhängigen bzw.
- von der Reaktion der Umwelt (Lob, Anerkennung).

Co-Abhängige werden durch das Zusammenleben mit Suchtkranken in der Familie auf die Dauer so stark in Mitleidenschaft gezogen, daß auch sie Hilfe brauchen. Dies können sie selbst nur sehr schwer einsehen. Denn sie zeigen keine Symptome wie der Suchtkranke. Sie sagen dann z. B. ganz entrüstet: „Aber ich trinke doch nicht! Ich habe doch keine Probleme mit dem Alkohol!"
Das stimmt. Co-Abhängige haben mit dem Suchtmittel keine Probleme, sie sind in vieler Hinsicht sehr stabil und stark. Sie können
- viel Verantwortung tragen
- über lange Zeit Aufgaben erfüllen, die eigentlich anderen zukämen
- ihre eigenen Bedürfnisse zurückstellen.

Doch gerade diese Stärken können sich im Miteinander mit dem Suchtkranken negativ auswirken, so daß Co-Abhängige unbewußt mit dem Suchtkranken zusammenspielen. Das ganze Familiengefüge ordnet und bewegt sich ja wie ein Mobile um die Sucht. Die Bedürfnisse des Suchtkranken haben Vorrang. Alle eigenen Wünsche und Bedürfnisse müssen zurückstehen. Jeder nimmt seine Rolle ein und spielt mit, um sich selbst und der Umwelt zu zeigen, daß mit der Familie alles in Ordnung ist. Doch der Suchtkranke wird auf diese Weise – ohne daß es von den Beteiligten bewußt gewollt wird – in seiner Sucht bestärkt und gefördert.

5.2 Hilfestellungen für Gespräche mit Angehörigen

- Auch bei den Angehörigen braucht es einen großen Leidensdruck, bis sie Hilfe suchen. Sie bringen viele Enttäuschungen und Verletzungen mit. Deshalb sollte der Seelsorger sehr behutsam vorgehen.
- Die erste Hilfe braucht zunächst der Angehörige. Er sucht ja Hilfe! Es wäre ein grober Fehler, mit dem Angehörigen nur über den Suchtkranken zu sprechen und nicht über sein persönliches Leben.
  Das wird nicht einfach sein. Denn der Angehörige ist es gewohnt, seine eigenen Bedürfnisse zurückzustellen und in den Gedanken nur um den Suchtkranken zu kreisen. Hilfreich kann hier der Fragebogen „Sind Sie co-abhängig?" sein, der vom Blauen Kreuz herausgegeben wird.
- Der Angehörige sollte gefragt werden, was er schon alles unternommen hat, um dem suchtkranken Familienmitglied zu helfen.
  Hier werden dann auch all die Enttäuschungen und die Bitterkeit zur Sprache kommen.
- Der Angehörige muß informiert werden über das Krankheitsbild der Sucht, damit er sich auch sachlich-nüchtern mit der Problematik auseinandersetzen kann. Das kann ihm helfen, daß er sich nicht mehr so stark persönlich angegriffen und verletzt fühlt. Hierbei können Informationsbroschüren eine gute Hilfe leisten.
- Hilfreich ist in diesem Zusammenhang auch, daß der Seelsorger Mut macht, eine Selbsthilfegruppe von Angehörigen aufzusuchen. Denn dort wird er nicht nur Verständnis finden, sondern auch Hilfestellungen bekommen, die eigenen Verhaltensmuster zu durchschauen, die dazu beitragen, daß der Teufelskreis der Sucht aufrechterhalten wird.
- Weiter wird der Angehörige dazu ermutigt, den Suchtkranken ganz offen über jeden Schritt zu informieren, den er gehen wird, um die „Familienkrankheit Sucht" zu überwinden. So wird die Lage für beide Seiten klar und berechenbar. Bewußtes und konsequentes Vorgehen ist jetzt besonders wichtig, auch wenn unerwartete Reaktionen auftreten.
- Wenn Sie als Seelsorger nicht weiterkommen, dann haben Sie den Mut, Fachleute um Rat zu fragen oder den Suchtkranken auch weiterzuverweisen.

Literaturempfehlungen

Horie, Dr. Michiaki, Gesichter der Sucht – Hintergründe und Hilfen
    Blaukreuz-Verlag / R.Brockhaus Verlag, Wuppertal
Moeckl, Gottfried, Flucht nach irgendwo – Wenn die Gier zum Alltag wird
    Spectrum-Verlag, Stuttgart
Carnes, Patrick, Wenn Sex zur Sucht wird
    Kösel-Verlag, München

Zum Thema Alkohol- bzw. Drogenabhängigkeit sind im Blaukreuz-Verlag, Wuppertal, erschienen:

Felten, Michael, Auf Drogen hereinfallen? Mein Kind nicht!
Felten, Michael, Was haben vom Leben – aus dem Leben was machen
    (Heft für junge Leute über Drogen und Suchtfragen)
Klein, Hans, Beratungsgespräche mit Angehörigen von Alkoholabhängigen
    Handbuch für die Suchtkrankenhilfe
    Fragebogen „Wollen Sie sich einmal testen?" und „Sind Sie co-abhängig?"
    für Betroffene bzw. Angehörige und Kollegen
Rieth, Dr. Eberhard, Alkoholkrank?
Ruthe, Reinhold / Peter Glöckl, Alkohol in Ehe und Familie

Didaktische Hinweise zu den Arbeitsblättern

Anlage 1:	Vorschlag zur Gestaltung einer Schulungseinheit in einem Gemeindekreis. Jeder Teilnehmer müßte sich vorher mit dem Inhalt des Beitrages vertraut machen. Die Aufgaben und Übungen dienen der Vertiefung einzelner Punkte. Weitere Hinweise siehe Arbeitsblatt.
Anlage 2:	Einstiegshilfen für eine Gesprächs-Übung: Dieser Vorschlag erfordert vom Gesprächsleiter Erfahrungen mit Rollenspielen und anschließender Auswertung in der Gruppe. Versuchen Sie, in Kleingruppen (1 Seelsorger, 1 Angehöriger, 1–2 Beobachter) Gespräche mit Angehörigen nachzustellen. Als Einstieg können die Beispiele des Arbeitsblattes dienen.

Nach einer Übung wechseln die Rollen.

Achten Sie bei der Auswertung der Gespräche darauf, daß die Äußerungen keine Wertung und vor allem keine negative Kritik an den „Mitspielern" enthalten.

Vorschlag zur Gestaltung einer Schulungseinheit in einem Gemeindekreis
(Zunächst arbeitet jeder für sich – anschließend Austausch in der Gruppe)

1. Die Teilnehmer machen sich vertraut mit dem Thema „Sucht"

- Listen Sie die Suchtformen auf, die Sie aus Ihrem Erfahrungsbereich kennen.

- Welche Suchtformen sind gesellschaftlich akzeptiert / geduldet und welche nicht? Woran könnte das liegen?

Patrick Carnes nennt in seinem Buch „Wenn Sex zur Sucht wird" zehn Indikatoren für das Vorliegen von sexueller Sucht:

1. Ein außer Kontrolle geratenes sexuelles Verhalten

2. Das sexuelle Verhalten hat schwere Folgen

3. Die Unfähigkeit, trotz schädlicher Konsequenzen aufzuhören

4. Das beharrliche Verfolgen selbstzerstörerischer oder hochriskanter Verhaltensweisen

5. Der kontinuierliche Wunsch oder das Bemühen, das sexuelle Verhalten einzuschränken

6. Sexuelle Zwangsvorstellungen und Phantasien als primäre Bewältigungsstrategien

7. Ständig zunehmende sexuelle Erlebnisse, weil die augenblicklichen Aktivitäten nicht ausreichen

8. Schwere Stimmungsschwankungen im Zusammenhang mit den sexuellen Aktivitäten

9. Übermäßig viel Zeit wird damit verbracht, sich Sex zu verschaffen, sich sexuell zu verhalten oder sich von sexuellen Erlebnissen zu erholen

10. Aufgrund des sexuellen Verhaltens werden wichtige soziale, berufliche oder erholsame Aktivitäten vernachlässigt

- Welche dieser Kennzeichen lassen sich auch bei anderen Verhaltenssüchten feststellen?

- Welche gesellschaftlichen Vorurteile hindern uns Ihrer Meinung nach daran, zu erkennen, ob ein Mensch in Schwierigkeiten steckt, d. h., den Umgang mit... (Alkohol, Nikotin, Spielen, Sexualität usw.) nicht mehr unter Kontrolle hat?

- „Genesung (von Sucht) beginnt mit Selbstverantwortung" (Patrick Carnes). Welche Konsequenzen hat das für den Seelsorger?

2. Zur Sucht gehört das Leugnen bzw. Herunterspielen der Abhängigkeit. Wie gehen wir mit den Widerständen um?

Was antworten Sie, wenn Ihr Gegenüber sagt:
- Ich bin nicht abhängig! Gut, ich kann zwar mehr vertragen als andere, aber ich kann aufhören, wann ich will!

- Das kann ich doch tun, solange es mir Spaß macht!

- Gut, ich habe zwar manchmal Probleme mit ..., aber süchtig bin ich noch lange nicht!

- Ich bemühe mich doch ständig, aufzuhören, doch ich schaffe es einfach nicht!

- Die anderen verurteilen mich nur und ziehen sich von mir zurück. Aber du bist der einzige, der mich versteht. Zu niemandem sonst habe ich solches Vertrauen!

3. Die Gefahr, co-abhängig zu werden, steht beim Helfer immer im Hintergrund

- Was löst das Wissen „Ich werde gebraucht" in Ihnen aus?

- Sind Sie gerne bereit, für andere Verantwortung zu übernehmen, andere zu leiten und zu motivieren? Was bringt Ihnen das? Welche Auswirkungen hat das erfahrungsgemäß auf das jeweilige Gegenüber?

- Haben Sie es gerne, wenn andere Sie auch in Kleinigkeiten um Rat fragen? Welche Konsequenzen kann das auf die Dauer haben?

- Wie geht es Ihnen im Blick auf Ihre eigenen Bedürfnisse, wenn andere von Ihnen Hilfe brauchen bzw. wollen?

- Haben Sie schon öfters spontan Hilfe versprochen und sich im nachhinein geärgert bzw. sich ausgenutzt gefühlt? Welche Haltung kann da bei Ihnen dahinterstecken? Was können Sie tun, um nicht mehr in solche Fallen zu laufen?

Einstiegshilfen für eine Gesprächs-Übung

– „Was soll ich denn nur machen? Mein Mann verspricht mir jede Woche aufrichtig, daß er aufhört zu trinken. Aber er schafft es einfach nicht. Ich habe schon alles versucht, hab ihm die Flaschen ausgeleert, habe gedroht, daß ich gehe – aber es nutzt alles nichts ... "

– „Können Sie mir mal einen Tip geben, was ich machen soll? Meine Frau, die kauft immer eine Menge Zeugs ein, das wir nicht brauchen. Der halbe Keller steht schon voll mit Gerümpel. Die Scheckkarten hab ich ihr schon abgenommen. Aber ich kann doch nicht jedesmal zum Einkaufen mitgehen!"

– „Mein Sohn hängt Tag und Nacht am Computer. In der Schule hat er schon so nachgelassen, daß die Versetzung gefährdet ist. Er sagt auch immer, daß er lernt. Aber wenn ich nachschaue, dann hockt er vor der Kiste ... "

Josef Sochocki

Minderwertigkeitskomplexe – Selbstvertrauen wirkt Wunder

Das tägliche Leben kann jeden von uns mit Gefühlen der Minderwertigkeit konfrontieren:
- Der Chef rügt einen Fehler von mir, womöglich im Beisein von Kollegen.
- Ich werde für ein Mißgeschick kritisiert oder ausgelacht.
- Ich werde eifersüchtig und fühle mich zurückgesetzt, weil sich meine Ehefrau oder mein Ehemann mit jemand anderem aufgeschlossen unterhält.
- Als Jugendlicher habe ich oft das Gefühl, daß die Lehrer andere Mitschüler und die Eltern andere Geschwister bevorzugen und mir nicht genügend Beachtung schenken.
- Als Hausfrau leide ich unter der Geringschätzung meiner Arbeit.
- Als Arbeitsloser oder Frührentner empfinde ich mich nicht als vollwertiges Mitglied der Gesellschaft.
- Im Hauskreis der kirchlichen Gemeinde bringe ich mich nicht so ein, wie einige das von mir erwarten; so fällt mir beispielsweise das freie und laute Gebet schwer.

Die Liste der Beispiele ließe sich vielfältig fortsetzen. Das Schmerzliche an den auslösenden Situationen ist, daß wir das Werturteil anderer annehmen. Wir sehen uns dann bewußt oder unbewußt mit den Augen der Mitmenschen; wir schätzen uns so ein, wie sie es tun.

Ein Minderwertigkeitsgefühl kann auf Einbildung wie zum Beispiel „Ich bin zu dick“, „Niemand mag mich“, „Dafür bin ich zu dumm“ oder auf einem tatsächlich vorhandenen Mangel beruhen. Fast jeder Mensch leidet irgendwann unter Minderwertigkeitsgefühlen. Besonders in Krisensituationen, nach einer nicht bestandenen Prüfung oder nach dem Scheitern einer Beziehung bzw. Ehe können uns nagende Selbstzweifel befallen. Viele Menschen können den Tiefpunkt bald überwinden und ihr Selbstvertrauen wiedergewinnen.

Minderwertigkeitsgefühle können aber auch als Störungen auftreten. Wir sprechen dann von einer auffälligen Selbstwertproblematik oder von einem Minderwertigkeitskomplex. Hier kann in vielen Fällen Seelsorge Betroffenen helfen, zu einem gesunden und gereiften Selbstvertrauen zu gelangen.

1. Kämpfen oder Fliehen bei Gefahr

Jeder Mensch entwickelt seine individuellen Methoden, um mit Gefühlen der Minderwertigkeit umzugehen. Wenn uns „Gefahr“ droht, stellen wir entweder kämpferisch unsere Vorzüge erst recht heraus, reagieren mit Aggression, versuchen den anderen herunterzuputzen oder lassen ihn unsere Verachtung spüren. Oder aber wir reagieren in derselben Situation mit Flucht und gehen Forderungen möglichst aus dem Wege. Dies kann in Ängste und Depressionen münden. Beide Strategien, das Kämpfen wie das Fliehen, haben einen gemeinsamen Grund: Wir wollen unser Selbstwertgefühl retten und uns vor weiteren Erniedrigungen schützen.

2. Ursachen von Minderwertigkeitsgefühlen

Wir können annehmen, daß jedes kleine Kind aufgrund seiner Hilflosigkeit und Abhängigkeit von der Familie schon früh in seinem Leben die Erfahrung damit macht, sein Selbstwertgefühl zu retten und sich vor weiteren Erniedrigungen zu schützen. Wie stark ausgeprägt diese Erfahrung ist, hängt vom Erziehungsstil der Eltern ab. Wir unterscheiden dabei zwei extreme Erziehungsstile, die aber zum selben Ergebnis führen, nämlich zu einem starken Gefühl der Minderwertigkeit beim Kind.

2.1 Sehr strenge Erziehung

Erziehung, die durch psychische Kälte, die Forderung von absolutem Gehorsam und überzogene Strafen gekennzeichnet ist, führt dazu, daß sich das Kind ungeliebt, ungeborgen und wertlos fühlt.

2.2 Zu verwöhnende Erziehung

Eine Erziehung, die zu verwöhnend ist, engt das Kind durch zu große Fürsorglichkeit ein und räumt ihm alle Hindernisse aus dem Weg. Es ist dann, wenn es doch einmal auf sich alleine gestellt ist, völlig hilflos und fühlt sich dadurch minderwertig.

2.3 Andere Einflüsse durch die Familie

Bei der Entstehung von Minderwertigkeitsgefühlen spielen ferner folgende Einflüsse durch die Familie eine Rolle:
- Wenn Neugeborene ältere Geschwister „verdrängen"
- Wenn die jüngeren Geschwister sich den älteren gegenüber ständig unterlegen fühlen
- Wenn Eltern Geschwister in herabsetzender Weise vergleichen („Hans kann das besser als du")
- wenn der Lebensstandard der Familie einem Kind – im Vergleich mit anderen Familien – enge Grenzen setzt
- das Aufwachsen ohne einen Vater und/oder ohne eine Mutter (Waisen, Halbwaisen, Pflegekinder)

2.4 Einflüsse durch die Umwelt

Es tragen aber auch noch andere Faktoren zum Entstehen von Minderwertigkeitsgefühlen bei:
- tatsächliche oder scheinbare körperliche Schwächen, Behinderungen und Beeinträchtigungen;
- der Grad der Schulbildung und Berufsausbildung;
- die Zugehörigkeit zu einer „anerkannten" Mehrheit oder verachteten Minderheit wie zum Beispiel als Kind einer Flüchtlings- oder Übersiedlerfamilie;
- Mißerfolge und seelische Verletzungen im Kindergarten, in der Schule, in der christlichen Jungschargruppe;
- im Jugendlichen- und Erwachsenenalter auch Mißerfolge und seelische Verletzungen in Partnerschaft und Ehe, am Arbeitsplatz, in der christlichen Gemeinde;

– Arbeitslosigkeit bei Arbeitnehmern, Firmenkonkurs bei Selbständigen;
– schwere bzw. chronische Krankheit, Invalidität;
– Verhaltensauffälligkeiten wie z. B. Sucht, Straffälligkeit, Nichtseßhaftigkeit.

3. Ausgleich und über-reaktive Auffälligkeiten bei Minderwertigkeitsgefühlen

Jedes Kind braucht, um sich gesund zu entwickeln, Liebe, Geborgenheit, Anerkennung und Wertschätzung. Keine Mutter und kein Vater wird alle Bedürfnisse eines Kindes so ausfüllen, wie es für dessen gesunde Entwicklung vonnöten wäre. Da werden Eltern einem Kind immer etwas schuldig bleiben. Das hat zur Folge, daß jeder Mensch mehr oder weniger Minderwertigkeitsgefühle verspürt, die er auszugleichen versucht. Die Schwere der Minderwertigkeitsgefühle bestimmt dann das Ausmaß der Ausgleichsgefühle. In dem Maße, wie wir uns minderwertig fühlen, werden wir einen Ausgleich unserer Gefühle suchen, um zu einem ausgewogenen und gesunden Selbstwertgefühl zu gelangen. Angenommen, wir haben Minderwertigkeitsgefühle im Ausmaß von minus 2, dann werden wir versuchen, dieses Minus bis auf Normal-Null auszugleichen. Das ist dann ein ganz normaler und „gesunder" Ausgleich. Problematisch kann es werden, wenn der Ausgleich überzogen wird und über-reaktive Auffälligkeiten – d. h. Minderwertigkeitskomplexe – erscheinen, wie sie z. B. unter 4.2 bis 4.6 aufgezeigt werden.

Für Christen gilt es, in diesem Zusammenhang folgendes Beispiel zu sehen: Es lebte nur ein einziger Mensch ohne jeden Komplex, ohne irgendwelche Minderwertgkeitsgefühle, ohne überzogene Auffälligkeiten: Jesus. Er fühlte sich weder minderwertig, noch erschien er über-reaktiv. Obwohl er der Sohn Gottes war, wurde er nicht überheblich. Und als er ans Kreuz genagelt wurde, fühlte er sich nicht minderwertig. Er konnte hochgestellten und weisen Persönlichkeiten gegenübertreten, und doch war er sich nicht zu gut dazu, z. B. mit jener verachteten samaritanischen Frau zu sprechen, die schon mit dem sechsten Mann zusammenlebte.

Wir werden nie ein ganz ausgewogenes Selbstwertgefühl erlangen können. Wir werden uns mal mehr und mal weniger im Minusbereich der Minderwertigkeitsgefühle befinden. Und doch sollten wir mit Gottes Hilfe danach streben, soviel an Ausgewogenheit zu erreichen, wie uns möglich ist. Ein ausgewogenes Selbstwertgefühl ist eine Gabe Gottes und eine menschliche Aufgabe. Deshalb sollten wir dafür beten und bei uns selbst und mit anderen in der Seelsorge daran arbeiten, wie es beispielhaft unter 4 dargestellt wird.

4. Seelsorgerliche Hilfen bei Minderwertigkeitskomplexen

4.1 Grundlegende Hilfen

Sprechen Sie in der Seelsorge mit dem Rat- und Hilfesuchenden immer auch über folgendes:
– über ein ausgewogenes Gottesbild: Gott ist in erster Linie ein Gott, der jeden Menschen liebt, ihn anerkennt, ihm Geborgenheit geben will, ihm Wertschätzung entgegenbringt.
– über den gottgewollten Selbst-Wert des Betroffenen:

Er ist wunderbar gemacht (Ps 139,14)

Er ist ein Ebenbild Gottes (1. Mose 1,26ff.)

Er ist wertvoll – Er ist Gott seinen Sohn wert (Joh 3,16)

Er wird geliebt (Jes 43,1 ff.; Jer 31,3)

Gott ehrt ihn und offenbart seine Herrlichkeit an ihm (Ps 8)

Er ist begabt (1. Petr 4,10)

Sein Leben hat einen Sinn; er hat Aufgaben (Joh 20,21)

Folgende Übung kann sich als hilfreich erweisen: Ermutigen Sie den Betroffenen, aus seiner Bibel bzw. aus seinem Losungsbuch o. ä. nur solche Bibelverse in ein Heft zu schreiben, die seinen gottgewollten Wert hervorheben (siehe oben). Eine Auswahl dieser Worte sollte er einige Wochen lang jeden Tag mindestens einmal lesen, darüber nachsinnen und Gott dafür danken.

4.2 Hilfen bei Selbstisolation

Peter arbeitet als Verwaltungsangestellter bei den Stadtwerken. Mit den anderen Angestellten hat er wenig Kontakt. Er bleibt eher für sich. Würden wir ihn darauf ansprechen, dann würde er sagen: „Mein Problem ist, daß die anderen Bediensteten mich nerven." Er würde auch behaupten, selbst kaum Probleme zu haben.

Menschen mit Minderwertigkeitskomplexen, wie Peter sie hat, behaupten oft, alle ihre Probleme und Schwierigkeiten würden von Menschen um sie her verursacht. Sie gleichen ihre Minderwertigkeitsgefühle mit den über-reaktiven Gefühlen, „nie irgendwelche Probleme" zu haben aus. Alles, was das gute Gefühl, nie Probleme zu haben, beeinträchtigt, wird abgeblockt. Deshalb ziehen sich solche Menschen von jeder näheren Beziehung zu anderen Menschen zurück. Auf diese Weise vermeiden sie Beziehungsprobleme; und keine Probleme zu haben, gibt ihnen das Gefühl, wertvoll zu sein.

Wenn beispielsweise einzelne Christen in einer christlichen Gruppe nicht frei und öffentlich beten, kann es sein, sie wählen (zumeist unbewußt) diese Form der Selbstisolation angesichts ihrer Minderwertigkeitskomplexe.

Sprechen Sie in der Seelsorge darüber, warum der Ratsuchende sich eigentlich von näheren und anhaltenden Beziehungen zurückzieht. Sprechen Sie ihn darauf an, daß er Probleme mit seiner Unzulänglichkeit hat und deshalb seine Minderwertigkeitsgefühle durch seine Selbstisolation auszugleichen sucht. Machen Sie ihm bewußt, daß er gerade auch durch innige und anhaltende Beziehungen zu anderen Menschen an seinem „Ich" reifen und sich auch wertvoller erleben kann. Besprechen Sie mit ihm Schritte, wie er Beziehungen zu anderen Menschen mehr und mehr ausbauen kann. Helfen Sie ihm, wohldosiert damit zu beginnen. Begleiten Sie ihn beim Ausbau seiner Beziehungen. Trösten Sie ihn bei Niederlagen. Ermutigen Sie ihn zu neuen „Anläufen".

Kann jemand in einer kirchlichen Gruppe nicht frei und öffentlich beten, ermutigen Sie ihn, das wohldosiert zu beginnen und dann mehr und mehr zu steigern; dabei darf er so sprechen, wie es zu seiner Person paßt. Er soll das auch trotz negativer Gefühle tun. Bevor er damit beginnt, kann er sich zu Hause in seiner Phantasie vorstellen, wie er das tut.

4.3 Hilfen bei Kritiksucht

Martina kritisiert die Menschen um sich her mit Bemerkungen wie: „Die hat doch überhaupt keine Ahnung!" oder: „Wie kann man nur so dumm sein!" Ihr ist nicht bewußt, daß sie damit in überzogener Weise ihre Minderwertigkeitsgefühle auszugleichen sucht. (Vgl. auch die Worte Jesu wider den Richtgeist Mt 7,1–6.)

Wenn jemand, der sich minderwertig fühlt, Fehler bei anderen erkennen kann, dann meint er, es dürfte an ihm selber ja doch noch genug Gutes sein. Er könnte ja eigentlich nicht ganz so schlecht sein wie derjenige, dessen Fehler ihm auffallen. Und deshalb ist er oft mit den Fehlern, den Schwächen und dem Versagen anderer Menschen befaßt; er hebt diese besonders hervor und kritisiert damit die Menschen. Mit dem Herabsetzen und der Kritik anderer wertet er sich selbst auf.

Sprechen Sie im seelsorgerlichen Gespräch offen an, was das eigentliche Motiv und die eigentliche Absicht der Kritik und des Herabsetzens anderer ist. Sprechen Sie direkt an, daß das Herabsetzen anderer einen selber keineswegs „aufwertet". Vielmehr gilt es für den Betroffenen, sein Selbstvertrauen und sein Selbstbewußtsein mehr und mehr zu entfalten. Besprechen sie mit ihm, was er in den nächsten Wochen und Monaten an neuen Verhaltensweisen für sich selbst und im Umgang mit anderen erlernen will. Begleiten Sie ihn ermutigend dabei. Loben Sie ihn für jeden – auch kleinen – Fortschritt.

4.4 Hilfen, wenn jemand Aufmerksamkeit erzwingen will

Tobias muß immer im Mittelpunkt stehen. Wenn dieses ihm mal nicht gelingt, dann fühlt er sich schlecht. Er will der Wortführer sein, er will die Gesprächsthemen vorgeben, er will die besten Antworten geben, er will sagen, wo es langzugehen hat – auch in der Gemeinde-Bibelstunde. Wenn er nur wüßte, daß er damit sein Unzulänglichkeitsgefühl auszugleichen sucht.

Auch wer häufig versucht, sich in den Mittelpunkt zu stellen, will damit meist seine Minderwertigkeitsgefühle über-reaktiv ausgleichen. Denn wenn alle auf einen achten, fühlt man sich wertvoll, zumindest findet man Beachtung. Selbst eine negative Beachtung (z. B. eine Kritik oder Zurechtweisung) wird als positiv erlebt, weil es ja eine Zuwendung ist.

In der Seelsorge sollten Sie herausarbeiten, was den Betroffenen „wertvoll" macht. Welche Fähigkeiten und Fertigkeiten zeichnen ihn aus? Wofür kann er dankbar sein? Dann sollten auch seine Schwächen benannt werden. Machen Sie ihm Mut, zu seinen Gaben und zu seinen Schwächen ganz bewußt zu stehen. Schließlich erarbeiten Sie Schritte, wie er lernen kann, immer wieder einmal ganz bewußt die „zweite Geige" im „Orchester" zu spielen und als solche sich ganz positiv einzubringen. Betonen Sie dabei, daß die „erste Geige" mit dem Können der zweiten rechnet und die „zweite Geige" ohne die erste nicht vollständig klingt. Beide Instrumente sind im Orchester gleichermaßen wichtig und wertvoll sowie aufeinander abgestimmt.

4.5 Hilfen bei Perfektionismus

Zu denjenigen, die alles ganz perfekt machen wollen, gehört Matthias. Wenn ihm nicht alles perfekt gelingt, dann fühlt er sich nicht wohl, sondern wertlos. Er sucht sein Unzulänglichkeitsgefühl durch überzogenen Perfektionismus auszugleichen.

Menschen wie Matthias beziehen ihr Selbstwertgefühl in erster Linie daraus, alles ganz besonders gut und perfekt zu machen. Das setzt sie zusätzlich unter Druck und führt – schon bei einem kleinen Mißgeschick – erneut zu einem negativen Selbstbild. Der negative Kreislauf verstärkt sich.

In der Seelsorge sollte es zunächst einmal darum gehen, dem Ratsuchenden bewußtzumachen, daß er sein Minderwertigkeitsgefühl nicht durch Perfektionismus ausgleichen kann. Dann sollte er lernen, sich mit seinen Fehlern, Schwächen und Unvollkommenheiten anzunehmen. Auch diese gehören zu seiner Person und zu seiner persönlichen Würde. Die Sätze auf Anlage 3 (Seite 177) können dem Betroffen helfen, zu einem gesunden Selbstwertgefühl zu finden. Er soll diese einige Wochen lang etwa jeden Tag einmal lesen.

4.6 Hilfen bei Überempfindlichkeit und leichter Verletzbarkeit

Marion ist eine Person, die überempfindlich auf Kritik reagiert. Entweder weist sie alle Kritik zurück, oder sie ist leicht und schnell verletzt. Rasch ist sie beleidigt und denkt dann dabei, daß alle anderen ihr überlegen sind.

Überempfindliche und leicht verletzbare Menschen sind oft durch Demütigungen und Herabsetzungen seelisch verletzt worden. Sie denken negativ über sich, und ihr Selbstvertrauen ist mangelhaft ausgebildet. Auch bei sachlicher Kritik fühlen sie sich aufgrund ihrer Minderwertigkeitsgefühle leicht und schnell persönlich angegriffen.

In der Seelsorge helfen Sie dem Ratsuchenden, zunächst einmal zu lernen, zwischen sachlicher und persönlicher Kritik zu unterscheiden, ferner, daß Kritik nicht generell etwas Negatives ist. Kritik kann durchaus bei der persönlichen Reifung helfen.

Helfen Sie ihm dann herauszufinden, welche (unterschiedlichen!) Möglichkeiten er sieht, auf die Kritik positiv zu reagieren. Sprechen Sie mit ihm durch, wie er in verschiedenen Situationen mit Kritik ganz bewußt positiv umgehen will. Ermuntern Sie ihn auch, sich von möglichen negativen Gefühlen nicht beeindrucken und abhalten zu lassen. Begleiten Sie ihn schließlich bei der Umsetzung dieser Verhaltensübungen. Ziel sollte es sein, das Reaktions- und Verhaltensrepertoire auszuweiten. In dem Maße, wie sein Verhaltensrepertoire wächst, wird auch sein Selbstvertrauen wachsen und seine Minderwertigkeitsgefühle werden schwinden.

5. Grenzen und Gefahren in der Seelsorge

Probleme können für Sie als Seelsorger wie für den Rat- und Hilfesuchenden entstehen, wenn Sie zum einen von jeder kleinen Auffälligkeit (siehe 4.2 bis 4.6) auf einen Minderwertigkeitskomplex schließen. Nicht jeder, der mal beleidigt ist, der Kritik von sich weist, der sehr genau ist usw. leidet an einem Minderwertigkeitskomplex. Auf der anderen Seite können hinter den oben genannten Auffälligkeiten auch schwere psychische Erkrankungen stecken. So können heftige Kritik anderen gegenüber, die Abweisung aller persönlicher Kritik, das Erzwingen von Aufmerksamkeit auch Hinweise auf eine Manie (Erscheinungsform einer Psychose) sein.

Vermitteln Sie auf jeden Fall weiter an einen erfahrenen Seelsorger, den Hausarzt bzw. Arzt für Psychiatrie oder an einen Psychotherapeuten, wenn Sie sich bei den Problemen sehr unsicher sind. Spätestens nach ca. fünf Gesprächen sollten Sie weitervermitteln, wenn Ihr Gesprächspartner auf die von Ihnen angebotene Hilfe nicht anspricht. Aber auch, wenn Sie auf den Gesprächspartner stark negativ reagieren, sollten Sie an einen anderen Seelsorger oder an einen Therapeuten weitervermitteln.

Literaturempfehlungen

Buchheister, Marion, Endlich Schluß mit „Eigentlich"
    Brockhaus Verlag, Wuppertal
Dobsen, James, Minderwertigkeitsgefühle – eine Epidemie
    Editions Trobisch, Kehl
Grosse, Siegfried, Ab morgen mach' ich's anders. Gute Vorsätze erfolgreich
    in die Tat umsetzen
    Kösel-Verlag, München
Jeffers, Susan, Selbstvertrauen gewinnen. Die Angst vor der Angst verlieren
    Kösel-Verlag, München
Merkle, Rolf, So gewinnen Sie mehr Selbstvertrauen
    PAL Verlagsgemeinschaft, Mannheim
Ruthe, Reinhold, 6 Wege aus dem Selbstbetrug
    Brendow-Verlag, Moers
Seamands, David, Heilung der Erinnerungen
    Verlag der Francke-Buchhandlung, Marburg

Didaktische Hinweise zu den Arbeitsblättern

Anlage 1:	Gliederung
Anlage 2:	Bibelzeit Sie soll im seelsorgerlichen Gespräch helfen, über ein ausgewogenes Gottesbild und über den gottgewollten Selbst-Wert des Menschen ins Gespräch zu kommen.
Anlage 3:	Eine geistlich-seelische Übung Diese Sätze können dem Rat- und Hilfesuchenden helfen, zu einem gesunden Selbstwert zu finden. Der Text soll einige Wochen lang etwa jeden Tag einmal gelesen werden.
Anlage 4:	Das Bild von sich selbst Mit den Fragen bzw. Aufgaben kann das Selbstbild besser erkannt werden. Man kann den Bogen ausfülllen lassen oder die Fragen im seelsorgerlichen Gespräch an den Ratsuchenden richten und den Bogen dann als Aufzeichnungshilfe gebrauchen.
Anlage 5:	Hoch-Ziele Diese Übersicht zeigt die Beziehungsvielfalt und die Hoch-Ziele, die bei Entfaltung des Selbstwertgefühls im Blick sein sollten. Seelsorger wie Ratsuchender können darüber ins Gespräch kommen, wo Defizite vorherrschen und welche Ziele angestrebt werden sollen.

Gliederung

1. Kämpfen oder Fliehen bei Gefahr

2. Ursachen von Minderwertigkeitsgefühlen

   2.1 Sehr strenge Erziehung

   2.2 Zu verwöhnende Erziehung

   2.3 Andere Einflüsse durch die Familie

   2.4 Einflüsse durch die Umwelt

**3. Ausgleich und über-reaktive Auffälligkeiten
   bei Minderwertigkeitsgefühlen**

4. Seelsorgerliche Hilfen bei Minderwertigkeitskomplexen

   4.1 Grundlegende Hilfen

   4.2 Hilfen bei Selbstisolation

   4.3 Hilfen bei Kritiksucht

   4.4 Hilfen bei erzwungener Aufmerksamkeit

   4.5 Hilfen bei Perfektionismus

   4.6 Hilfen bei Überempfindlichkeit und leichter Verletzbarkeit

5. Grenzen und Gefahren in der Seelsorge

Bibelzeit

Gottgewollter Selbst-Wert des Menschen

- Er ist wunderbar gemacht:

  Ich danke dir dafür, daß ich wunderbar gemacht bin. (Ps 139,14)

- Er ist ein Ebenbild Gottes:

  Und Gott sprach: Lasset uns Menschen machen, ein Bild, das uns gleich sei (…).
  (1. Mose 1,26 ff.)

- Er ist wertvoll – Er ist Gott seinen Sohn wert:

  *Also hat Gott die Welt geliebt, daß er seinen eingeborenen Sohn gab, auf das alle,
  die an ihn glauben, nicht verloren werden, sondern das ewige Leben haben.*
  (Joh 3,16)

- Er wird geliebt:

  *Fürchte dich nicht, denn ich habe dich erlöst; ich habe dich bei deinen Namen
  gerufen; du bist mein!* (Jes 43,1 ff.)

  Ich habe dich je und je geliebt, darum habe ich dich zu mir gezogen aus lauter Güte.
  (Jer 31,3)

- Gott ehrt ihn und offenbart seine Herrlichkeit an ihm:

  *Was ist der Mensch, daß du seiner gedenkst, und des Menschen Kind, daß du dich
  seiner annimmst? Du hast ihn wenig niedriger gemacht als Gott, und mit Ehre und
  Herrlichkeit hast du ihn gekrönt.* (Ps 8)

- Er ist begabt:

  *Und dient einander, ein jeglicher mit der Gabe, die er empfangen hat,
  als die guten Haushalter der mancherlei Gabe Gottes.* (1. Petr 4,10)

- Sein Leben hat einen Sinn; er hat Aufgaben:

  Gleichwie mich der Vater gesandt hat, so sende ich euch.

Eine geistlich-seelische Übung

Ich bin ein Mensch mit persönlicher Würde; diese habe ich von Gott erhalten. Was ich auch tue, ändert nichts daran. Manchmal mache ich Fehler und fühle mich so minderwertig und manchmal mach ich eine Sache recht gut und fühle mich selbstbewußter. Ich bin aber und bleibe derselbe, was ich auch tue und wie ich mich auch fühle. Ich werde mein Leben lang auch Fehler machen und mich unvollkommen fühlen, da ich nicht perfekt bin. Ich werde dabei auch immer wieder einmal vor Gott und vor Menschen schuldig; da weiß ich um Vergebung.

Als fehlerhafter und unvollkommener Mensch habe ich aber auch die Fähigkeit, mit Gottes Hilfe aus meinen Fehlern und aus meiner Unvollkommenheit zu lernen und somit zu reifen. Ich will mich immer wieder neu bemühen, Dinge anders und besser zu machen; aber ich kann dadurch nicht zu einem besseren Menschen werden. Ebensowenig bedeuten Fehler, Schwächen und Unvollkommenheit, daß ich schlecht oder minderwertig bin. Ich kann nicht alles wissen und alles können; kein Mensch weiß alles und kann alles. Ich will bewußter auf meine Stärken und auf meine Schwächen schauen. Ich will mich mit meinen Stärken und Schwächen annehmen. Es ist befreiend und ermutigend, zu wissen, daß Gott mich liebt, so wie ich bin.

Das Bild von sich selbst

Folgende Fragen bzw. Aufgaben können helfen, das Selbstbild besser zu erkennen:

1. **Inwieweit sind Sie zufrieden mit dem, wer oder was Sie heute sind?**

2. **Inwieweit ist es Ihnen wichtig, zu erfahren, wie andere über Sie denken?**

3. **Inwieweit stimmt das Bild, das Sie von sich haben, mit dem Bild, von dem Sie denken, das andere von Ihnen haben, überein? Inwieweit klaffen Ihr Selbstbild und das Fremdbild auseinander?**

4. **Schreiben Sie fünf Stärken und fünf Schwächen auf, über die Sie nach Ihrer Meinung verfügen**

   Stärken   Schwächen

   ....

   ....

   ....

   ....

   ....

5. **Inwieweit können Sie sich über Ihre Stärken freuen? Inwieweit haben Sie eine Abneigung gegenüber Ihren Schwächen?**

6. **Für welche Punkte unter 4. haben Sie länger gebraucht, um diese zu benennen?**

7. **Welche Rückschlüsse können Sie daraus auf Ihr Selbstbild ziehen?**

7. **Was ist Ihnen im Leben wichtig?**

8. **Was würden Sie gerne in nächster Zeit erreichen?**

Hoch-Ziele
einer reifen, harmonischen, beziehungsfähigen,
also seelisch ausgeglichenen und stabilen Persönlichkeit
(nach Klaus Thomas, aus: Selbstanalyse. Die heilende Biographie, ihre Abfassung
und ihre Auswirkung, bei TRIAS, Thieme-Verlag, Stuttgart)

In der Beziehung zu sich selbst
– Sich selbst annehmen und bejahen (einschließlich des Alters, des Aussehens,
  der Leistungsfähigkeit und der Grenzen);
– anstreben, daß das Denken, Fühlen und Verhalten einigermaßen miteinander
  harmonieren.

In der Beziehung zur Arbeit
– Einen der Leistungsfähigkeit einigermaßen angemessenen Aufgabenbereich gerne,
  mit abgeschlossenen Arbeiten und allmählichem Aufstieg bewältigen;
– mit Vorgesetzten, Kollegen und Untergebenen in einer grundsätzlich (von Ausnahmen
  abgesehen) harmonischen und konstruktiven Arbeitsgemeinschaft zusammenwirken.

In der Beziehung zum Ehepartner
– Ein (auch erotisch) erlebnisfähiger, hingabewilliger und anpassungsbereiter
  Lebenspartner sein, der bereit und fähig ist, ein hohes Maß an Freude zu wecken;
– Bereitschaft und Fähigkeit entwickeln zur Pflege vielfältiger gemeinsamer
  Unternehmungen, Interessen und Erlebnisse.

In der Beziehung zu den Kindern
– Ein verständnisvoller, gütiger – je nach Reife des Kindes – fest bestimmender, lenkender
  oder später begleitender und beratender Freund sein, der sich rechtzeitig und
  weitgehend genug innerlich lösen und den Kindern zur Selbständigkeit verhelfen kann;
– ein Liebe weckendes und Be-Achtung gebietendes Vorbild sein.

In der Beziehung zu den sonstigen Menschen der Umwelt
– Eine aufgeschlossene, kontaktfähige, sinn- und maßvoll kritische, von unsachlichen
  Gefühlsregungen freie Haltung gegenüber einzelnen Menschen und Gemeinschaften
  der Umwelt einnehmen;
– dauerhafte Freundschaftsbeziehungen zu einem begrenzten Kreis Gleichgesinnter und
  kameradschaftliche Beziehungen zu einem größeren Bekanntenkreis unterhalten.

In der Beziehung zum Schicksal
– Gefühlsregungen angemessen äußern, Gefühlsstürme gesteuert äußern
  (Gelassenheit statt Wutausbrüche);
– Leiden überwinden und/oder tragen können.

In der Beziehung zu den geistlichen Lebensfragen
– Angst- und verdrängungsfreie Grundeinstellung zu den Problemen von Sünde,
  Schuld und Tod;
– persönliche Gewißheit und Antwort auf die Fragen nach dem Sinn des Lebens
  sowie nach Gott und Jesus Christus.

Ernst Bai

Sexualität – Leben in einer (über)sexualisierten Zeit

„Sehr oft verhilft uns Gott nicht zuerst zur Reinheit selbst, sondern gibt uns nur die Kraft, immer wieder neu darum zu kämpfen" (C. S. Lewis).

1. Aktuelle Trends im Bereich der Sexualität

1.1 Allgegenwärtige Sexualität

Ob gewollt oder ungewollt, ständig werden wir mit dem Thema „Sex" konfrontiert. Von der Kinoleinwand, vom Fernseher, von Zeitungen und Zeitschriften, von Plakaten, von allen Seiten dringt Sex auf den Zuschauer ein. Selbst dort, wo für asexuelle Produkte geworben wird, also für Autos, Kaffee oder Bürostühle, ist oft eine Prise Sex dabei. Fast an jeder Straßenecke werden uns gleichsam sexuelle Reize aufgedrängt. In der heutigen Konsum- und Erlebnisgesellschaft sind sexuelle Reize und Angebote allgegenwärtig und vielfältig. Das Sexgeschäft blüht. Massagesalons, Sexshops, Sexkinos, Peepshows, Videoläden wachsen wie Pilze aus dem Boden; Versandhäuser für Sexutensilien aller Art, Kontaktanzeigen und –magazine schießen ins Kraut. Das Sexgeschäft ist zu einer global vernetzten Industrie herangewachsen: eine Wirtschaftsmacht, die Bedürfnisse befriedigt und neue Bedürfnisse schafft – ein Milliardengeschäft. Früher schwieg man weitgehend zu diesem Thema. Heute ist Sex für viele ein selbstverständlicher und „normaler" Teil im Leben. Sexualität ist ein Spaß, den möglichst alle genießen wollen.

1.2 Sexuelle Tabus sind zerbrochen

Die Tabus auf dem Gebiet der Sexualität sind zerbrochen. Ehe- und Scheidungsgesetze wurden weitgehend liberalisiert. Im Zug der „herrschenden Moral der Zeit" hat Ehebruch kaum mehr den Makel eines strafbaren Deliktes. Im Gegenteil. Ehebruch ist eher ein salonfähiges „Kavaliersdelikt". Ja, es gibt sogar manche „Salons", wo man erst „salonfähig" wird, wenn man sich von Zeit zu Zeit einen Ehebruch zulegt. In Zeitschriften und im Fernsehen werben „Seitensprung-Agenturen" um ihre Kundschaft. Es ist ein spezieller Service für Männer und Frauen, „die in einer festen Bindung leben, die sie nicht aufgeben können oder wollen, die aber Abwechslung suchen." In die Agenturen aufgenommen werden „Damen und Herren, die gebunden sind und sich nicht binden lassen möchten". Prostitution soll legalisiert und gesellschaftlich integriert werden. Gewisse Fernsehstationen unterstützen diesen Trend, indem sie gezielt mit TV-Sex werben. Es ist unverkennbar, daß Sexualität bewußt aus dem eigentlichen Lebenszusammenhang herausgelöst werden soll. Das verbindliche Zusammenleben von Mann und Frau bleibt dabei auf der Strecke. Die bisherige Sexualmoral scheint ausgedient zu haben. (Zitate aus „Spiegel special" Nr. 1/1999.)

1.3   Alles ist tauschbar

In unserem mobilen und technischen Zeitalter erleben wir, wie alles austauschbar geworden ist. Konsumgüter und Handelsware werden länderübergreifend ausgetauscht. Dank Internet ist es möglich, daß wir innerhalb von wenigen Sekunden Daten rund um die Welt austauschen können. Dabei kann jeder geben oder nehmen, was ihm gerade gefällt oder nützlich erscheint. Diese Tauschmentalität zeigt sich ebenfalls im Bereich der Sexualität. Alles ist tauschbar. Auch der Partner und die Partnerin. Die Tatsache, daß heute 30jährige durchschnittlich schon mehr feste Beziehungen hinter sich haben als 70jährige in ihrem viel längeren Leben, ist der Beweis dafür. Ein britischer Soziologe will festgestellt haben, daß die bisherige Sexualmoral ausgedient hat und an ihre Stelle die Verhandlungsmoral der Partner getreten sei: „Ob hetero-, homo- oder bisexuell, ehelich oder außerehelich, genital, anal oder oral, zart oder ruppig, bieder oder raffiniert, sadistisch oder masochistisch – all das ist moralisch ohne Belang. Von Belang ist, daß es ausgehandelt wird." Im Gespräch miteinander sollen Menschen von Fall zu Fall festlegen, wie sie ihre Sexualität leben wollen. Solche Beziehungen kommen ohne Institutionen und Traditionen aus. Sie sind nur um ihrer selbst willen eingegangen worden und bestehen nur, solange sich beide darin wohl fühlen. Es liegt auf der Hand, daß solche Beziehungen prinzipiell instabil sind. Ablesbar ist das auch am Verständnis der Treue. „Treueforderung und Verpflichtung gelten nur, solange die Beziehung als intakt und emotional befriedigend erlebt wird." Treue ist demnach nicht an eine Person gebunden, sondern an das Gefühl zu dieser Person. Es versteht sich sozusagen von selbst, daß bei dieser Verhandlungsmoral auch der Begriff der Perversion unter den Tisch fällt. „Normale" Sexualität, also zwischen Mann und Frau, wird zu einer Variante von vielen. Es gilt das Motto „Gleiches Recht für alle Wünsche" und „Erlaubt ist, was Spaß macht". (Zitate aus „Spiegel special", Nr. 1/1999.)

1.4   Sexuelle Keuschheit ist im Anzug

Die Sexualisierung der Gesellschaft wird vermutlich weiter fortschreiten. Dennoch werden kleine Anfänge sichtbar, die in eine andere Richtung weisen. Seit Anfang der 90er Jahre diagnostiziert man einen Wandel im sexuellen Verhalten. Dieser Wandel ist schon bezeichnet worden als „Abschied vom Sex". Drei Viertel der 16- bis 25jährigen können sich eine feste Beziehung auch ohne Sex vorstellen. Und mehr als ein Drittel will keusch bleiben, bis die ganz große Liebe kommt. Liebe, Treue und Vertrauen haben Hochkonjunktur. Die Aktion „Wahre Liebe wartet" wird von vielen Jugendlichen unterstützt, auch von solchen aus nichtchristlichen Kreisen. Es bleibt zu hoffen, daß junge Christen dadurch ermutigt werden, vor der Ehe sexuell enthaltsam zu leben.

2. Biblische Aspekte zur Sexualität

2.1   Sexualität ist gottgewollt

Gott hat den Menschen als Mann und Frau geschaffen. Zwei Geschlechter sollten es sein, die einander ergänzen und füreinander sorgen. „Gott schuf den Menschen nach seinem Bild, er schuf Mann und Frau. Er segnete die Menschen und sagte zu ihnen: ‚Vermehrt euch! Breitet euch über die Erde aus und nehmt sie in Besitz!'" (1. Mose 1,27–28a). Es ist im Schöpfungsauftrag Gottes festgeschrieben, daß Mann und Frau in sexueller Gemeinschaft miteinander leben und sich fortpflanzen sollen. Sexualität ist eine gute Gabe Gottes. Sex ist gottgewollt. Sex ist Ausdruck gegenseitiger Liebe zwischen Mann und Frau. Gott hat uns geschaffen, samt unserer Sexualität. Sehnsucht, erotische Gefühle, romantische Träume, alles ist Gottes Gabe an uns. Gott schenkt und gönnt uns das (Spr 5,18–19). Wer an Sexualität immer nur negativ und mit schlechtem Gewissen denkt, verachtet Gott, den Schöpfer und Erfinder dieser kraftvollen Gabe.

2.2 Sexualität gehört in den Schutzraum der Ehe

In der Bibel wird der Geschlechtsverkehr von Mann und Frau beschrieben mit dem Ausdruck „Ein-Fleisch-Werden" (1. Mose 2,24). Weil mit diesem Einswerden eine tiefgreifende Erfahrung verbunden ist, die den ganzen Menschen erfaßt und prägt, hat Gott den Sex unter einen besonderen Schutz gestellt. Es ist der Schutzraum der Ehe, in der die Mitmenschlichkeit von Mann und Frau, nämlich ihre Sexualität, immer noch am besten aufgehoben ist. Es gibt keine echte Alternative zur Einehe. Sexualität kann sich dort am besten entfalten, wo sie nicht abstrakt, nicht aus dem Lebenszusammenhang herausgelöst ist, sondern in wirklich gelebter Lebensgemeinschaft von Mann und Frau aufgenommen wird. Sexualität in der Ehe zeigt sich darin, daß Mann und Frau übereinander verfügen, indem sie sich einander hingeben (1. Kor 7,4). Der Apostel Paulus greift dieses Bild auf, um damit die Liebesbeziehung Jesu zu seiner Gemeinde deutlich zu machen (Eph 5,32–33). Der bedeutende Schweizer Theologe Karl Barth hat einmal gesagt: „Koitus ohne Koexistenz ist eine dämonische Angelegenheit." Wird die Sexualität aus dem Kontext der Ehe herausgelöst und punktuell, zusammenhanglos und in zufälligen „Affären" verbraucht, so verkommt sie leicht zur Unmenschlichkeit. Deshalb gehört zur Sexualität gegenseitige Annahme, Verantwortung, Fürsorge und das Gespräch. Und zwar auch das Gespräch über das sexuelle Miteinander in der Ehe. Vielen fehlt die Sprache, um über sexuelle Bedürfnisse zu sprechen. Und so gehen manche Paare davon aus, daß im Bereich des Sex alles automatisch klappen müsse. Aber Störungen im Bereich der Sexualität gehören zum Leben. Und es gibt in jeder Beziehung auch Schwierigkeiten und unerfüllte Wünsche. Dabei kann das offene Gespräch miteinander zu einem besseren Verständnis füreinander verhelfen. Gespräche sind vor allem dann angesagt, wenn sich ein Partner dem anderen verweigert. Oder wenn keine Lust mehr oder nur noch ein geringes Verlangen nach Sexualität vorhanden ist.

2.3 Sexualität und Sündenfall

Seit dem Sündenfall leben wir Menschen nicht mehr in jener guten, paradiesischen Schöpfung des ersten Menschenpaares. Wir leben jenseits von Eden. „Der Kosmos liegt im argen" (1. Joh 5,19) – das bedeutet, er befindet sich im Machtbereich eines satanischen Geistes. Die Folgen sind vielfältig und überall sichtbar. Es gibt Katastrophen und Zerstörungen, Epidemien und Krankheiten, Ungerechtigkeit und Unfreiheit, Egoismus und Verantwortungslosigkeit. Überall, auch im Bereich der Sexualität, werden die Spuren der Sünde sichtbar. Statt ganzheitlicher und fürsorglicher Liebe, statt verantwortlichem Umgang mit dem wundervollen Geschenk der Sexualität begegnen uns Ausbeutung, Macht, Perversität, Frust und Enttäuschung. Diese schöne und gute Gabe Gottes an uns Menschen wird durch die Sünde verzerrt und entstellt. Schneller Sex, Beziehungen ohne Verantwortung, mißbrauchte Kinder, ausgebeutete Frauen, „Liebe" zum Kaufen, übertriebener Sexkult, Sehnsucht, die sich nie richtig erfüllt, all dies sind die Folgen des Abfalls von Gott. (Ausführlicher zum Thema *Gewalt gegen Kinder* s. Kurs 2, „Mißbrauch – Gewalt gegen Kinder zerstört".)

2.4 Sexualität und Selbstbefriedigung

Selbstbefriedigung, Onanie, Masturbation sind alles Bezeichnungen für Sex ohne Partner. Medizinisch betrachtet wissen wir, daß Masturbation nicht schädlich ist. In christlichen Kreisen wird Selbstbefriedigung unterschiedlich beurteilt. Für die einen ist es Sünde, für andere ist es eine akzeptable Form, damit auch Alleinstehende Sexualität leben können. Weil die Bibel zu diesem Thema schweigt, sollten wir Selbstbefriedigung nicht pauschal als Sünde verurteilen. Wer dies dennoch tut, treibt viele Menschen in eine Not hinein, die er als Seelsorger verantworten muß. Jede Form von Schuldzuweisung erzeugt Angst und Versagensgefühle. „Tausend Mal habe ich Gott darum gebeten, mir diese ‚Sünde' wegzunehmen – und immer wieder erlebe ich, daß Gott es nicht tut." Es sind etwa 90 % der 15jährigen Jungen und 60 % der gleichaltrigen Mädchen, die Erfahrung in Selbstbefriedigung haben. Aber nicht nur Singles, sondern auch Verheiratete und ältere Menschen haben Probleme damit. Selbstbefriedigung sollte seelsorgerlich nicht dramatisiert werden. Zu den Gründen, die eher gegen Selbstbefriedigung sprechen, gehören:

a) Einseitige Fixierung auf die eigene Person
Sexualität ist hier auf die Erfüllung eigener Bedürfnisse ausgerichtet. Deshalb wird sie auch als egozentrisch und unvollkommen bezeichnet. Sie wird gelebt als Ersatz zum Du (1. Kor 7,4). Oft wird sie bezeichnet als unreife Beziehungsform.

b) Schuldgefühle
Das immer wiederkehrende schlechte Gewissen gilt als Beweis dafür, daß Selbstbefriedigung abzulehnen ist. Dieses Argument ist ernst zu nehmen. Gleichzeitig ist darauf hinzuweisen, daß unser Gewissen nicht unfehlbar ist. Hinter einem angeblich schlechten Gewissen kann sich auch Selbsthaß verbergen. (Ausführlicher zu diesem Thema s. Kurs 1, „Schuldig sein oder sich schuldig fühlen?")

c) Geile Phantasie
Ein gewisser Grad an sexueller Phantasie ist bestimmt normal. Aber wer sich durch entsprechende Zeitschriften (Pornoliteratur) und Filme bewußt aufgeilt, verliert schnell die Selbstkontrolle. Selbstbefriedigung kann dann zum Zwang und zur Sucht werden. Ob ledig oder verheiratet, wir kommen nicht darum herum, unsere Gedanken ständig neu zu überprüfen. Sind unsere Gedanken rein und gut? (Phil 4,8). Sind sie förderlich, bauen sie mich auf? Sind sie geprägt von Dankbarkeit und Liebe zu Gott? Sind sie in Einklang mit Gott? Gibt es die Möglichkeit, meine Gedankenwelt zu reinigen, während ich mich ständig sexuell weiter befriedige? Mit Hilfesuchenden muß eine biblische Sicht von Sexualität erarbeitet werden. Und dabei gilt es Wege aufzuzeigen, wie man von einer suchtartigen Fixierung loskommen kann.

3. Wie sexuelle Phantasien entstehen

Weil sexuelle Probleme vielfach mit unserer Phantasie zu tun haben, will ich hier speziell darauf eingehen. Wir leben in einer (über)sexualisierten Welt, die unser Denken und Fühlen stark beeinflußt. Es sind vor allem Männer, die an sexuellen Phantasien leiden. Dies hängt damit zusammen, daß männliche Sexualität stark von Hormonen bestimmt ist. Die Phantasie des Mannes kann durch visuelle Anreize, also durch Bilder, Bücher oder Shows, viel stärker erregt werden als die der Frau. Die sexuelle Anregung ist bei den meisten Frauen mehr an körperliche Berührungen, Kontakte, Zärtlichkeiten gebunden. Manche Frauen neigen dazu, Sexualität zu romantisieren. Es besteht dabei die Gefahr, daß sie Sex verabscheuen und sich in romantische Phantasien flüchten. Sexualität ist beim Mann eine wirklich starke Kraft. Sie wird wesentlich durch die Ernährung beeinflußt. Untersuchungen haben deutlich gemacht, daß sich 56 % aller verheirateten Männer sexuell selber befriedigen (Family 1/99). Diese Art von einsamem Sex ist keine gute Lösung, weil sie sich auf Dauer schädigend auf die Ehe auswirken kann. Wenn Männer oft von sexuellen Phantasien geplagt werden, so ist dies aber nicht nur auf ihre Sexualhormone zurückzuführen. Oft genug werden solche Phantasien von einschlägiger Literatur, von Sex- und Pornofilmen gezielt genährt. Manche Männer sind süchtig danach. Pornographie halte ich für höchst schädlich: Sie verdreht die Sexualität des Mannes; sie führt oft zur Ablehnung des Körpers der eigenen Frau, weil sie nicht dem Sexidol des Films entspricht. Pornographie kann zu Streit und Scheidung führen, weil der Mann bei seiner Frau Techniken anwenden will, die bei ihr auf Unverständnis und Ablehnung stoßen.

4. Hilfestellung bei sexuellen Phantasien

4.1 Wichtige Hinweise für die Seelsorge

Wenn Sie Menschen beraten, die im Bereich der Sexualität Schwierigkeiten haben, dann lassen Sie sich sexuelle Praktiken nicht in Einzelheiten erzählen. Üben Sie Zurückhaltung. Auch Seelsorgerinnen und Seelsorger sind gefährdet. Schaffen Sie auch äußerlich die nötige Distanz zum Ratsuchenden, vielleicht durch einen abtrennenden Tisch im Beratungszimmer. Suchen Sie rechtzeitig Hilfe bei einem erfahrenen Seelsorger, wenn Sie sich bei solchen Gesprächen überfordert fühlen. Die folgenden Ratschläge sind für Menschen gedacht, die an sexuellen Phantasien leiden oder bei denen Sex zur Sucht geworden ist.

4.2 Lassen Sie sich nicht sexuell aufreizen

Ein bestimmtes Maß von sexuellem Anreiz wird bestehenbleiben, solange wir auf dieser Erde leben. Wir müssen uns vermutlich damit abfinden, daß die Werbeindustrie auch in Zukunft auf die Sexualität ausgerichtet bleibt. Daneben gibt es aber eine Reihe von Dingen, die wir verändern können. Oft hilft nur eine radikale Trennung von Büchern, Zeitschriften, Filmen usw., um sexuelle Phantasien in Schach halten zu können. Wer dagegen ständig seine Lust füttert (Jak 1,14), mit dem wird die Phantasie eines Tages durchbrennen.

4.3 Ergreifen Sie die Flucht

Ein junger Mann, der sich im Internet übermäßig zu zweideutigen Bildern hingezogen fühlt, kündigt seinen privaten Anschluß. Diese Form von Flucht ist zu begrüßen. Um sexuelle Phantasien und Unzucht zu vermeiden, ist Flucht oft die einzige letzte Möglichkeit. Schon der Apostel Paulus rät dazu, indem er sagt: „Fliehet die Unzucht!" (1. Kor 6,18)

4.4 Lassen Sie nicht zu, daß Sex Ihr Leben bestimmt

Sexualität ist eine Macht, deren wir uns bewußt werden sollten. Aber sie ist uns nicht dazu gegeben, daß sie unser Leben dominiert. Achten Sie darauf, daß Sie Ihr Leben nicht auf Sex reduzieren. Vermeiden Sie diese Einseitigkeit, und entdecken Sie, daß zu einem erfüllten Leben noch ganz andere Dinge gehören, zum Beispiel: Erfüllung im Beruf, gute zwischenmenschliche Kontakte, die konkrete Mitarbeit in der christlichen Gemeinde, eine sinnvolle Freizeitbeschäftigung usw.

4.5 Achten Sie auf die Reinheit Ihrer Gedanken

„Freuen dürfen sich alle, die ein reines Herz haben, denn sie werden Gott schauen" (Mt 5,8). Wir haben unsere Gedanken und unsere Phantasie immer wieder zu überprüfen und reinigen zu lassen. Wie wird Sex zur Sünde? Indem wir unseren Gedanken freien Lauf lassen. Jemand hat einmal treffend gesagt: „Das wichtigste Sexualorgan im Menschen ist sein Denken." Positiv betrachtet, soll unser Denken immer wieder neu ausgerichtet werden auf das, „was gut ist und Lob verdient, was wahr, edel, gerecht, rein, liebenswert und schön ist" (Phil 4,8).

4.6 Vermeiden Sie das Spiel mit dem Feuer

Die Kosten sind zu hoch, die ungezügelte sexuelle Leidenschaft mit sich bringen könnte. Überlegen Sie, was die Konsequenzen sind, wenn Sie sich auf ein sexuelles Abenteuer einlassen. Was würde aus Ihrem Partner, Ihren Kindern, Ihrer Familie? Und welchen Schaden würden Sie der christlichen Gemeinde zufügen?

4.7 Achten Sie auf Ihre eigentlichen Bedürfnisse

Jeder Mensch hat Bedürfnisse nach Angenommensein und Liebe. Wir sehnen uns nach tiefen, echten zwischenmenschlichen Beziehungen. Wir sehnen uns nach einem guten Freund, einer Freundin, nach Umarmung und Zuwendung. Wir sehnen uns danach, geliebt zu werden und Liebe üben zu können. Viele wollen nicht in erster Linie Sex, sondern ein verständnisvolles Gegenüber. Werden Sie auf dieser Beziehungsebene aktiv. Investieren Sie in den Aufbau von guten Beziehungen. Es wird Ihnen helfen, Ihre Bedürfnisse zu stillen und das Ersatzprodukt Sex zu ersetzen.

4.8 Entwickeln Sie geistliche Leidenschaft für Gottes Reich

„Müßiggang ist aller Laster Anfang", sagt ein Sprichwort. Richten Sie deshalb Ihr Denken und Ihre Phantasie auf Gott aus, indem Sie ihm und den Mitmenschen bewußt dienen wollen. „Gebt nur Gott und seiner Sache den ersten Platz in eurem Leben, so wird er euch auch alles geben, was ihr nötig habt." (Mt 6,33). Setzen Sie Ihre Aktivitäten und Kräfte bewußt für den Bau des Reiches Gottes ein. Dieser Einsatz erfüllt mit Freude, macht Sinn und ist ein wesentlicher Schutz gegen egoistische Lustbefriedigung durch Sex.

4.9 Vertrauen Sie darauf, daß Gott mit Ihnen ans Ziel kommt

Durch die Kraft des Heiligen Geistes rüstet Gott uns aus, damit wir im Kampf gegen die sexuelle Sünde nicht unterliegen. Kommt es dennoch zu Niederlagen, so dürfen wir wissen, daß Jesus uns nicht verstößt. Sexuelle Verfehlungen sind zudem keine Supersünden. Sie wiegen nicht schwerer als andere Sünden auch. „Wenn wir aber unsere Sünden bekennen, so ist er treu und gerecht, daß er uns die Sünden vergibt und reinigt uns von aller Untugend" (1. Joh 1,9).

Literaturempfehlungen

Carnes, Patrick, Wenn Sex zur Sucht wird
    Kösel-Verlag, München
Höppner, Jürgen / Michael Hübner / Klaus Nieland, Alles Sex oder was?
    Verlag Schulte & Gerth, Aßlar (für Jugendliche zu empfehlen)
Meier, Paul, Rezepte für eine glückliche Ehe
    Verlag der Liebenzeller Mission
Nicolosi, Joseph, Homosexualität muß kein Schicksal sein. Gesprächsprotokolle
    einer alternativen Therapie, Aussaat-Verlag, Neukirchen-Vluyn
Smalley, Gary, Entdecke deinen Mann
    editions Trobisch, Kehl
Smalley, Gary, Entdecke deine Frau
    editions Trobisch, Kehl
Theobald, Dieter und Vreni, Der 2. Ehefrühling. Wenn Paare in die Jahre kommen,
    Brunnen-Verlag, Gießen und Basel
Willi, Jürg, Was hält Paare zusammen?
    rororo Sachbuch 60508

Didaktische Hinweise zu den Arbeitsblättern

Anlage 1:   Gliederung

Anlage 2:   Anregungen für ein Gruppengespräch
             Durch die Integration einzelner Vortragsblöcke wird
             Auflockerung erzielt. Denn nicht jeder – gerade aus der älteren
             Generation – kann über Sexualität sprechen. Die drei
             thematischen Blöcke sollen zum ehrlichen Gespräch anregen.
             Ermutigen Sie zur Offenheit. Achten Sie dabei darauf, daß
             sich das Gespräch nicht nur um einen Teilaspekt (,heißes Eisen'?)
             dreht oder nur über andere geredet wird.

Anlage 3:   Hilfestellung für Seelsorger
             Eine „gesunde" Einstellung zur Sexualität ist Voraussetzung,
             um anderen helfen zu hönnen.
             Wer bei diesen Fragen größere Schwierigkeiten hat, dem seien
             informative Gespräche mit Seelsorgern, Ärzten oder Therapeuten
             ebenso empfohlen wie die Weiterbildung durch Fachliteratur.

Anlage 4:   Zum persönlichen Nachdenken
             Die Vorlage kann einem Ratsuchenden auch als Beichthilfe
             mitgegeben oder direkt im Beratungsgespräch benutzt werden.

Gliederung

1. Aktuelle Trends im Bereich der Sexualität

    1.1 Allgegenwärtige Sexualität

    1.2 Sexuelle Tabus sind zerbrochen

    1.3 Alles ist tauschbar

    1.4 Sexuelle Keuschheit ist im Anzug

2. Biblische Aspekte zur Sexualität

    2.1 Sexualität ist gottgewollt

    2.2 Sexualität gehört in den Schutzraum der Ehe

    2.3 Sexualität und Sündenfall

    2.4 Sexualität und Selbstbefriedigung

3. Wie sexuelle Phantasien entstehen

4. Hilfestellung für den Umgang mit sexuellen Phantasien

    4.1 Wichtige Hinweise für die Seelsorge

    4.2 Lassen Sie sich nicht sexuell aufreizen

    4.3 Ergreifen Sie die Flucht

    4.4 Lassen Sie nicht zu, daß Sex Ihr Leben bestimmt

    4.5 Achten Sie auf die Reinheit Ihrer Gedanken

    4.6 Vermeiden Sie das Spiel mit dem Feuer

    4.7 Achten Sie auf Ihre eigentlichen Bedürfnisse

    4.8 Entwickeln Sie geistliche Leidenschaft für Gottes Reich

    4.9 Vertrauen Sie darauf, daß Gott mit Ihnen zum Ziel kommt

Anregungen für ein Gruppengespräch

1. Fragen zum Einstieg

- Wo sind Sie heute mit dem Thema Sex konfrontiert worden?

- Sexuelle Tabus sind weitgehend zerbrochen; woran wird das für Sie sichtbar?

- Gibt es nach Ihrer Meinung konkrete Hinweise dafür, daß sexuelle Keuschheit im Anzug ist?

2. Vortrag von Punkt 2.1 und 2.2 („Sexualität ist gottgewollt" und „Sexualität gehört in den Schutzraum der Ehe")

Sprüche 5,18 + 19: Freue dich an der Frau, die du jung geheiratet hast. Sie soll dir viele Kinder schenken! Anmutig wie eine Gazelle ist sie. Ihre Brüste sollen dich immer berauschen, in ihren Armen kannst du dich selbst vergessen!

2.1 Die Bibel spricht offen und positiv über die Sexualität von Mann und Frau. Wie sprechen manche Christen darüber?

Epheser 5,31: Um deswillen wird ein Mensch verlassen Vater und Mutter und seinem Weibe anhangen, und werden die zwei ein Fleisch sein.

2.2 Warum ist es so wichtig, daß Sex im Schutzraum der Ehe stattfindet?

Epheser 5,32: Dieses Geheimnis ist groß; ich rede aber von Christus und der Gemeinde.

2.3 Warum wird die Ehebeziehung zwischen Mann und Frau verglichen mit der Beziehung zwischen Christus und der Gemeinde?

1. Korinther 7,4 + 5: Die Frau verfügt nicht über ihren Körper, sondern der Mann; ebenso verfügt der Mann nicht über seinen Körper, sondern die Frau. Keiner soll sich dem anderen entziehen – höchstens wenn ihr euch einig werdet, eine Zeitlang auf den ehelichen Verkehr zu verzichten, um euch dem Gebet zu widmen. Aber danach sollt ihr wieder zusammenkommen; sonst verführt euch der Satan, weil der Trieb euch zu mächtig ist.

2.4 Wer in der Ehe einseitig bestimmen will, was er mit seinem Leib tut, beraubt den Partner. Grundsätzlich gilt, daß keiner sich dem anderen sexuell entziehen soll. In welchen Situationen kann der Verzicht auf Sex nötig und sinnvoll sein?

2.5 Auch ältere Ehepartner haben kein Recht, sich einander sexuell zu entziehen. Was steckt in vielen Fällen dahinter, wenn sich ein Partner dem anderen sexuell entzieht?

2.6 Sexueller Entzug kann einen gefährlichen Nebeneffekt haben (V. 5). Welchen?

3. Vortrag von Punkt 2.3 und 2.4 („Sexualität und Sündenfall" und „Sexualität und Selbstbefriedigung")

Wir wissen, daß wir zu Gott gehören; die ganze Welt aber ist in der Gewalt Satans (1. Joh 5,19).

3.1 Wo überall wird für Sie deutlich, daß Sünde die gute Gabe der Sexualität verzerrt?

Im übrigen, meine Brüder: Richtet eure Gedanken auf das, was gut ist und Lob verdient, was wahr, edel, gerecht, rein, liebenswert und schön ist (Phil 4,8).

3.2 Weshalb wird sexuelle Selbstbefriedigung so unterschiedlich beurteilt?

3.3 Warum sollte Selbstbefriedigung seelsorgerlich nicht dramatisiert werden?

Hilfestellung für Seelsorger

1. *Welche der folgenden Aussagen trifft auf Sie als Seelsorger zu?*

   – *Ich kann offen über Fragen der Sexualität sprechen, wenn sie in der Seelsorge auftauchen.*
   – *Ich fühle mich auf diesem Gebiet unsicher, spreche aber falscherweise mit Ratsuchenden darüber.*
   – *Ich meide das Thema Sexualität in der Seelsorge. (Warum?)*

2. *Immer wieder kommt es zu sexuellen Uebergriffen von Therapeuten und Seelsorgern. Welche Maßnahmen sind nötig, um vorzubeugen? (4.1)*

3. *Wie haben wir sexuelle Selbstbefriedigung zu beurteilen? Welche Hilfe bieten wir denen, die darunter leiden? (2.4)*

4. *Warum ist Pornographie schädlich? (3)*

5. *Wie schätzen Sie als Christ Homosexualität ein? Wie begegnen Sie Betroffenen?*

6. *Haben Sie sich ein Grundwissen zum wachsenden Problem des sexuellen Mißbrauchs angeeignet? Können Sie sich wenigstens etwas in Opfer und Täter hineindenken? Stehen Sie in der Gefahr, zu schnell durch Vergebung Probleme zu lösen?*

7. *Es ist wichtig, daß wir bei Sexualproblemen konkrete Hilfen geben für den Umgang mit der Versuchung (4.2–4.9). Aber damit es beim Ratsuchenden zu einem neuen Verhalten kommt, müssen alte Verhaltensweisen durch neue ersetzt werden (Eph 4,22 ff.; Kol 3).*

   Im Gespräch mit Ratsuchenden hilft es, manches aufzuschreiben. Etwa in folgender Gegenüberstellung:
   Notieren Sie auf der linken Seite all jene Dinge, die geändert werden müssen.
   Und beschreiben Sie auf der rechten Seite die neuen Verhaltensweisen.
   Beispiel: „Legt die Lüge ab – redet die Wahrheit."

Abzulegendes	**Anzuziehendes**

Der Mensch soll nicht nur dazu aufgefordert werden, etwas nicht mehr zu tun. Er muß im gleichen Schritt lernen, etwas anderes zu tun. Eine neutrale Zone gib es nicht. Entweder tut er, was Gott gefällt, oder er dient dem Bösen.

Fragen zum persönlichen Nachdenken

Wo stehen Sie in Gefahr, Ihre sexuelle Phantasie ständig anzuheizen, z. B. durch Fernsehsendungen, Videos, Internet, Sex- und Pornoliteratur?

Leiden Sie unter unreinen Vorstellungen und Phantasien?

Hegen Sie unreine Gedanken in Ihrem Herzen, die im Falle einer günstigen Gelegenheit zur Tat werden könnten?

Leiden Sie unter Formen abartiger Sexualität, wie zum Beispiel: Pädophilie (Sex mit Kindern), Sodomie (Sex mit Tieren), Fetischismus (Sex mit Kleidungsstücken), Voyeurismus (heimliches Beobachten unbekleideter Frauen oder von Paaren beim Geschlechtsverkehr), Homosexualität (auf das gleiche Geschlecht gerichtete sexuelle Neigungen und Praktiken)?

Suchen Sie – in unangebrachter Zuneigung und Vertraulichkeit – den Kontakt zu Menschen des anderen Geschlechts?

Sehnen Sie sich – obwohl Sie verheiratet sind – nach einem bestimmten Mann/einer bestimmten Frau des anderen Geschlechts?

Pflegen Sie außereheliche Beziehungen mit einem Mann/einer Frau des anderen Geschlechts?

Gibt es bei Ihnen bestimmte sexuelle Verhaltensweisen und Neigungen, die Sie als Sucht bezeichnen würden?

Mit welchen sexuellen Gefühlen, Gedanken und Taten kommen Sie alleine nicht zurecht? Für welche Bereiche müßten Sie eigentlich Hilfe in Anspruch nehmen?

Heino Welscher

Jung sein – Erwachsen und selbständig werden

„Die Jugend betreibt ihre Freizeit im Fast-food-Stil. Viele Jugendliche schauen, wenn sie ein Buch lesen, gleichzeitig noch Fernsehen oder auf den Computer und hören Musik. Die 14- bis 24jährigen wollen alles sehen, hören, erleben und vor allem nichts verpassen. Immer mehr Jugendliche leben nach dem Motto „Mehr tun in gleicher Zeit“. Sie nehmen sich für Fernsehen und Radiohören genausoviel Zeit wie die übrige Bevölkerung, sehen aber zusätzlich doppelt so häufig Videofilme und hören doppelt so häufig CDs. Um keine Zeit zu verlieren, werden immer mehr Aktivitäten in der Freizeit ausgeübt und kombiniert. Viele Freizeitbeschäftigungen werden so im Fast-food-Stil zeitgleich erledigt. Als Ausgleich gönnen sich viele Jugendliche dann das wochenendliche Ausschlafen“ (Die Welt, 27. 11. 1996).
Diese Jugend ist überwiegend abend- und nachtaktiv.

1. Vorbemerkungen

1.1 *Die* Jugend gibt es nicht!

Prof. Klaus Hurrelmann vom Zentrum für Kindheits- und Jugendforschung an der Universität Bielefeld: „Es ist unmöglicher als jemals zuvor, von *der* Jugend zu sprechen. Es gibt eine breite Palette von Formen und Farben, wie wir sie historisch noch nie gehabt haben; eine Pluralität von Verhaltensweisen, Kleidung, Aussehen, von oberflächlichem Verhalten, aber auch von tieferen, verankerten Formen, sich mit der Gesellschaft, mit dem Leben, mit der Kultur auseinanderzusetzen. Charakteristisch für Jungen und Mädchen heute ist die Konzentration auf die eigene Persönlichkeit, der Wunsch, eine ganz eigene Biographie zu haben: Das ,Ich' steht im Mittelpunkt.“

1.2 „Die Jugend“ ist besser als ihr Ruf

Studien über Jugendliche werden in der Regel von Erwachsenen erstellt. Man vergleicht dann oft mit der eigenen Jugendzeit. Dabei werden die heutigen Jugendlichen oft als schlechter dargestellt. Jugend muß aber immer in ihrer Situation gesehen und verstanden werden. Die heutige Jugend ist nicht schlechter oder besser als die frühere, sie ist anders.

1.3 Einteilung der Jugendlichen

1.3.1 *Früher geschah die Abgrenzung nach dem Alter:*

Teenager: 13–19 Jahre
Junge Erwachsene: 20–30 Jahre

1.3.2 Heute wird nach Generationen eingeteilt:

1.3.2.1 „Generation X" – geboren zwischen 1965 und 1982:
In dieser Generation gibt es viele No-future-Kids, junge Menschen, die keine Zukunftsperspektive sehen. Innerhalb dieser Generation gibt es viele Subkulturen und Szenen, z. B. Techno/Dancefloor, Schickies, Body Culture, Punks, Girlies, Rockabillys, Skinheads, Grufties, Trend-Sportler, Computer-Freaks, Beauties, Heavy-Metal-Leute, Prolls..., aber auch junge Christen, die als eigene Szene gelten.

1.3.2.2 „Generation Y" – geboren ab 1983:
Es sind in der Regel Individualisten, die sich gezwungen fühlen, ihr Leben wieder selbst in die Hand zu nehmen.

1.3.2.3 „Generation @" – sie gehört zu beiden Gruppen.
Das Zeichen „@" (sprich „ett") kommt in E-Mail-Adressen vor. Das sind die heute 14–29jährigen – die erste Generation, die mit elektronischen Medien von Fernsehen bis Internet aufgewachsen ist. Diese jungen Leute nutzen Internet, Handy, Computerspiele zusätzlich zu TV, Radio, Zeitung, Buch. Sie verbringen mehr Zeit mit Medienkonsum, nutzen einzelne Medien in immer kleineren Häppchen. Das wirkt sich auch auf den Lebensstil aus. Die Generation @ wird „schneller, vielleicht nervöser" leben, „geprägt von der Angst, etwas zu versäumen" – so eine Studie des Hamburger BAT Freizeitforschungsinstituts. Diese Jugendlichen werden immer neue Rollen erproben, werden Kontakte auf Distanz pflegen statt tiefer Beziehungen. Die Vereinsamung wird zunehmen.

2. Voraussetzungen für die Seelsorge an Jugendlichen

2.1 Innerlich jung geblieben sein

Offen sein und bleiben für junge Menschen und ihre Anliegen. Junge Menschen sind in der Regel anders. Sie haben andere Interessen, hören andere Musik etc.

2.2 Einen „Draht" zu Jugendlichen haben

Das ist ganz wichtig. Wer keine solche Ausstrahlung auf junge Menschen hat, wird für sie kein Ansprechpartner sein. Seelsorge an Jugendlichen und jungen Erwachsenen ist nicht jedermanns Sache. Gute Voraussetzungen dafür haben Mitarbeiter in der Jugend- und Jungen-Erwachsenen-Arbeit, Menschen also, die regelmäßigen Umgang mit Jugendlichen haben.

2.3 Seelsorger sollten Väter und Mütter und Kumpels sein

Gerade die zunehmende Anzahl von Jugendlichen aus nicht heilen Familien bedürfen ihrer. So ist man oft Vater, Mutter und Kumpel zugleich. Wer ein offenes Haus für junge Menschen aus seiner Gemeinde und Umgebung hat, der hat einen großen Vorteil und Vertrauensvorschuß.

3. Hilfen für das seelsorgerliche Gespräch

3.1 Leihen Sie Ihrem Gegenüber Sprache

In diesem Alter ist es für Jugendliche oft mühsam, genau auszudrücken, was sie eigentlich bewegt. Sie tun sich damit schwer. Hören Sie das Problem heraus und formulieren Sie es. Fragen Sie dann: „Habe ich dich so richtig verstanden? Ist es das, was du mir sagen willst?"

3.2 Reden Sie selbst sehr persönlich

Probleme können mit Jugendlichen nur sehr schwer theoretisch angegangen werden. Aber wenn Sie von eigenen ähnlichen Erfahrungen sprechen, hört der andere besser zu.

3.3 Gehen Sie auf den anderen zu, ohne ihm auf die Füße zu treten

Gut ist, wenn Sie nicht nur Seelsorger sind, sondern auch Mitarbeiter in der Jugendarbeit. Dann können Sie manche Probleme „zwischen den Zeilen" bei den Gruppengesprächen heraushören und hinterher behutsam auf den jungen Menschen zugehen. Gehen Sie dabei aber fragend vor. Z. B „Ich habe den Eindruck, daß Du... Ist mein Eindruck richtig so?" Kommen Sie (anfangs) nie mit Appellen: „Du solltest aber..." Wenn Vertrauen vorhanden ist, dann können Sie sowohl ermutigen als auch ermahnen.

3.4 Nehmen Sie vertrauensbildende Maßnahmen sehr ernst und nutzen Sie sie

Wer selbst wahr und ehrlich redet, wird dem anderen ein verstehender und helfender Gesprächspartner sein können. Vertrauensbildenden Maßnahmen gehen meistens den Gesprächen voraus. Zeigen Sie Interesse an den Interessen der jungen Leute. Laden Sie Jugendliche zu sich ein. Unternehmen Sie gemeinsam etwas.

3.5 Beachten Sie bei Ihren Gesprächen immer auch folgendes

Aus welcher „Welt" kommt der Jugendliche? Hat er ein christliches Elternhaus oder nicht? Wie christlich ist es? Eng und gesetzlich z. B.? Oder halten die Eltern nichts vom Glauben?
Ist die Herkunftsfamilie zum großen Teil heil? Oder kommt der Jugendliche aus einer zerstörten Familie? Sind die Eltern geschieden?
Welche Voraussetzungen bringt er mit, gerade auch, was Glaubensdinge anbetrifft, aber auch was die Beziehungsfähigkeit angeht?
Wenn Ihnen das bekannt ist, können Sie besser helfen. Sie überfordern dann keinen Jugendlichen.

4. Einstellungen Jugendlicher zu verschiedenen Aspekten des Lebens

Wie stehen Jugendliche der einzelnen Generationen allgemein zu verschiedenen Aspekten des Lebens und wie kann ihnen geholfen werden?

4.1 Die Generation X

Glauben

Jugendliche dieser Generation wollen Glauben erleben. Ihnen reichen keine vernunftsmäßigen Wahrheiten und Theorien. Sie wollen Vorbilder haben und mit ihren Sinnen wahrnehmen. Seelsorge ist darum nur dann authentisch, wenn der eigene Glaube in der Praxis konsequent gelebt wird. Wer junge Menschen erreichen will, muß erst einmal eine Beziehung zu ihnen aufbauen, Vertrauen schaffen. Um Vertrauen zu schaffen, braucht man allerdings Zeit. Wer Jugendliche seelsorgerlich begleiten will, braucht gute Kontakte zu ihnen (z. B. als Jugendmitarbeiter).

Seelsorge

Eigentlich ist sie für Jugendliche überlebensnotwendig. Viele sehnen sich heimlich danach, gerade wenn sie im Elternhaus Probleme nicht ansprechen können. Aber Jugendliche kommen in der Regel nicht von sich aus in die Seelsorge, außer es geht ihnen wirklich sehr schlecht. Wer Jugendliche begleitet, braucht „ein hörendes Ohr und ein sehendes Auge" (Spr 20,12). Damit fällt die Seelsorge an Jugendlichen in erster Linie den Mitarbeitern in der Jugend- und Jungen- Erwachsenen-Arbeit zu. Da viele Familien zerstört sind, wären Ehepaare als Seelsorger nicht schlecht. So können die Jugendlichen gleichzeitig erfahren, wie es in Familie und Ehe auch anders aussehen kann.

Arbeit

Sie wird als ein notwendige Übel gesehen, um an Geld zu kommen, das man für die Freizeit braucht. Damit fehlt bei vielen auch der Bezug zur Arbeit und ihrem Wert. Vermitteln Sie Sinn und Wert von Arbeit.

Musik

Gehört nach Meinung junger Leute unbedingt zum Leben dazu, vor allem im Hintergrund bei anderen Aktivitäten. Dadurch entfernen sich manche Jugendliche oft ein Stück von der Realität. Bezeugen Sie die Notwendigkeit der Stille.

Beziehungen

Echte und ehrliche Beziehungen werden gesucht. Je nachdem aus welchem familiären Hintergrund der Jugendliche kommt, sind seine Erwartungen höher. Seelsorgerliche Begleitung kann darum auch heißen, sein Haus zu öffnen für die jungen Menschen.

Ehe

Wozu eigentlich? Eine gute Beziehung ist besser als eine Institution. Man hat Angst vor der Festlegung (Erfahrungen im eigenen Elternhaus). Auch hier ist der Vorbildcharakter ausschlaggebend und viel mehr wert als theoretische „Vorträge".

Sexualität

Ein Hauptthema unter Jugendlichen, nicht so sehr, daß man darüber spricht, aber es tut. Gerade auf diesem Gebiet müssen die Nöte der Jugendlichen verstanden werden. Sie haben in der Regel ihre „Aufklärung" auf dem Schulhof oder durch Jugendzeitschriften (z. B. „Bravo", „Mädchen", „Sugar", „Bravo-Girl") erhalten. Lesen Sie ruhig einmal solche Zeitschriften mit den Jugendlichen zusammen. Dadurch zeigen Sie Interesse. Dann können Sie darüber ins Gespräch kommen.

Medien

Diese Generation ist mit den Medien aufgewachsen. Reizüberflutung ist die Folge und damit auch Konzentrationsschwäche. Viele haben Schwierigkeiten beim Auswählen der Programme im Radio, Fernsehen oder Internet. Damit verbunden ist oft eine Entscheidungsschwäche. Ermutigen Sie zu einem begrenzten Umgang mit den Medien.

Institution

Institutionen werden in Frage gestellt: Staat, Kirche, Ehe, … Diskutieren bringt meistens nichts. Auch hier wollen junge Menschen schauen: Wie leben Christen ihre Ehe? Wie geht man in der Gemeinde miteinander um?

Erwartung an die Seelsorger

Verstehst du mich? Bin ich dir wichtig? Und zwar um so mehr, je weniger man es im Elternhaus erlebt hat. Junge Menschen wollen verstanden werden. Denken Sie sich in die Gedankenwelt der Jugendlichen hinein, um sie zu verstehen. Sie müssen das nicht werten. Sie können andere Vorstellungen haben. Aber helfen können Sie nur, wenn Sie verstehen.

4.2 Die Generation Y

Familie

Die Eltern haben als Vorbilder immer mehr ausgedient. Der Bielefelder Jugendforscher Christian Palentin spricht von der „Hotelfamilie", in der die meisten 16jährigen aufwachsen: „Die kommen nur nach Hause zum Essen, Umziehen und Schlafen". Sie sind emotional selbständig, pfeifen auf Vorschriften und diskutieren ständig mit den Eltern. Sicher hat die hohe Scheidungsrate mit dazu beigetragen. Diese Generation ist nicht mehr so leicht zu enttäuschen. Viel schlimmer als die Scheidung selbst war für sie der vorangegangene „Krieg" im Elternhaus. Bei dieser Generation ist es noch wichtiger, eine „elterliche" Seelsorge anzubieten. Bauen Sie auch hier erst einmal Vertrauen auf.

Sexualität

Bevor die Jugendlichen zum ersten Mal mit einem Partner schlafen, haben sie schon ca. 1000 Sexualakte im Fernsehen oder auf Video gesehen. Jugendliche dieser Generation entwickeln im Laufe der Zeit ihre eigenen Vorstellungen von Beziehungen. Die ersten Erfahrungen sammeln sie noch, um mitreden zu können. Dann ist erst einmal Sendepause. Diese Generation wehrt sich im Gegensatz zu der Generation X mehr gegen den gesellschaftlichen Zwang, alles mitmachen zu müssen. Allerdings erst nach einigen Erfahrungen. Das läßt aber für die Zukunft hoffen. Da die biologische Reife Jugendlicher immer früher einsetzt und gleichzeitig die sexuelle Aufklärung der Eltern zu wünschen übrig läßt (die eigentliche Aufklärung passiert auch hier durch Fernsehen, Zeitschriften und Gespräche unter Klassenkammeraden), bleibt es nicht aus, daß sie naiv in Beziehungen stolpern. Es kommt immer häufiger zu Teenagerschwangerschaften, allerdings dementsprechend auch zu Abtreibungen. Auch hier können Sie gemeinsam mit dem jungen Menschen bestimmte Jugendzeitschriften lesen und darüber ins Gespräch kommen.

Konsum

Die Werbung hat häufig mehr Einfluß als die Eltern. Sie erlaubt oder verbietet. Welche Schuhe z. B. trägt man und welche nicht? Markenartikel (sogenannte Labels) haben die Funktion der „Ichstütze" im Durcheinander der Pubertät übernommen. Die Jugendlichen leben das Image der Produkte. Helfen Sie jungen Menschen, zu sich selbst zu finden, ohne egoistisch zu werden. Vermitteln Sie ihnen ihren Wert vor Gott, denn wer weiß, wer er ist, der wird unabhängig z.B. von Markenartikeln. Er muß nicht tun, was alle tun.

Medien

Rund zwei Stunden schaut ein 16jähriger täglich fern. Die Zeit am Computer liegt teilweise noch darüber. Dabei macht er seine Hausaufgaben, telefoniert oder liest. Weniger ist mehr. Ermutigen Sie, einzelne Dinge intensiver zu tun und dafür anderes zu lassen.

Freizeit

„Rumhängen mit Freunden" ist nach wie vor der Hit. Sportvereine mit Ausnahme des Fußballs verlieren an Attraktivität, weil die Klubreglementierungen abgelehnt werden. Straßenmannschaften im Streetball z. B. boomen dagegen.

Schule

Die Anforderungen in der Schule haben zugenommen, und das Damoklesschwert der Arbeitslosigkeit schwebt über dieser Jugend. Lernstörungen und Streß werden ein immer größeres Problem. Allerdings hat diese Jugend wieder Ziele für die Zukunft. Helfen Sie jungen Leuten, zur Ruhe zu kommen, abzuschalten und aufzutanken.

Drogen

Immer mehr Jugendliche greifen zu Drogen und Medikamenten, um in der Freizeit noch mehr Aktivitäten leisten zu können. Dahinter steckt die Angst, etwas zu versäumen. Machen Sie deutlich, daß Freizeit zwar schön, aber nicht alles im Leben ist. Wer lernt, sich den Aufgaben und Anforderungen des Lebens zu stellen, der kommt auch ohne Drogen aus. Bezeugen Sie, wie Sie sich den Anforderungen stellen.

Gewalt

Das Risiko, verprügelt zu werden, hat in den letzten Jahren zugenommen, vor allem wenn man z. B. auffällt durch sein Verhalten oder durch teure Kleidung. Gewalt lernen die meisten zu Hause, gerade in unterprivilegierten Familien. Da der Konsumdruck immer mehr zunimmt, wird auch immer häufiger geraubt und erpreßt. Die Ausländerfeindlichkeit ist aber bei dieser Generation geringer als bei der vorherigen. Helfen Sie, mit Aggressionen umzugehen.

Zukunft

Die Generation Y sieht auf der einen Seite wieder eine Zukunft. Sie interessiert sich für einen Platz in der Gesellschaft. Politikern allerdings traut man nichts mehr zu. Jungwähler tendieren zu konservativen Parteien. Die Überzeugung, daß man sein Leben wieder selbst in die Hand nehmen muß, setzt sich langsam durch. Man lebt dafür auch wieder angepaßter als die Generation davor. Eine heile Familie ist wieder ein Wunsch und eine gesicherte Existenz. Auf der anderen Seite wird die Frage nach dem Sinn des Lebens oft nicht beantwortet. Selbstmord ist die zweithäufigste Todesursache bei dieser Generation. Vermitteln Sie Hoffnung.

Glauben

Auch diese Generation sucht Vorbilder, Menschen, die das leben, was sie auch sagen. Sie wollen keinen Kopfglauben, sondern Erfahrungen machen. Bezeugen ist besser als „Predigen".

4.3 Die Jugendlichen in den Gemeinden

Die beiden Generationen X und Y finden wir auch in unseren Gemeinden wieder. Je nachdem ob die jungen Menschen aus einem christlichen oder nichtchristlichen Elternhaus kommen, variieren die einzelnen Ausdrucksformen zumindest in der Praxis. In den Wünschen und Träumen der Jugendlichen finden wir durchaus ähnliches.

Auch macht es einen Unterschied, wie streng christlich ein Elternhaus ist. Je strenger sie erzogen werden, desto eher brechen die jungen Menschen aus, spätestens mit dem 18. Geburtstag, wenn sie volljährig geworden sind. Gewisse Randgruppen werden wohl in verschiedenen Gemeinden nicht zu finden sein, denn es kommen in der Regel nur solche Jugendliche, die dort auch ein Zuhause finden und sich angenommen fühlen. Und dennoch finden wir alle Tendenzen in den Jugendkreisen.

5. Gesundheitliche Probleme Jugendlicher

In den letzten Jahrzehnten sind die Krankheitsraten in fast allen Bevölkerungsgruppen zurückgegangen, vor allem bei den Kleinstkindern und den älteren Menschen. Allerdings hat es eine deutliche Zunahme bei den 10–25jährigen gegeben. Zu diesem Ergebnis kommt Klaus Hurrelmann von der Universität Bielefeld, auf den ich mich hier beziehe.
Symptome der Gesundheitsbeeinträchtigung bei Jugendlichen:

5.1 Soziale und psychische Störungen

15 % der Jugendlichen haben Probleme mit Wahrnehmung, Leistung, Sozialverhalten und Gefühlsleben.
Die Ursachen liegen in schulischen Belastungen und Konflikten mit den Eltern.

5.2 Psychosomatische Erkrankungen

25 % der jungen Leute leiden unter Kopfschmerzen, Nervosität, Unruhe, Schwindelgefühl, Konzentrationsschwierigkeiten, Rücken- und Kreuzschmerzen, Magenproblemen, Verdauungsbeschwerden.
Die Ursachen liegen in den Alltagsbelastungen in Schule, Familie und Freizeit plus Reizüberflutung durch Medien.

5.3 Chronische Erkrankungen

Etwa 10 % der Jugendlichen leiden heute unter Allergien, Asthma, Neurodermitis, aber der Anstieg in den letzten Jahren geht sprunghaft nach oben.
Eine angespannte soziale Lage oder Leistungsdruck über einen längeren Zeitraum sind wesentliche Ursache.

5.4 Suchtverhalten

Das betrifft: Alkohol, Nikotin, Arzneimittel (Schmerz- und Beruhigungsmittel), illegale Drogen (z. B. Ecstasy). Ein Drittel der Jugendlichen um 15 Jahre sind davon bereits betroffen. Die Ursachen gleichen den oben angeführten.
Die Folgen: Herz-Kreislauf-Störungen, Krebserkrankungen, Leistungsunfähigkeit, Abhängigkeit.
Belastungen und Überforderungen im sozialen und ökologischen Umfeld eines Menschen können direkt oder indirekt das körperliche Immunsystem des jungen Menschen schädigen.

6. Bedürfnisse junger Menschen

6.1 Bedürfnis nach verläßlichen Beziehungen

Junge Menschen wachsen heute mehr und mehr beziehungslos auf. Viele sind Einzelkinder oder stammen aus zerbrochenen Ehen. Sie erleben daher zu Hause kaum verläßliche Beziehung zwischen und zu den Eltern. Und selbst wenn die Familie noch vollständig ist, so wird doch in vielen Familien nur wenig Beziehung gelebt. Viele Familien sind Schlaf-, Eß- und Fernsehgemeinschaften, aber kein Ort, wo Gespräche z. B. über Fragen des Lebens geführt werden. Für die Seelsorge heißt das, daß man neben Gesprächen auch Gemeinschaft mit diesen jungen Menschen pflegen sollte, ihnen Freund sein sollte, aber auch oft Mutter oder Vater. Zu verläßlichen Beziehungen gehören auch Liebe, Zuwendung, Geborgenheit. Das stückweise zu vermitteln bzw. zu leben, hilft vielen jungen Leuten.

6.2 Bedürfnis nach Lebensorientierung

Was ist der Sinn des Lebens? Wie ist das mit dem Tod, und vor allem, was kommt danach? Wie kann ich mein Leben gestalten? Woher bekomme ich die Kraft, die ich dafür brauche? Solche und ähnliche Fragen bewegen Jugendliche, auch wenn sie sie öffentlich nicht so stellen. Junge Menschen fragen nach dem gelebten Vorbild. Sie wollen keine Moralpredigten oder den erhobenen Zeigefinger, sondern wollen bei anderen sehen, wie sie leben, ob authentisch oder nicht. Hier ist zunächst einmal der Seelsorger selber gefragt, wie er lebt. Ist er oder sie ein Vorbild für die Jugend? Wie gehen Seelsorger mit ihren Schwächen und Fehlern um? Wie leben sie aus der Gnade Gottes? Der junge Mensch fragt auch nach Werten, die bestehen können.

6.3 Bedürfnis nach sinnerfüllendem Tun

Ist das nicht ein Widerspruch? Auf der einen Seite „hängen" Jugendliche rum, haben zu nichts Lust, und auf der anderen Seite sehnen Sie sich nach sinnvollem Tun. Man kann Jugendliche durchaus für verschiedene kurzzeitige Projekte gewinnen, vor allem auf sozialem Gebiet. Das heißt für die Seelsorge, daß man solche Jugendliche durchaus integrieren sollte in sinnerfüllende projektbezogene Aufgaben in der Gemeinde.

7. Jugendseelsorge ist Lebenshilfe

Im folgenden greife ich Gedanken von Werner Jentsch, Handbuch der Jugendseelsorge, auf.

7.1 Hilfe aus dem Leben

Jesus Christus selbst bezeichnet sich als „das Leben". Darum muß auch die Hilfe, die wir Jugendlichen gewähren aus diesem Leben, also von Jesus her, kommen. Ihn müssen wir den Jugendlichen lieb machen.

7.2   Hilfe im Leben

Alle Hilfe muß die aktuelle, konkrete Lebenssituation des jungen Menschen treffen. Junge Menschen leben mehr als andere Menschen im Jetzt und Heute. Darum muß Hilfe, egal ob Ermutigung, Ermahnung etc. das Hier und Jetzt betreffen. Wir haben Gottes Wort in die akute Not, den aktuellen Zweifel, die gegenwärtige Unsicherheit umzusetzen.

7.3   Hilfe fürs Leben

Wer jungen Menschen seelsorgerlich weiterhelfen will, muß auch gleichzeitig vor Augen haben, daß der Jugendliche einen ganzen Lebensweg vor sich hat. Darum sollte die Hilfe sowohl das Heute betreffen als auch für das Morgen Gültigkeit haben. Der junge Mensch braucht eine Zukunftsperspektive.

7.4   Hilfe zum Leben

Es geht nicht nur darum, den Jugendlichen „fit" fürs Leben zu machen, d. h., daß er den Alltag bewältigen kann, sondern vielmehr auch, daß er das „wahre" Leben entdeckt und ergreift, daß er sein Leben als Geschenk von Gott, vor Gott, mit und für Gott erkennt und lebt.

8.   Einzelne Bereiche in der Jugendseelsorge

8.1   Berufshilfe

Die Frage nach dem Beruf spielt ein große Rolle. Hier kann der Seelsorger helfen, daß der Jugendliche seine Gaben entdeckt und fördert. Gleichzeitig wird dieser Bereich von einer großen Angst begleitet. „Finde ich Arbeit? Bekomme ich einen Ausbildungsplatz? Wie geht es dann weiter?"
Hier stellt sich für den einen oder anderen auch die Frage nach einem hauptamtlichen Dienst in der Gemeinde.

8.2   Reifungshilfe

Vom Kind zum Erwachsenen, das ist der Weg junger Menschen.
Identitätsfindung:
„Wer bin ich? Was ist der Sinn meines Lebens?" Helfen Sie jungen Menschen, ihren Wert zu entdecken, zu einer Persönlichkeit heranzuwachsen.
Abnabelung vom Elternhaus
Gerade in dieser Zeit kann es sein, daß ein Jugendlicher zu Ihnen mehr Vertrauen hat als zu seinen Eltern. Förderlich für die Abnabelung sind auch Erlebnisse mit der Jugendgruppe, wenn dort ein Zusammengehörigkeitsgefühl besteht.
Verantwortung übernehmen
Junge Menschen müssen lernen, ihr Leben Stück für Stück in den Griff zu bekommen. Das heißt auch, daß sie Entscheidungen treffen müssen. Helfen Sie dabei, indem Sie im Gespräch wenn möglich mehrere Möglichkeiten aufzeigen und darüber reden. Nehmen Sie die Entscheidung aber nicht ab.

Traditionsbruch

Das ist ein Bereich, mit dem es die meisten christlichen Gemeinden zu tun haben. Oft verlassen junge Menschen zwischen dem 15. und 19. Lebensjahr die Kreise. In dieser Zeit läuft nämlich parallel zur Loslösung vom Elternhaus auch die Loslösung von den christlichen Traditionen der Eltern und auch der Gemeinde. Die klassische Jugendarbeit z. B. des CVJM fing früher erst mit der Arbeit unter jungen Erwachsenen an, weil die den Traditionsbruch schon hinter sich hatten und sich neu orientieren wollten. Dagegen gibt es heutzutage Gemeindeveranstaltungen für alle Altersstufen. Gerade Jugendliche, die von klein auf in der Gemeinde sind, bekommen dann häufig besondere Schwierigkeiten.

8.3 Begegnungshilfe

Allgemein: Der Mensch braucht Menschen, sonst vereinsamt er. Viele Weichen werden dafür in der Kindheit und Jugend gestellt. Helfen Sie gerade den schüchternen jungen Menschen, anderen zu begegnen. Das kann über die Jugendarbeit geschehen, aber auch außerhalb. Sie können Jugendliche zu sich nach Hause einladen. Oder Fahrten anbieten. Auch Freizeiten sind eine gute Möglichkeit. Auf diese Weise kann es zu guten Begegnungen kommen. Manchmal muß man bei Jugendlichen ein bißchen nachhelfen. Ermutigen Sie auch enttäuschte Jugendliche, nicht aufzugeben und sich zurückzuziehen, sondern erneut Schritte auf andere zuzugehen.

Zu dem anderen Geschlecht: „Aufklärung" tut not. Die meisten jungen Menschen werden über die Medien und auf dem Schulhof „aufgeklärt". Dementsprechend einseitig ist ihr Wissen. Persönliche Erfahrungen werden gerne gehört. Sprechen Sie darüber, wie Sie z. B. mit Liebeskummer umgegangen sind, was Ihnen eine Hilfe war. Auch über das Thema Sexualität kann man heute offen mit Jugendlichen reden. Dabei ist es wichtig, nicht etwas zu verbieten, sondern zu erklären. Zeigen Sie positive Werte und Maßstäbe auf. Erklären Sie, warum sich Gott manches so und nicht anders vorgestellt hat. Jede aktuelle Hilfe muß dabei auch einen Bezug zur Zukunft haben. Kann ein Jugendlicher mit der Hilfe, die Sie ihm heute geben, auch morgen leben?

8.4 Verstehenshilfe

Vieles in der Bibel verstehen junge Menschen zunächst nicht. Helfen Sie ihnen, die Bibel als Hilfe fürs Leben zu verstehen. Lebensnahe Verkündigung ist gefragt. Der Glaube muß lebbar sein. Übersetzen Sie jungen Menschen das Wort Gottes in den Alltag.

8.5 Bewältigungshilfe

Hier geht es in erster Linie um den Umgang mit Schuld, Scheitern und Versagen im Leben. Die Psalme 51 und 32 können hier eine große Hilfe sein. Aber ganz wichtig ist auch hier, daß Sie aus Ihrem Leben erzählen. Wie gehen Sie mit Schuld und Versagen um?

8.6 Wagnishilfe

Das ist Glaubenshilfe: Schritte gehen, ohne sie überblicken zu können. Auch hier können Sie mit Ihren eigenen Erfahrungen hilfreich zur Seite stehen.

8.7 Andere spezielle Problemfelder

Drogen

Ein Drittel der Jugendlichen ist davon betroffen (Alkohol, Ecstasy, Schmerz- und Beruhigungsmittel). Junge Menschen haben Sehnsucht nach Leben, nach dem Besonderen, werden aber oft mit den täglichen Dingen nicht fertig (Überforderung in Schule und Familie). Drogen – welcher Art auch immer – können auf familiäre und schulische Probleme hinweisen.

Fragen Sie nach Ursachen: Welchem Problem willst du aus dem Wege gehen? Was willst du nicht anpacken? Wovor hast du Angst? Helfen Sie dann dem jungen Menschen, sich dem Problem zu stellen. Begleiten Sie ihn dabei. Je nachdem wie der Drogenkonsum ist, sollte auf jeden Fall auch ein Arzt hinzugezogen werden. Wenden Sie sich auch an die Drogenberatungsstelle in Ihrer Nähe. Denken Sie daran, daß Sie nur seelsorgerlich begleiten, aber nicht therapieren (s. auch Kap. 11, „Süchte").

Gewalt

Wer zu Hause lernt, mit Gewalt Probleme zu lösen, der steht auch in der Gefahr, selber genauso zu handeln. Sehnsucht nach Macht und Besitz steht oft dahinter. Helfen Sie dem jungen Menschen, seine Aggressionen abzubauen. Sagen Sie ihm, daß er seine Wut vor Ihnen aussprechen bzw. aufschreiben kann. Es muß heraus. Vielen hilft auch, Ihre Gefühle einem Tagebuch anzuvertrauen. Überlegen Sie auch gemeinsam, welche Alternativen es zur Gewalt gibt. So kann ein Jugendlicher lernen, sich zu beherrschen und das Problem anders anzugehen. Hinter der Gewalt stehen sehr häufig Minderwertigkeitsgefühle (s. Kap. 3, „Minderwertigkeitsgefühle").

Okkultismus

An manchen Schulen hat jeder vierte Schüler schon mit okkulten Praktiken Kontakt gehabt (Gläserrücken, Tischchenrücken, Pendeln etc.). Junge Menschen sehnen sich heute mehr als früher nach dem Übersinnlichen, dem besonderen Kick. Für viele Schüler ist Okkultismus/Satanismus Protest gegen alles, was Instituion ist: Staat, Kirche, Ehe, Familie.

Klären Sie auf, aber verbieten Sie nichts. Sondern stellen Sie Besseres daneben. Erklären Sie, wohin okkulte Beschäftigung führen kann (s. Kurs 2, „Okkultismus"). Reden Sie von Ihren positiven Erfahrungen mit Jesus Christus.

9. Schlußbemerkung

Seelsorge an Jugendlichen ist Wegbegleitung und damit Beziehungsarbeit. Es geht nicht in erster Linie um das eine oder andere Gespräch, sondern darum, einen jungen Menschen über eine längere Zeit wirklich kontinuierlich zu begleiten, ein offenes Ohr für ihn zu haben, Hilfestellungen zu geben usw. Jugendliche brauchen Zuwendung, Liebe und Geborgenheit.

Literaturempfehlungen

Faix, Tobias, Die wa(h)re Jugend
   Hänssler-Verlag, Neuhausen
Janke / Niehues, Echt abgedreht
   Verlag C. H. Beck, München
McDowell/Hostetler, Handbuch Jugendseelsorge
   Christliche Literatur-Verbreitung, Bielefeld
Ruthe, Reinhold, Praxis Jugendseelsorge
   R. Brockhaus Verlag, Wuppertal
Wanner, Walter, Wer bin ich – wer bist du?
   Brunnen-Verlag, Gießen

Didaktische Hinweise zu den Arbeitsblättern

Anlage 1:	Die einzelnen Lebensphasen und Lebenskrisen
	Anhand dieser Darstellung können Sie ungefähr feststellen, in welcher Phase/Krise ein Mensch sich möglicherweise befindet und was in dieser Phase/Krise an Reifung dran ist. Hinweis: Diese Darstellung ist auch hilfreich für die anderen Beiträge unserer drei Seelsorge-Kurse, die sich mit den verschiedenen Lebensabschnitten beschäftigen.
Anlage 2:	Bedürfnisse junger Menschen
	Überlegen Sie gemeinsam in der Gruppe oder auch allein, welche Bedürfnisse ein junger Mensch hat und wie Sie ihm jeweils helfen können.
Anlage 3:	Bereiche der Jugendseelsorge
	Hier sind die wichtigsten Themen aufgeführt, mit denen Sie es in der Begleitung Jugendlicher zu tun haben. Versuchen Sie weitere Hilfen zu überlegen zusätzlich zu denen, die im Text angegeben sind. Das kann in der Gruppe geschehen oder auch allein.

Die einzelnen Lebensphasen und Lebenskrisen:

Phase 1
Der Mensch im Mutterleib:
Engste Verbundenheit mit einem Menschen
Geborgenheit, keine eigene Verantwortung
Krise:
Geburt, Loslösung von der Mutter, Beginn der eigenen Existenz

Phase 2
Das Kind:
Aufbau von Geborgenheit und Urvertrauen. Der Erzieher prägt durch sein Verhalten,
aber auch die Medien spielen schon eine Rolle.
Krise:
Reifung, Pubertät (12–15 Jahre), Erwachen des sexuellen Triebes, Rebellion gegen Eltern
und Autoritäten, Selbstbehauptung

Phase 3
Der junge Mensch:
Gewinnung von Selbständigkeit und Individualität, erste Liebe, Berufswahl,
Suche nach Vorbildern
Krise:
Konflikt zwischen Idealismus und Realität (28-31 Jahre);
an Grenzen stoßen, Ideale stimmen nicht mit Realität überein, Alltagstrott

Phase 4
Der mündige Mensch:
Fähigkeit, Verantwortung zu übernehmen, Verfestigung der Charakterbildung,
Rolle: Mann – Frau
Krise:
Lebensmitte – Erkennen der eigenen Grenzen, Ernüchterung, Ermüdung (45–50 Jahre)

Phase 5
Der reife Mensch:
Grenzen akzeptieren, Beständigkeit aufrechterhalten, Vollendung des Charakters
Krise:
Loslösung, Bewußtwerden des Endes, Geschehnisse werden anders erlebt (63–67 Jahre)

Phase 6
Der weise Mensch:
Betonung auf Sinn, weniger auf Kraft, Annahme des baldigen Endes

Phase 7
Der ganz alte Mensch:
Vorbereitung auf die letzte Krise
Krise:
Sterben

Bedürfnisse junger Menschen

1. Bedürfnis nach verläßlichen Beziehungen

2. Bedürfnis nach Lebensorientierung

3. Bedürfnis nach sinnerfüllendem Tun

Bereiche der Jugendseelsorge

1. Berufshilfe

2. Reifungshilfe

3. Begegnungshilfe

4. Verstehenshilfe

5. Bewältigungshilfe

6. Wagnishilfe (Glaubenshilfe)

Die Mitarbeiter

ERF Schweiz

Ernst Bai
Prediger, Erwachsenenbildner (SVEB), Jahrgang 1950, verheiratet
Er arbeitet seit 1994 im ERF Schweiz als Leiter der Seelsorgeabteilung. Sein Aufgabengebiet umfaßt Brief-, Internet- und Telefonseelsorge sowie Beratungsgespräche für Hilfesuchende, Erarbeiten und Moderieren von Radiosendungen, Seminararbeit und Freizeiten.

Ruth Bai-Pfeifer
Erwachsenenbildnerin und Leiterin von „Glaube und Behinderung", Schweiz, Jahrgang 1954, verheiratet mit Ernst Bai.
Seit 1994 gehört sie zum ERF-Verein in der Schweiz. Als Betroffene (sie lebt von Geburt an mit einer Muskelkrankheit) engagiert sie sich als Referentin und Seelsorgerin, oft auch in Verbindung mit dem ERF, wenn es darum geht, mit Behinderung leben zu lernen.

ERF Deutschland

Richard Hasenöder
Prediger, Jahrgang 1950, verheiratet, vier Kinder.
Der musikalische Bayer wechselte 1989 von der Gemeinschafts-, Kinder- und Jugendarbeit zum Wetzlarer Medienunternehmen. Im Programm von ERF 1 spricht er mit seinen Rundfunkbeiträgen viele Hörer an. In der Briefseelsorge schlägt das Herz des erfahrenen Theologen speziell für die Anliegen einzelner Partner.

Gisela Kessler
Religionslehrerin, Jahrgang 1959, verheiratet, vier Kinder.
Seit 1998 auf Teilzeitbasis im ERF-Seelsorgeteam. Sie begleitet schwerpunktmäßig Frauen und Jugendliche, die sich in schwierigen Lebenssituationen befinden, per Brief, Telefon oder E-Mail. Erste praktische Erfahrungen im seelsorgerlichen Bereich machte sie durch ihr Engagement in der Mutter-Kind- und Hauskreisarbeit.

Harald Petersen
Pastor, Jahrgang 1953, verheiratet, vier Kinder.
Er leitet die Arbeit des Seelsorgeteams, zu dem er seit 1981 gehört. Seelsorgerliche Beratung, Mitarbeit in Rundfunk- und Fernsehbeiträgen, Vortragsdienste und Freizeiten gehören ebenso zu seiner Tätigkeit wie Publikationen zu seelsorgerlichen Themen und „unverzichtbare" Sitzungen in verschiedenen Gremien.

Josef Sochocki
Psychologe und Theologe, Jahrgang 1951, verheiratet, vier Kinder.
1988 kam er von einer christlichen Arbeit für Inhaftierte zum ERF. Er begleitet Ratsuchende per Brief, Telefon, E-Mail und durch Gespräche unter vier Augen. Oder, in seinem Arbeitsschwerpunkt Eheberatung, auch unter sechs! Darüber hinaus betreut er das Seelsorge-Kontaktnetz mit seinen ca. 1900 ehrenamtlichen Mitarbeitern.

Heino Welscher
Diakon sowie medizinischer Bademeister und Masseur, Jahrgang 1957, verheiratet, ein Kind.
Als „Jung-Senior" hat er schon bald nach seinem Dienstbeginn 1984 die Herzen vieler alter ERF-Hörer gewonnen. Seine Radio- und Kassettenprogramme, speziell auch für kranke Hörer, sind vielen unverzichtbar. Ansonsten beweist er, z. B. bei Freizeiten, Vortragsdiensten und in der Jugendarbeit, daß er jung geblieben ist.

Wenn Sie Fragen zu den Beiträgen dieses Kurses haben oder über seelsorgerliche Anliegen mit uns in Kontakt treten möchten, können Sie das gerne tun.

Außer den hier vorgestellten Autoren gehören weitere erfahrene Seelsorger und Seelsorgerinnen zum ERF-Team, die sich individuell und intensiv mit Ihren Fragen bzw. Anliegen auseinandersetzen werden.

So sind wir zu erreichen:

in Deutschland:

EVANGELIUMS-RUNDFUNK
Abteilung Seelsorge
Postfach 1444
35573 Wetzlar

Telefon: (06441) 9 57-0
Telefax: (06441) 9 57-1 20
Internet: http://www.erf.de
E-Mail: seelsorge@erf.de

in der Schweiz:

EVANGELIUMS-RUNDFUNK
Abteilung Seelsorge
Postfach
8330 Pfäffikon/ZH

Telefon: (01) 951 05 00
Telefax: (01) 951 05 40
Internet: http://www.erf.ch
E-Mail: erf@erf.ch

Der Grundkurs

Seelsorgerliches Basiswissen wird in 14 Kapiteln allgemeinverständlich vermittelt, wie z. B.:

- Das rechte Wort zur rechten Zeit
- Wie Gott uns Menschen sieht
- Aus der eigenen Biografie lernen
- Sorge um die eigene Seele
- Gesprächsführung will gelernt sein
- Sensibel für die Seele des andern
- Gefahren und Fehler in der Seelsorge

ERF Verlag: ISBN 3-89562-221-4
Brunnen Verlag: ISBN 3-7655-5706-4

Der Aufbaukurs

Wozu Begegnungshilfen? Weil es Menschen und Probleme gibt, denen mancher möglichst aus dem Wege gehen will, weil er sich dem Problem nicht gewachsen fühlt oder weil er sich vielleicht Verantwortung auflädt, die er gar nicht zu tragen hat. Vielleicht kennt er auch nicht die Grenze zwischen Seelsorge und z. B. fachärztlicher Hilfe oder findet einfach nicht die richtigen Worte!

Hier wird von fachkundigen Seelsorgern „Nicht-Fachleuten" Hilfe angeboten, z. B. für Begegnungen mit Trauernden, Depressiven, Ehepartnern in der Krise, Angefochtenen und Selbstmordgefährdeten, zwanghaften Personen und Menschen in einer Sinnkrise.

Insgesamt 14 Herausforderungen für jedermann, damit Seelsorge von der ganzen Gemeinde wahrgenommen werden kann.

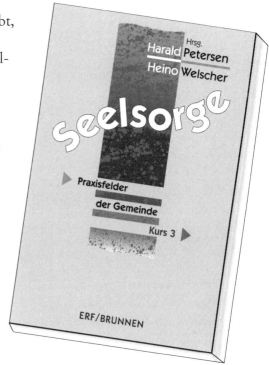

ERF Verlag: ISBN 3-89562-245-1
Brunnen Verlag: ISBN 3-7655-5713-7